미학 오디세이 1

미학 오디세이 1

진중권 지음

Humanist

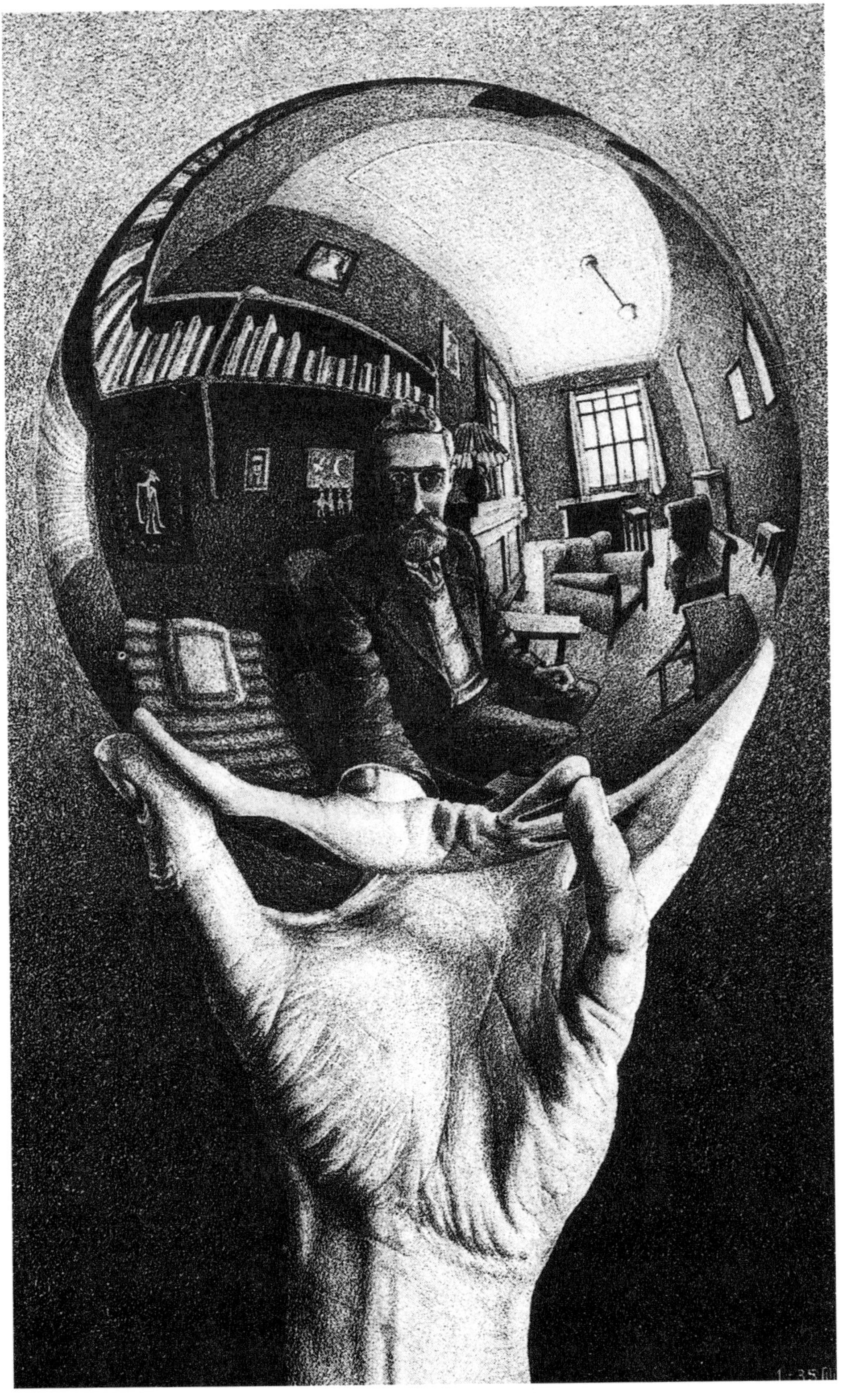

태초에 아름다움이 있었다

머리말

《미학오디세이》 20주년 기념판에 부쳐

1

《미학 오디세이》가 출간된 지 어느덧 20주년이라고 한다. 상가 건물 2층에 주거용으로 들인 게딱지만 한 방, 그 안의 낡은 책상 위에 놓여 있던 286 컴퓨터. 그 컴퓨터로 글을 쓰다가 새벽에 거리로 나와 자판기 커피를 마시며 올려다보던 흐릿한 밤하늘. 《미학 오디세이》는 대학원을 마치고 독일 유학을 앞둔 시절, 항공료라도 벌어보기 위해 쓴 책이었다. 길을 지나다 보니 그때 그 건물은 흔적도 없이 사라지고 대신 그 자리에 커다란 예식장 건물이 들어섰다.

이런 책을 다시 쓸 수는 없을 것 같다. 몇 차례 이 책만큼 대중적인 책을 써보려고 했지만 성공하지 못했다. 물론 이 책을 쓰던 시절의 나보다 지금의 내가 미학에 대해 더 많이, 그리고 더 잘 알고 있을 테고, 쓰려고만 한다면 이보다 낫게 쓸 수도 있을 것이다. 하지만 그것이 이 책만큼 대중적인 사랑을 받을 수는 없으리라. 그 시절의 왕성한 지적 호기심과 새로운 것을 알게 됐을 때의 황홀한 기쁨은 다시 반복될 수 없기 때문이다.

미학이라는 학문에 갓 입문한 그때는 나 역시 대중과 크게 다르지 않았기에, 독자가 어느 부분을 어려워하고 어느 부분을 재밌어하는지 굳이 따로 생각할 필요가 없었다. 그저 어렵게 이해한 부분을 설명하고, 내가 재밌게 여긴 부분을 얘기하면 그만이었다. 하지만 미학에 더 깊이 들어갈수록 천진난만함은 사라지고 독자와 소통의 접점을 찾기가 점점 어려워진다. 지금은 내가 재밌어하는 부분을 독자는 어려워한다.

발터 베냐민이 쓴 얘기가 있다. 어느 왕이 이웃 나라와의 전투에서 패해 쫓기던 중, 우연히 발견한 숲 속 오두막에서 식사를 대접받는다. 그로부터 50년이 지나 죽을 날을 바라보게 된 왕은 젊은 시절 오두막에서 먹었던 딸기 오믈렛의 맛을 떠올렸다. 그러고는 궁정의 요리사를 불러 "그 맛을 재연하면 왕국의 후계자로 삼을 것이나 실패하면 목숨을 잃을 것"이라고 명한다. 요리사는 "차라리 당장 형리를 불러달라"고 대꾸한다.

> 제가 만든 오믈렛은 폐하의 입맛에 맞지 않을 것입니다. 폐하께서 당시에 드셨던 모든 재료를 제가 어떻게 마련할 수 있겠습니까. 전쟁의 위험, 쫓기는 자의 주의력, 부엌의 따뜻한 온기, 뛰어나오면서 반겨주는 온정, 어찌 될지도 모르는 현재의 시간과 어두운 미래. 저로서는 이 모든 분위기를 도저히 마련할 수가 없습니다.

이 책은 그 딸기 오믈렛과 같다. 물론 요리사가 하려고만 했다면 최고의 오믈렛을 만들 수도 있었을 것이다. 그리고 그가 만든 오믈렛의 맛은 객관적으로 본다면 오두막의 노파가 만든 것과는 비교할 수 없을 정도로 좋았을 것이다. 하지만 온갖 재료와 향료의 조리법에 능한 요리사도 50년 전의 그 '모든 분위기'를 재연할 수는 없지 않은가. 모든 것이 모든 때에 가능한 것은 아니다.

2

이 책을 쓰면서 가장 먼저 생각한 것은 서술의 전략을 세우는 것이었다. 복잡한 미학의 세계를 여행하려면 미로 속의 테세우스처럼 '아리아드네의 실'이 필요하다. 그 실의 역할을 해준 것이 '가상과 현실'이라는 개념이었다. 이 개념 쌍을 도입함으로써 가상과 현실이 뒤섞인 선사 시대, 가상과 현실이 분리되는 역사 시대, 가상과 현실의 벽이 다시 무너지는 현대, 가상이 아예 현실을 대체해버린 동시대에 이르는 오디세이의 여정이 확정되었다.

이어서 고민한 것은 이 여정을 펼쳐나가는 방식이었다. 내가 채택한 것은 일종의 문학적 3성대위법이었다. 서술체의 미학사, 대화체의 철학사, 예술가 모노그래프라는 세 가닥의 멜로디를 하나로 엮어내는 발상은, 당시에 내가 바이블처럼 여긴 호프스태터의 《괴델, 에셔, 바흐》에서 얻은 것이다. 이 세 가닥의 멜로디는 시간적으로는 독립적으로 진행하면서 공간적으로는 서로 화음을 이룬다.

언젠가 책의 내용을 수정하려고 한 적도 있다. 하지만 결국 그 시도를 포기할 수밖에 없었다. 책의 구성이 너무 조밀하다 보니 한 부분을 고치면 전체가 영향을 받기 때문이었다. 부끄러운 일이지만, 예를 들어 2권의 하이데거 부분은 당시 내가 그의 사유를 제대로 이해하지 못했음을 보여준다. 하지만 그 부분을 들어내고 다시 쓰는 것은 불가능했다. 10년 후에 내놓은 3권에서 하이데거를 또 다시 다룬 이유는 그 때문이다.

3

《미학 오디세이》가 대중의 사랑을 받았지만 그렇다고 이 책이 모든 이의 마음에 든 것은 아니다. 처음 나왔을 때만 해도 아이들이 보는 그림책 같다는 둥, 구어체를 사용해 상스럽다는 둥 말이 많았다. 가당치 않은 비난이지만 무릇 비판이 있어야 발전이 있는 법. 바쁘실 텐데 시간을 내어 내 책을 구두로 비판해주신 분들께 감사드린다.

비난의 목소리를 잠재운 것은 미디어 환경의 변화였다. '인터넷'이 열리면서 이미지와 구어체를 사용한 전달이 소통의 보편적 형식이 되었기 때문이다. 오늘날 인문학 텍스트는 이미 이미지와 사운드의 관계 속에서 자신을 재정의하고 있다. 그렇다고 내게 무슨 혜안이 있던 것은 아니다. 그저 대중성을 위해 이미지와 구어체를 차용한 것이 우연히 당시에 막 도래한 인터넷 문화와 맞아떨어졌을 뿐이다. 그런 의미에서 운이 좋았다.

미학을 대중화하는 작업은 사실 이 책을 쓰기 몇 년 전부터 시작된 것이다. 1980년대 말 노동자 대투쟁의 여파로 노동운동이 정점에 달했던 시절, 〈노동자문화통신〉이라는 잡지에 미학에 관한 글을 연재한 적이 있다. 그때 어느 현장 활동가로부터 노조에 속한 노동자들이 그 글을 재미있게 읽었다는 얘기를 전해 들었다. 그 경험을 통해 아무리 추상적인 학문이라도 적절한 형식만 갖춘다면 얼마든지 대중에게 전달할 수 있다는 자신감을 얻게 되었다.

이 책을 쓸 무렵에는 당시 내가 추구하던 이상 사회가 이미 붕괴한 상태였다. 따라서 글을 쓰는 목적 자체도 달라져야 했다. 노동자계급의 의식화라는 사회주의적 사명은 출판시장의 주요 고객으로 떠오른 '오피스 레이디'의 지갑을 턴다는 지극히 자본주의적 동기로 대체되었다. 어느덧 그렇게 자본주의 속물이 되어버렸지만, 언젠가 인간의 평균적인 지적 수준이 괴테와 실러에 이를 것이라는 유토피아, 그 꿈만은 버리지 않고 도달할 수 없는 무지개처럼 그냥 저 먼 미래로 미뤄놓는다.

4

이 책에서는 이른바 '포스트구조주의' 담론까지를 다루었다. 그 후로도 미학의 이론은 계속 만들어지고 있지만, 여기저기에 파편의 형태로 존재할 뿐 아직 포스트 담론에 필적할 만한 규모의 '흐름'은 눈에 띄지 않는다. 아마도 이 책이 30주년을 맞는 시점이 되면, 또 한 권의 책을 쓸 수 있을지도 모르겠다. 하지만《미학 오디세이》는 이 세 권으로 완결된 형식이기에 그 책을 쓰게 된다면 아마도 별도의 저작이 되어야 할 것이다.

지난 20년간 이 책을 변함없이 사랑해주신 독자들께 감사드린다. 특별한 감사는 '머리말' 교정을 봐준 고양이 루비에게 돌린다. 이 녀석은 깐깐한 눈으로 원고의 절반을 날려버렸다. 세상의 모든 것이 변해도 나만은 영원한 소년일 거라 생각했는데, 시간은 아무도 비껴가지 않는 모양이다. 막 서른을 넘은 청년의 몸속에 지금은 쉰을 넘긴 중년의 사내가 들어앉아 있다. 지난 20년의 세월이 버스에서 잠깐 졸면서 꾼 꿈만 같다.

2014년 1월

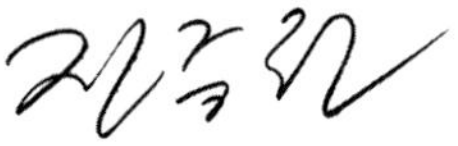

추천의 글

그의 환상적인 지적 여정을 바라보면서

유홍준(미술사가 · 《나의 문화유산답사기》 저자)

나와 진중권은 다른 점도 많지만 같은 점도 많다. 우선 우리는 글쟁이라는 동업자다. 그와 나는 같은 대학 미학과 동창이다. 입학은 내가 14년 선배이지만 대학 졸업장을 받는데 14년 걸렸기 때문에 거의 같은 시기에 세상에 나왔다.

내가 《나의 문화유산 답사기》 첫 번째 권을 펴낸 때는 1993년이고, 그의 《미학 오디세이》는 그 이듬해인 1994년에 출간되었다. 그리고 두 책 모두 시리즈물로 기획되어 20년이 되도록 아직도 서로의 여정을 계속하고 있다.

진중권은 자타가 공인하는 진보 논객으로 적극적으로 현실에 참여하고 있다. 나도 겉으론 내색하지 않지만 진보적인 입장을 견지하며 어떤 식으로든 현실을 외면하지 않고 살아가고 있다.

그리고 우리 둘은 전공대로 미학과 예술에 대해 독자적인 시각과 입장을 말하고 있다는 것이 가장 큰 공통점이다. 그러나 정통 미학의 입장에서 보면 둘 다 학계의 이단아라고 할 수밖에 없다. 상아탑에서 앞만 보고 달리는 경주마로 길들여지던 우리들은 홀연히 눈가리개를 벗어던지고 야생마가 되어 뛰쳐나왔다. 그리고 서로가 떠나간 곳은 정반대의 길이었다.

나는 우리의 전통과 역사가 숨 쉬는 한국 미술사의 숲속으로 깊숙이 들어갔고, 그는 훨훨 날아 서양 미술사와 미학의 바다로 건너갔다. 그리고 얼마 뒤 우리는 각기 숲과 바다에서 나와 지금 우리가 살고 있는 현실에 두 발을 굳게 딛고 서서, 거기서 체득한 바를 저술이라는 형식을 통해 대중과 소통하며 지금껏 살아왔다.

비록 길은 달랐어도 더 나은 세계를 만들어가려는 진보적 입장을 견지한다는 점에서는 같았으며, 그래서 서로의 시각에 대한 신뢰와 존경을 갖고 있다.

진중권의《미학 오디세이》는 내가 갖지 못한 점을 아주 많이 보여준다. 언젠가 그가 미니멀리즘에 대해 일간지에 기고한 글을 보면서, 나처럼 서구를 직접 경험한 적이 없는 사람은 파악할 수 없는 예리한 분석이라며 무릎을 치기도 했다.

진중권이 서구에서 익힌 미학이론들을 털만 벗겨 생경하게 내놓는 것이 아니라 자신의 미학으로 말할 수 있었던 것은 무엇보다도 그의 개성에서 나온 것이겠지만, 그가 미국이 아니라 독일로 유학했기 때문에 가능했던 면도 있다. 미국의 학문이 기본적으로 학문적 수련academic training이 강하다면 독일은 학문적 자유akademische Freiheit를 보장한다. 그런 분위기에서 자신의 논리로 자신을 말할 줄 아는 지적 풍토를 체득했을 것이다.

칸트는 세상 사람들에게 '철학philosophie'을 배우지 말고 '철학하는 것philosophieren'을 배우라고 말했다. 진중권은 바로 그 맥락에서 미학이 아니라 미학적으로 사고하는 진짜 미학자의 모습을 보여주고 있다. 나는 그 점에서 진중권을 높이 산다.

거기에서 한걸음 더 나아가 진중권은 독일식의 관념론을 가볍게 던져버리고, 철저한 리얼리스트로서 현실을 직시하는 예리한 통찰력을 더해 세상사에 깊이 개입했다. 플라톤, 아리스토텔레스, 디오게네스라는 확고한 인간상을 오늘, 우리의 현실 속에 환생시켜 보는 비유법은 가히 진중권 표라 할 만한 서술이다. 그는 그렇게 자기 문체를 갖고 있는 뛰어난 문필가이기도 하다.

진중권이 《미학 오디세이》에서 얘기하고 있는 핵심적인 내용은 미학적 사고와 예술의 본질에 관한 것이지만 그의 더 큰 관심사는 모더니즘과 탈근대에 대한 진단과 해석으로 보인다. 그것은 현대 사회 전반의 문제이면서 동시에 우리나라 문화 지형 전반의 병리적 현상과 연결되어 있는 것이기도 하다.

아직껏 우리는 길게 만나 서로를 이야기한 적이 없다. 내가 진중권을 신뢰하는 후배로 마음속에 간직하고 있으면서도 그의 《미학 오디세이》 20년에 부쳐 처음으로 이처럼 공식적으로 그에게 말을 걸게 되었다는 것을, 남들은 좀 의아해할지 모르지만 우리는 서로의 길을 그렇게 걸어왔다. 언젠가 때가 되면 아마도 우리는 한국 미학과 서양 미학에 대해 한없이 긴 이야기를 나누게 될 것이다.

그의 '미학 오디세이'가 언제 어떤 식으로 이어질지에 대해 아무런 정보가 없다. 다만 분명한 것은 그는 결코 진단에 머물 인생이 아니기에 이에 대한 적극적인 처방을 준비하고 있으리라는 것이다. 어쩌면 이미 약방문을 써놓고 양이 몇 그램인지만 저울질하고 있으리라고 상상해 본다. 그가 존경했다는 발터 베냐민이나 내가 존경하는 게오르그 루카치, 우리 둘 다 존경하는 아르놀트 하우저의 혜안을 빌려 그가 은유로 이끌어냈던 방식으로 이야기한다면 그 처방은 직효를 볼지도 모른다.

아직 나는 나대로, 그는 그대로 그 바닥에서 놓아야 할 노둣돌이 많기에 이제까지 해온 것처럼 자신에게 충실하며 살아갈 것이다. 더 높은 차원에서 우리의 만남이 이루어질 때까지 그의 '미학 오디세이'와 나의 '답사기'가 함께 장수하기를 축원한다.

차례

머리말 • 6
추천의 글 • 12
에셔에 대하여 • 18
글머리에 별밭을 우러르며 • 20

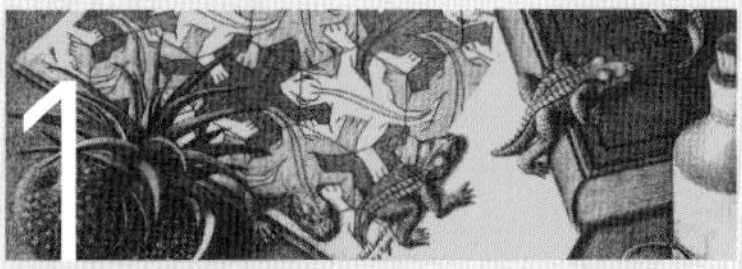

원시 예술

1 가상과 현실 28

벌거벗은 눈 • 31
유희, 노동, 주술 • 37
황금가지 • 44
에셔의 세계 1 • 54
피그말리온 • 56
에셔의 세계 2 • 62

고대 예술과 미학

2 가상의 탄생 64

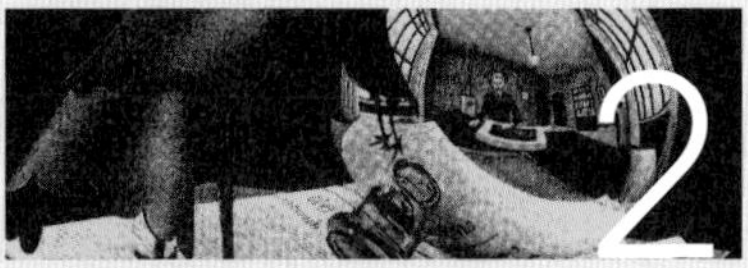

오시리스의 땅 • 67
고귀한 단순함과 고요한 위대함 • 74
아테네 학당 • 88
에셔의 세계 3 • 100
아폴론과 디오니소스 • 102
원형 극장에서 • 109

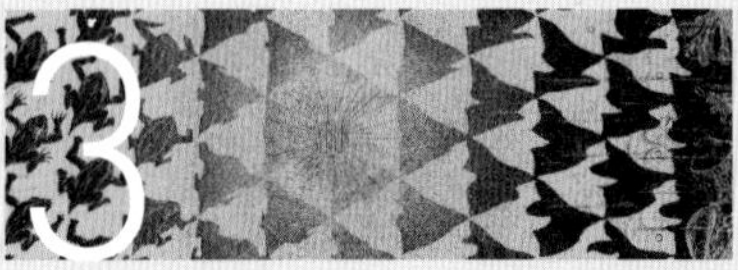

중세 예술과 미학

3 가상을 넘어 122

빛과 어둠 • 125
아뉴스 데이 • 134
에셔의 세계 4 • 140
돌로 된 스콜라 철학 • 142
성당에서 • 158
성자의 유혹 • 169
에셔의 세계 5 • 180
장미의 이름 • 182

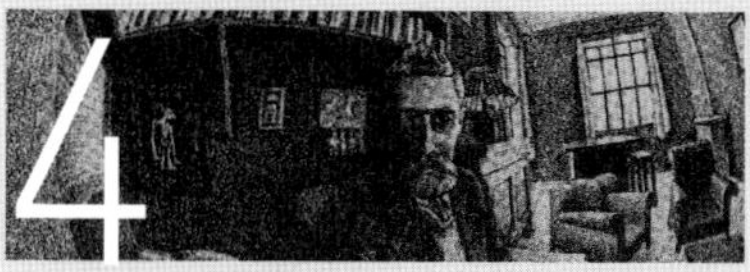

근대 예술과 미학

4 가상의 부활 196

다빈치와 미켈란젤로 • 199

뒤러의 실험실 • 211

에셔의 세계 6 • 220

바로크의 거장 • 222

에스테티카 • 232

에셔의 세계 7 • 242

파리스의 심판 • 244

유리알의 유희 • 257

극장에서 • 265

정신의 오디세이 • 270

카페 앞에서 • 281

에셔의 세계 8 • 284

아름다움에 관하여

5 아름다운 가상 286

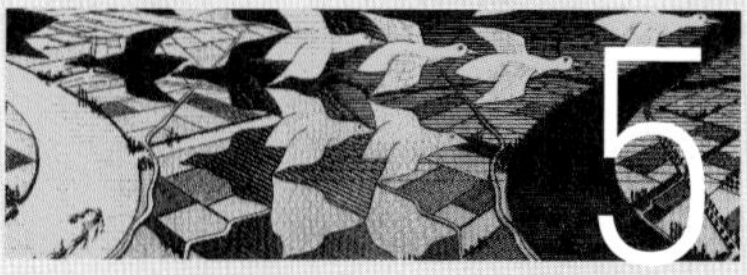

비너스와 네페르티티 • 289

에셔의 세계 9 • 298

미적 범주들 • 300

유클리드와 산책을 • 305

에셔의 세계 10 • 312

참고문헌 • 316

찾아보기 • 321

에셔에 대하여

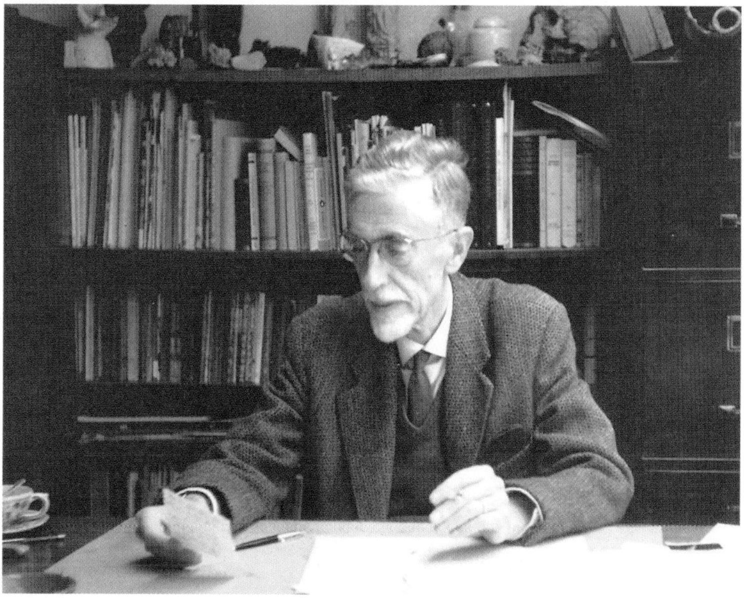

모리츠 에셔(Maurits Cornelis. Escher, 1898~1972)

네덜란드의 판화가. 수학과 논리학의 난제를 다룬 독특한 작품세계로 유명하다. 그는 교묘한 수학적 계산에 따라 작품 활동을 했는데, 특히 '이상한 고리(뫼비우스의 띠)'는 그가 가장 좋아하는 주제였다. 미국의 인지과학자 호프스태터(Douglas Hofstadter, 1945~)는 인간 지성의 한계를 다룬《괴델, 에셔, 바흐》라는 책에서 에셔의 '이상한 고리', 괴델의 '불완전성의 정리', 바흐의 '무한히 상승하는 카논'을 함께 묶어 '영원한 황금실'이라 불렀다.

글머리에

별밭을 우러르며

창문을 열고 밤하늘을 보자. 요란한 불빛 때문에 별을 볼 수 없으면, 거리의 불을 모두 끄기로 하자. 시야를 가리는 콘크리트 덩어리들과 보기 흉한 아스팔트도 지워버리자. 이제 우리는 하늘이 훤히 열린 야트막한 언덕 위에 앉아 있다. 그래도 별은 반짝거릴 줄을 모른다. 숨 막히게 하는 하늘의 희뿌연 뚜껑도 걷어버리자. 이제야 예전에 우리가 보았던 하늘이 보인다. 별이 뚝뚝 떨어질 것 같던 그 까만 하늘. 이게 얼마 만인가. 친구와 난 가끔 함께 밤하늘을 쳐다보곤 했다. 나는 번번이 내 별을 찾는 데 실패했지만, 친구에겐 제 별을 찾아내는 특별한 방법이 있었다. 오리온 자리의 삼태성 중 가운데 것! 그 뒤 친구는 정말로 그 별이 되었다.

뒤러의 하늘

프로메테우스가 인간을 두 발로 설 수 있게 만든 건, 별을 볼 수 있게 하기 위해서였다. 옛사람들은 우리보다 더 자주 별을 쳐다보았을 것이다. 우리와는 다른 감정을 가지고 말이다. 별을 보면서 나누는 이야기도 달랐을 것이다. 북극성은 1000광년 떨어져 있고 어쩌고 하는 실없는 얘길랑 하지도 않았을 것이다. 그들은 그런 하찮은 문제보다 별들이 그려내는 갖가지 모습에 매혹되기를 더 좋아했다. 그들의 눈앞에선 몇 개의 별이 모여 아름다운 왕비 카시오페이아가 되고, 용맹한 장수 오리온이 되고, 무시무시한 전갈이 되었다. 넓은 밤하늘에는 무한한 상상이 펼쳐지고, 기나긴 겨울밤은 별자리들에 얽힌 사연과 함께 깊어갔다.

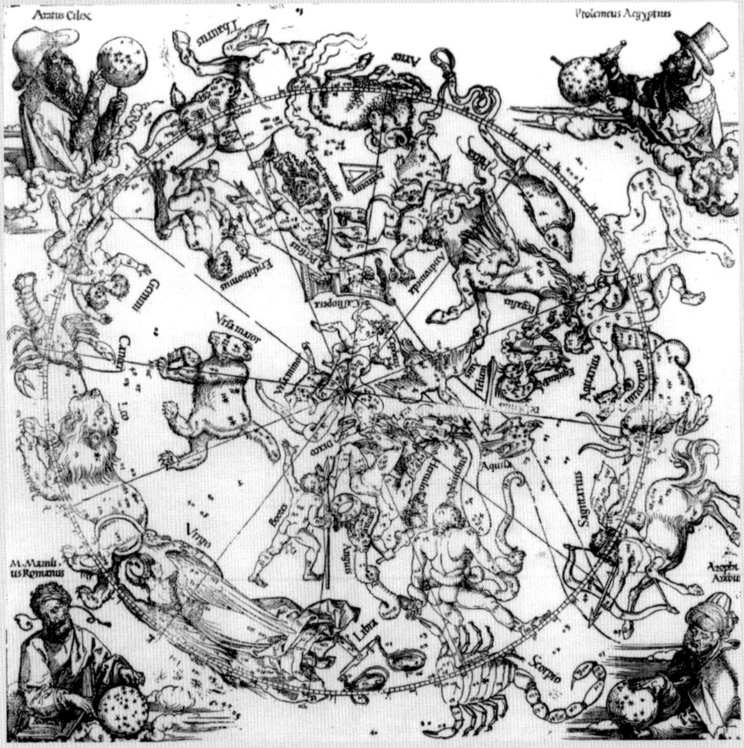

〈성좌와 별들〉 알브레히트 뒤러, 목판화, 43×43cm, 16세기

밤하늘은 무한한 상상력이 펼쳐지는 이야기가 가득한 커다란 화폭이었다.

그 시절엔 이 땅이 칠면조 요리 덮개 같은 천구에 덮여 있었다. 그때 사람들은 덮개 너머에 있는 찬란한 세계의 빛이 천구에 송송 뚫린 구멍 틈으로 새어나오는 게 별이라 생각했다. 물론 더 똑똑한 사람도 있었다. 그리스의 한 철학자는 별이란 허공에 떠 있는 무지무지하게 크고 못생긴 돌덩어리라고 했다. 그가 왜 굳이 시대에 걸맞지 않은 얘기로 분위기를 깨야 했는지 이해할 수 없지만, 다행히 그의 심술도 사람들의 마음을 돌려놓진 못했던 것 같다. 그 뒤로도 오랫동안 밤하늘은 커다란 화폭이었고, 사람들은 그 화폭에 갖가지 그림을 채워넣기를 좋아했다. 뒤러Albrecht Dürer, 1471~1528의 하늘을 보라. 옛사람들의 눈에 비친 밤하늘은 적어도 이러했다.

피타고라스의 하늘

피타고라스의 정리를 모르는 사람은 없으리라. 피타고라스 학파는 사실 학파라기보다 오르페우스교라는 신비주의 신앙을 가진 하나의 종교 집단이었다. 그들은 매우 엄격한 종교적 계율을 지켰고, 무엇보다 영혼의 윤회를 믿었다. 피타고라스Pythagoras, 기원전 570?~기원전 490?가 살던 당시 그리스에서는 막 철학적 사유가 싹트고 있었다. 당시 철학계에서는 이 세상의 다양한 사물과 변화무쌍한 현상 속에서 변하지 않는 어떤 근본적인 것arche을 찾는 게 유행이었다. 어떤 사람은 그걸 '물'이라 하고, 어떤 사람은 '불'이라 했다. 그런데 피타고라스는 특이하게도 그런 눈에 보이는 물질이 아니라 추상적인 것, 곧 '수數'가 만물의 근원이라 생각했다.

세상의 모든 것은 수로 표시된다. 수를 갖지 않는 사물은 없다. 그

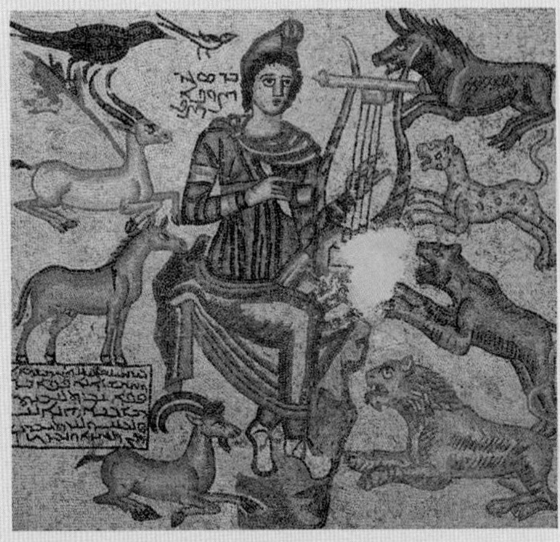

음악으로 동물들을 매혹하는 오르페우스

오르페우스는 어머니인 뮤즈한테서 직접 음악을 배웠는데,
그가 하프를 연주하면 산천초목이 다 감동했다.

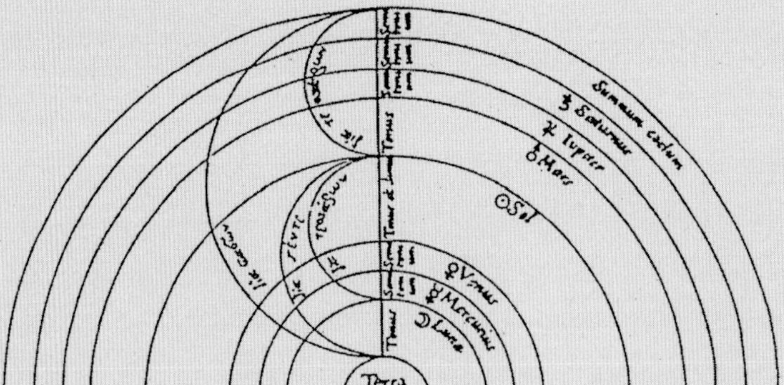

피타고라스의 우주관

피타고라스는 우주를 거대한 현금으로 보았고,
거기서 천구의 음악을 들었다.

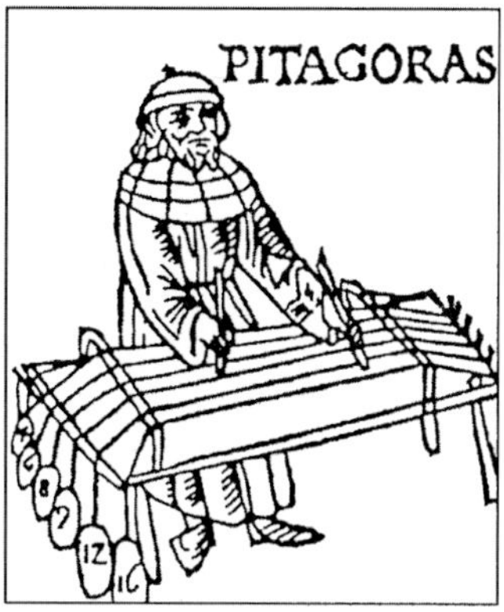

음악가 피타고라스

럼 모든 것에 앞서 존재하는 건 바로 수가 아닌가. 수는 모든 것에 앞서 존재하며 혼돈의 세계에 질서를 주고 형체 없는 것에 형상을 준다. 따라서 수를 연구하는 것이, 곧 존재의 가장 깊은 비밀을 탐구하는 것이다. 그 때문에 수학 연구는 피타고라스 교단에서 지켜야 할 계율 가운데 가장 중요한 것으로 여겨졌다.

피타고라스가 신봉하던 오르페우스는 인류 최초의 음악가였다. 그러니 피타고라스 교단이 음악에 각별한 관심을 가진 건 당연한 일이었다. 그들은 물론 음악에서도 수적 비례를 찾아냈다. 아니, 음악이야말로 오히려 수적 비례 관계가 가장 순수하게 나타나는 영역이 아닌가. 음의 높이는 현絃 길이의 비례 관계로 설명된다. 현의 길이를 3분의 1 줄이면 음은 정확하게 5도가 올라가고, 2분의 1로 줄이면 한 옥타브 올라간다. 여러 음 사이의 수적 비례는 아름다운 화음을 만들어 낸다.

이 신비주의자들이 밤하늘에 빛나는 별의 신비를 그냥 지나쳤을 리 없다. 하늘도 수의 조화가 지배하고 있다. 별은 예정된 궤도를 따라 움직이고 일정한 시간에 나타나 일정한 시간에 사라진다. 그래서 그들에게 별의 움직임은 리드미컬한 춤이었다. 재미있게도 그들은 별들이 현악기 속에 각자의 음을 갖고 있다고 믿었다. 그렇다면 천체의 운행 자체가 거대한 교향곡이 아닌가. 당시는 비유가 논증이었다. 그래서 우주의 조화는 음의 조화, 곧 아름다운 화음으로 여겨졌다. 마침내 밤하늘엔 춤추는 별들이 어우러져 장엄한 음악이 울려퍼졌다. 피타고라스 교단의 교리에 도통한 사람은 이 우주의 음악을 들을 수 있었다 한다. 과연 그 소리가 어땠을까?

그리고 우리의 하늘

아득한 옛날, 사람들은 우리와는 다른 태도로 자연과 세계를 대했다. 그들은 세상의 모든 것에 생명이 있다고 믿었고, 그 생명들과 언제든지 교감할 수 있었다. 무정한 밤하늘에서조차 그들은 별들이 그려내는 아름다운 그림을 보았고, 별들이 연주하는 장엄한 음악을 들었다. 상상해보라. 시시각각 움직이는 밤하늘의 거대한 형상들, 별자리의 인물들이 펼치는 극적인 이야기들, 울려퍼지는 교향곡을…….

언제부턴가 우리는 불행하게도 세계를 이렇게 느끼길 그만두었다. 다시 그 시절로 돌아갈 순 없을까? 물론 그럴 순 없다. 하지만 놀랍게도 우리 삶의 한구석엔 고대인들의 심성이 여전히 남아 있다. 여기선 아직도 그들처럼 세계를 보고 듣고 느낄 수 있다. 바로 예술의 세계다. 한 시인은 이렇게 노래했다. "내가 타죽은/나무가 내 속에서 자란다/나는 죽어서/나무 위에/조각달로 뜬다.", "저 먼 우주의 어느 곳엔가/나의 병을 앓고 있는 별이 있다."

시인은 피타고라스가 우러르던 바로 그 하늘을 본다. 그는 자연과 윤회의 끈으로 생명을 주고받고, 빛의 속도로 달려도 영원히 도달할 수 없는 머나먼 우주와 교감한다. 이건 거짓말이다. 난 나무도 아니고 조각달도 아니다. 내가 아는 한 별은 병을 앓을 수 없다. 더구나 내 병을 대신 앓다니. 하지만 이 거짓말이 우리의 마음을 사로잡는다. 왜? 우리는 왜 이런 터무니없는 거짓말을 믿고 싶어 할까? 인류가 까마득한 과거 속에 묻어버린 이 환상이, 왜 아직도 우리에게 필요한 걸까? 우리의 얘기는 이렇게 시작된다.

1

원시 예술

가상과 현실

도마뱀은 그림에서 나와 다시 그림 속으로 들어간다. 저 조그만 파충류들이 가상과 현실을 넘나들고 있다. 물론 현실에서 저런 일은 있을 수 없다. 하지만 아주 오랜 옛날, 사람들은 정말로 저 도마뱀처럼 두 세계를 자유로이 넘나들었다. 여기선 바로 그 시절의 얘기를 하게 된다. 먼저 원시 예술이 어떤 모습을 하고 있는지 알아보자. 그러려면 깊숙한 동굴 속으로 들어가야 한다. 이어서 우리는 예술의 기원을 물을 것이다. 예술은 어디에서 나왔을까? 왜 원시인들은 어두운 동굴 깊은 곳에 그림을 남겼을까? 이 물음에 대답하려면 끔찍한 살인 사건의 비밀을 캐야 한다. 여기서 가상과 현실을 자유로이 넘나들던 유년기 인류의 천진난만한 모습과 함께 원시 예술의 비밀이 드러난다. 그 시절, 예술은 곧 마법이었다. 그러나 그 뒤 사람들이 점차 가상과 현실을 구분하게 되자, 마법의 시대는 종말을 고한다. 이제 예술은 마법이기를 그치고 다른 것이 되어야 한다. 그리고…….

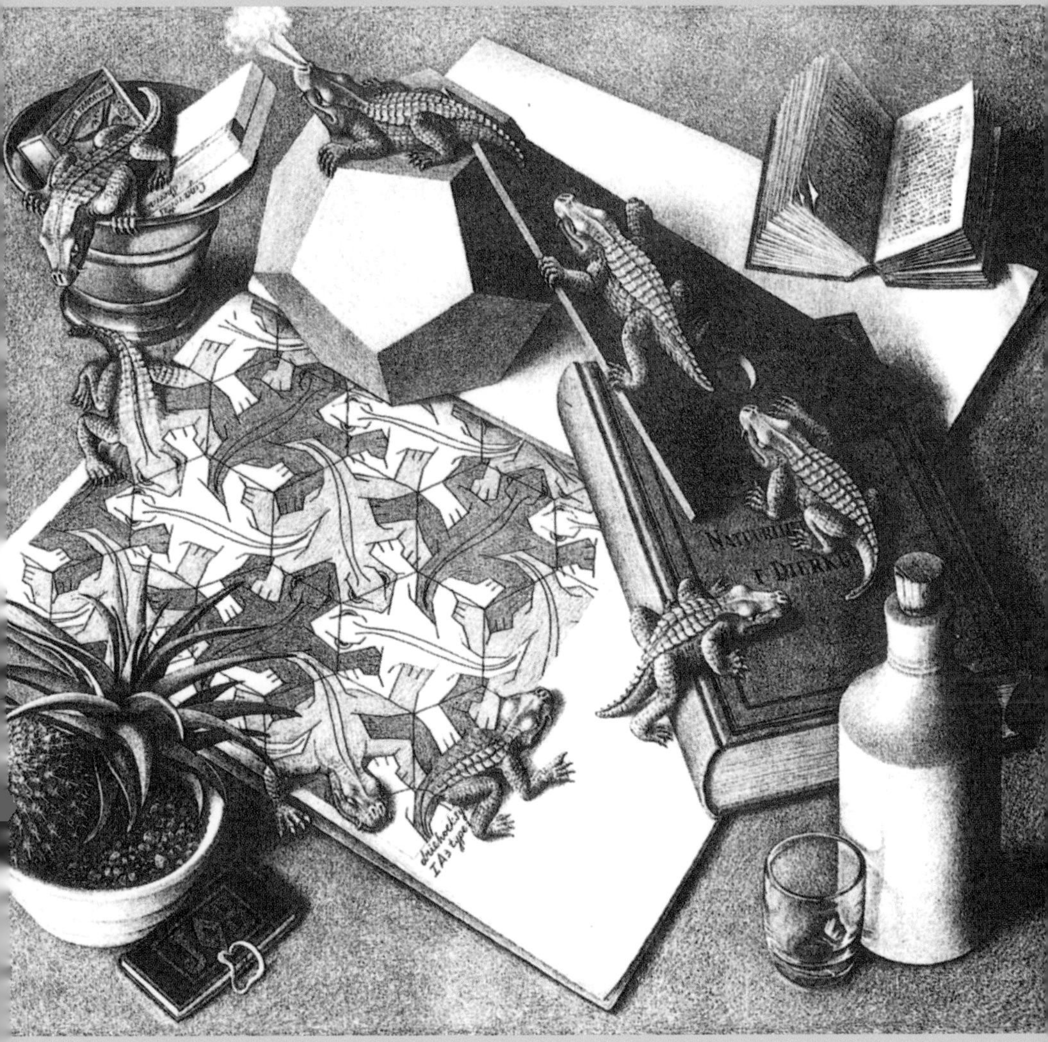

〈도마뱀〉 모리츠 에셔, 석판화, 33×39cm, 1943년

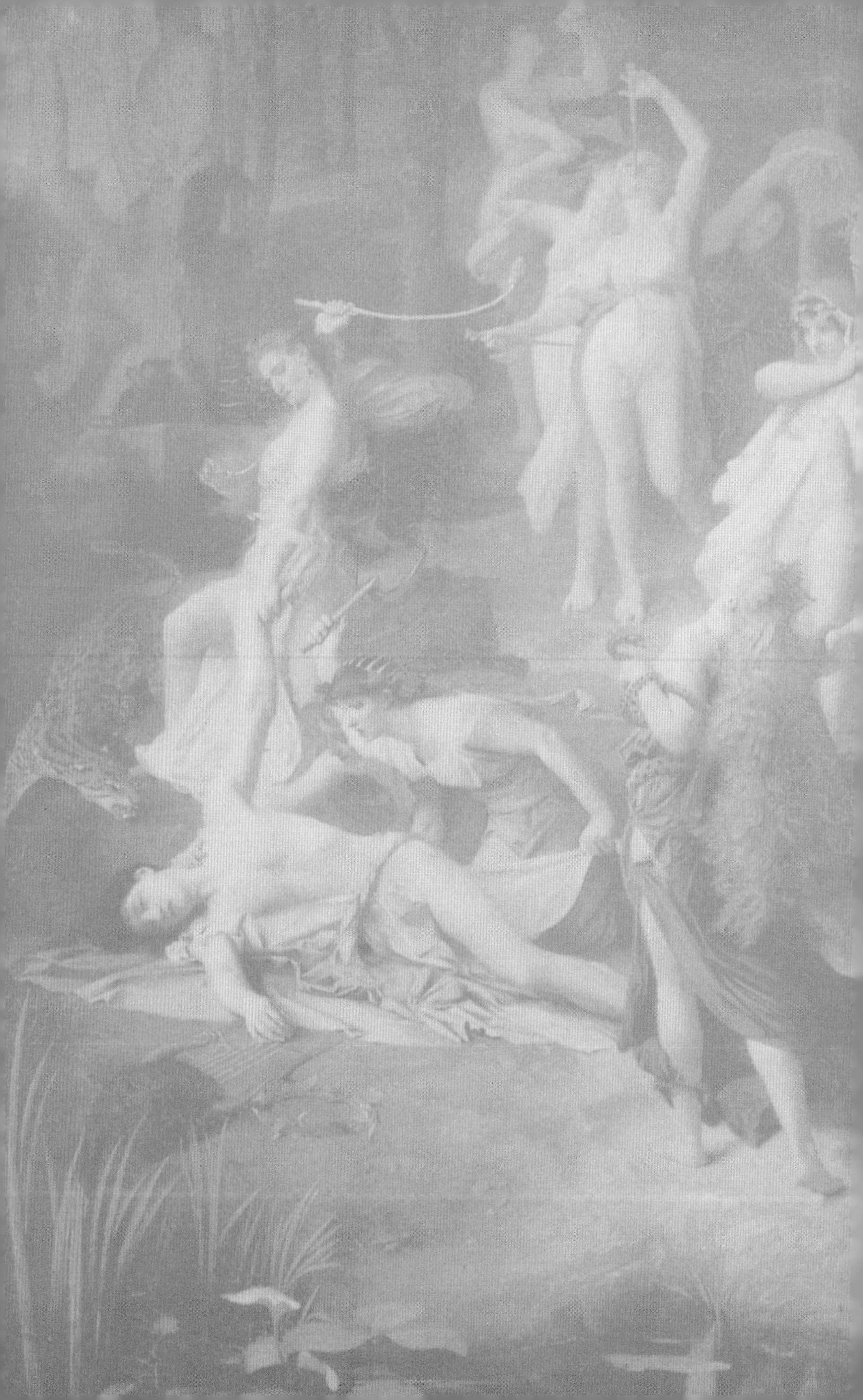

벌거벗은 눈

19세기 말에 구석기인들의 동굴 벽화가 처음 발견되었을 때, 사람들은 이 그림이 위작僞作임이 틀림없다고 생각했다. 1만 5000년 전 구석기 시대의 미개인들이 어떻게 이토록 생생히 묘사해 낼 수 있단 말인가. 들소가 죽어가는 처절한 순간을 보라. 네 다리는 더 이상 몸을 지탱할 수 없지만, 머리는 마지막 방어를 위해 숙이고 있다. 사실 예술사에서 이 정도의 표현을 찾아보려면 한참이나 지나야 한다. 그 뒤 유럽과 아프리카의 여러 곳에서도 놀랍도록 사실적인 벽화들이 발견되었다. 덕분에 이 그림들은 위작이라는 혐의를 벗을 수 있었다. 하지만 인류 최초의 예술이 탄생하자마자 이처럼 단번에 생생한 자연주의적 묘사 수준에 도달했다는 건 여전히 이해하기 힘든 일이다. 뒷날의 '개화'된 인간들도 이 정도 수준에 도달하기 위해선 수천 년에 걸친 실험과 시행착오를 거쳐야 하지 않았던가.

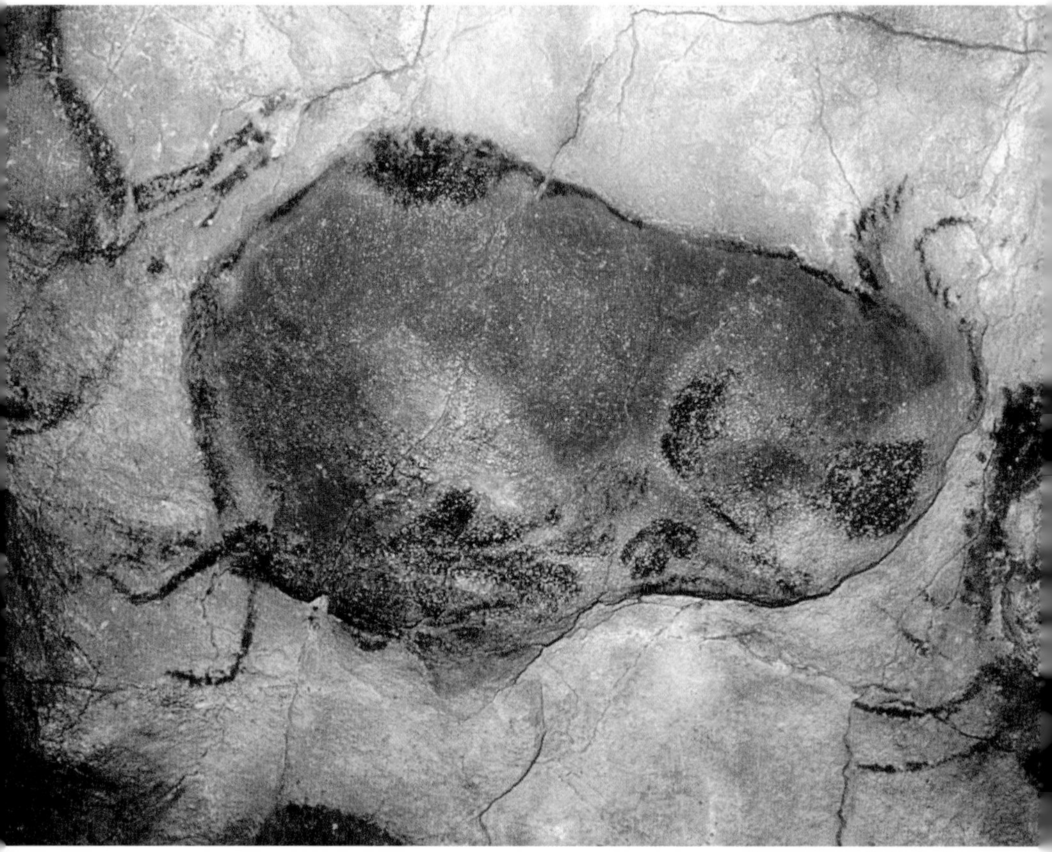

상처 입은 들소, 알타미라 동굴 벽화, 기원전 1만 5000~기원전 1만 년

보이는 대로 그리다

이 놀라운 현상을 어떻게 설명할 수 있을까? 우리의 무례한 편견과는 달리, 이 야만인들이 이미 고도의 정신 능력을 갖고 있었던 건 아닐까? 물론 아니다. 신석기인들은 분명 그들보다 훨씬 더 뛰어난 정신 능력을 지녔지만, 자연주의적 묘사를 발전시키기는커녕 관습화한 기하학적, 추상적 양식으로 후퇴(?)하기 때문이다. 과연 이 모순을 어떻게 해결할 수 있을까?

유명한 미술사가 곰브리치Ernst Hans Josef Gombrich, 1909~2001에 따르면, 사물을 지각할 때 우리는 오로지 눈에만 의존하는 게 아니라고 한다. 개념적 사유를 하는 인간은 자신이 이미 알고 있는 '지知의 도식'을 적용하게 된다. 말하자면 시지각視知覺 자체가 벌써 개념적 사유라는 색안경을 통해 이루어지는 것이다. 어린이의 그림에서 벌써 우리는 시지각에 미치는 이런 개념적 사유의 영향력을 볼 수 있다. 어린이는 결코 눈에 '보이는 대로' 그리지 않는다. 그들은 자신이 이미 알고 있거나 중요하게 생각하는 부분은 크게 그리고, 그렇지 않은 부분은 작게 그리거나 과감하게 빼버린다. 그들은 '아는 대로' 그리는 셈이다.

그러나 구석기 시대 원시인들은 아직 개념적 사유가 시지각을 지배할 정도까지 발달하진 않았다. 바로 이 때문에 그들은 개념적 사유의 간섭을 받지 않고, 자연을 '보이는 대로' 그릴 수 있었다. 개념적 사유로 무장하지 못한 이 '벌거벗은 눈'이야말로 그들의 놀라운 자연주의를 설명해주는 것이다. 결국 우리는 구석기인의 '높은' 수준의 자연주의가 그들의 '낮은' 수준의 지적 능력을 증명한다는 역설에 이르게 된다.

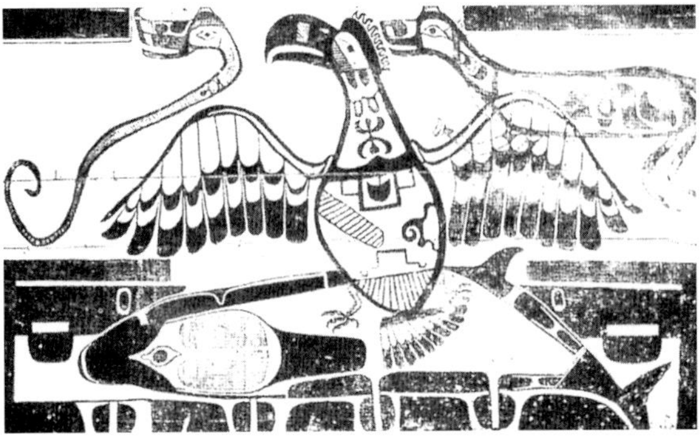

번개뱀과 이리, 범고래 위에 앉아 있는 뇌조, 누트카 인디언, 1850년경
인간의 추상 능력이 발달함에 따라 추상적, 기하학적 양식이 등장한다.

아는 대로 그리다

신석기 시대에 들어서면 사정은 달라진다. 사냥감을 쫓아 떠돌아다니던 인간은 정착 생활을 시작한다. 농경이 시작되었기 때문이다. 농경은 인간의 사유 능력에서 매우 중요한 의미를 갖는다. 고도의 추상 능력을 요구하기 때문이다. 아마도 자연현상에 대한 최초의 추상은 '사계절의 순환'이라는 관념이었을 것이다. 농경은 인간이 이미 변화무쌍한 현상들 속에서 어떤 '운행 질서'를 발견했음을 의미한다. 즉 그들은 이미 변덕스럽고 혼란스런 자연현상에 사계절이라는 '도식'으로 질서를 부여할 수 있게 된 것이다. 사계절이라는 개념이 없다고 생각해보라. 눈·비·더위·추위·서리·가뭄·우박·태풍·홍수 등 시시각각 눈앞에서 펼쳐지는 자연현상은 혼란스럽기 짝이 없을 것이다. 이 현상들이 수천, 수만 번 반복되고 교차하는 가운데, 점차 그들은 이 현상의 파노라마 속에 어떤 공통성이 있음을 깨닫고, 거기서 '사계절

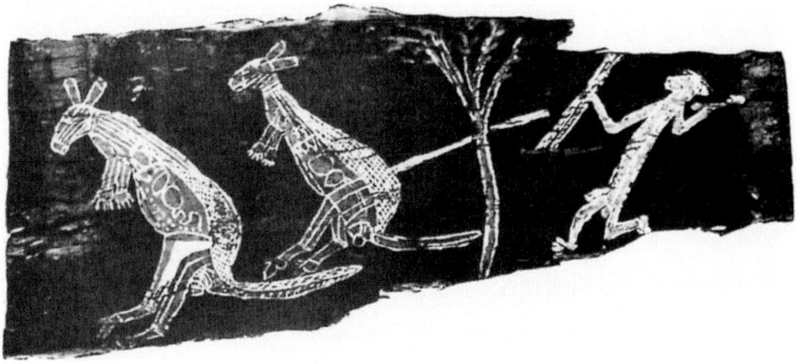

캥거루에 창을 던지는 주술사,
북부 오스트레일리아 서(西)아넘랜드에서 나온 원주민의 그림, 1900년경
그들은 '아는 대로' 그렸다. 캥거루의 내장까지.

의 순환'이라는 '개념'을 뽑아냈다.

그 뒤 인간들은 외부세계를 파악하고 정복하기 위해 점점 더 추상적인 사유에 의존한다. 바로 이 추상적·개념적 사유가 신석기 시대의 추상적·기하학적 양식을 설명해준다. 이는 일찍이 해마다 나일 강이 범람하여 토지의 경계선을 지워버리는 이집트에서 기하학이 발전한 것과 마찬가지 원리다. 추상적·기하학적 사유는 곧 자연에 대한 지배를 의미하므로, 그에 대한 인간의 신뢰는 더욱더 두터워졌다. 그럴수록 그들은 저 구석기인들이 지녔던 '벌거벗은 눈'을 잃어버렸다. 그들의 눈은 점점 더 개념의 지배를 받게 되고, 그럴수록 사물을 '보이는 대로'가 아니라 '아는 대로' 묘사하게 되었다. 그 결과 점점 더 사물의 우연적이고 개별적인 특징을 사상捨象하고 불변적이고 일반적인 특징만을 추상抽象한 기하학적 양식이 발달한다.

선사 시대부터 우리는 벌써 두 가지 대립되는 재현 양식을 발견할 수 있다. 구석기 시대의 자연주의적 양식과 신석기 시대의 기하학적 양식이 그것이다. 현존하는 미개 부족들은 신석기 단계에 있기에 대부분 추상적·기하학적 양식을 보여주는 데 반하여, 아직 구석기 단계에 있는 부시맨에게선 자연주의적 양식을 찾아볼 수 있다. 어쨌든 이 두 양식의 대립은 오랫동안 미술사를 지배하게 되는데, 이 대립이 인류 최초의 문명세계에서도 새로운 형태로 되풀이된다.

유희, 노동, 주술

인간은 왜 예술이란 걸 하게 되었을까? 감상하려고? 아니다. 우리가 아는 한, 감상을 위한 예술의 전통은 겨우 몇 백 년밖에 안 된다. 르네상스 때조차 예술은 뚜렷한 실용적 목적을 갖고 있었다. 게다가 인류 최초의 그림들은 대개 깊숙한 동굴 속에 그려져 있다. 만약 감상하기 위한 거라면, 왜 그것들을 동굴 속에다 그렸겠는가? 라스코 동굴로 가보자.

유희

머리를 숙이고 어두운 동굴을 따라 한참 들어가니, 갑자기 탁 트인 공간이 나온다. 춤추는 모닥불가에 못생긴 원시인들이 아무렇게나 널브러져 있다. 그들은 오늘 사냥에서 커다란 들소를 잡았다. 덕분에 모처럼 포식을 하고, 이제 들소의 날카로운 뼛조각으로 이빨 사이의

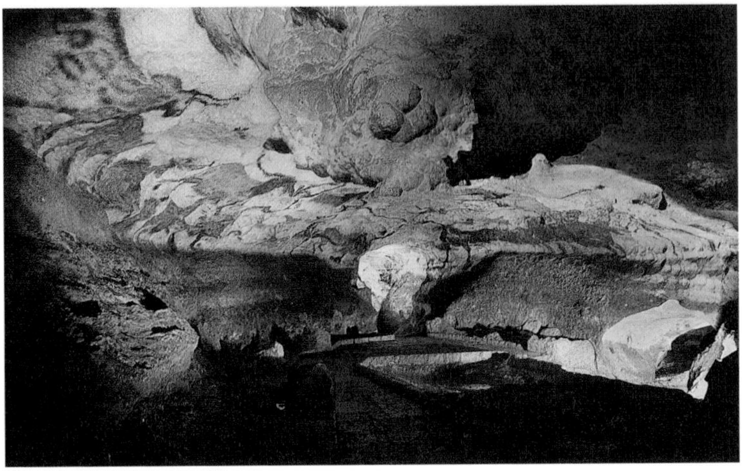

라스코 동굴 벽화, 기원전 2만~기원전 1만 년

후식을 즐기는 중이다. 이제 뭘 하지? 잠이나 잘까? 한 젊은이가 이쑤시개로 동굴 바닥을 긁적거리며 격렬했던 전투 장면을 떠올린다. 그 큰 놈이 무릎을 꿇고 쓰러져가던 통쾌한 모습이란…….

그때, '어, 이게 뭐지?' 갑자기 바닥에 들소의 형체가 나타나는 게 아닌가. 뼈 끝에서 들소가 나오다니. 그는 기억을 더듬어가며 네 다리와 꼬리를 마저 그려넣었다. 그리고 졸지에 인류 최초의 예술가가 된다.

'유희 기원설'이라 할 수 있는 이 가설에 따르면, 벽화나 집단무集團舞 같은 원시 예술은 '남아도는 에너지의 방출 통로'다. 말하자면 근질거리는 몸을 풀기 위한 소일거리라는 얘기다. 이 고상한 소일거리는 사실 동물의 세계에서 물려받은 거라고 한다. 실제로 몇몇 동물은 영양 과잉을 해소하기 위해 놀이를 하는데, 원시 예술은 결국 여기서 나왔다는 것이다. 하지만 이 가설엔 커다란 문제가 있다. 과연 구석기인의 생활이 남아도는 에너지를 발산하지 못해 안달할 정도로 편안했을까? 자연의 횡포 앞에 알몸으로 내던져진 이들의 삶이?

노동

여기서 다른 가설이 나온다. 예술은 노동에서 비롯되었다. 가령 수렵무나 전쟁무를 보자. 그 춤은 당연히 수렵과 전쟁에서 승리를 기원하기 위한 거다. 또 원시인들의 음악을 보자. 그건 노동 과정에 뒤따르는 노동요로, 노동의 수고를 덜기 위한 거다. 악기의 생김새를 보라. 북은 동물 가죽을 말리던 둥근 틀에 울림통만 갖다붙인 거고, 여러 관악기는 동물의 뿔이나 바닷가의 고동과 비슷하다. 즉 악기의 원형은 농경, 어로, 수렵, 목축 등의 노동 도구였음이 틀림없다. 회화를 보라. 회화는 원래 의사소통을 위한 신호에서 나온 거다. 수렵 단계의 구석기 벽화에는 사냥감이 되는 동물만 나타난다. 하지만 농경이 시작되는 신석기 벽화에는 동물 대신에 나무나 농작물, 해와 달처럼 농경과 관계 깊은 자연현상이 나타난다.

이렇게 보면 예술은 유희가 아니라 노동에서 비롯된 게 틀림없는 것 같다. 가령 원시인들의 수렵무는 배가 불러 에너지가 남아돌 때가 아니라, 오히려 동물을 잡지 못해 오랫동안 굶주렸을 때 추는 거라고 한다. 말하자면 힘이 남아돌아서가 아니라 살아남아야 한다는 절박한 필요에서 춤을 추었단 얘기다. 하지만 이 설명도 아직 충분한 것 같지는 않다. 왜 원시인들은 그 힘겨운 삶 속에서도 예술을 해야만 했을까? 벽화를 그리거나 수렵무를 춘다고 사냥감이 더 잡히는 건 아닐 텐데 말이다. 다시 동굴로 가보자.

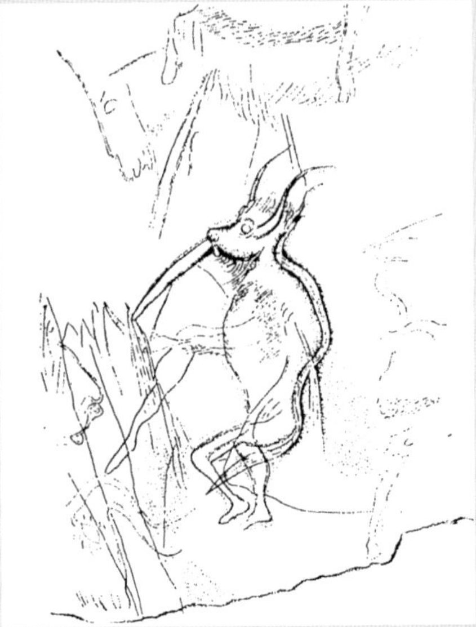

피리를 부는 마법사

들소 가죽을 뒤집어쓴 마법사가 사냥을 위한 주술을 행하고 있다.

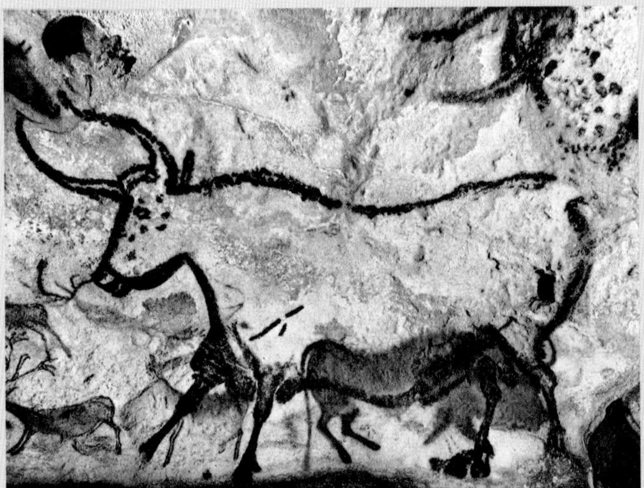

창 자국이 난 들소, 라스코 동굴 벽화, 기원전 2만~기원전 1만 년

그들은 들소 이미지를 죽이는 의식을 통해 진짜 동물을 잡을 수 있다고 믿었다.

주술

아까 그 자리다. 너울거리는 횃불에 동굴 여기저기에 그려진 들소 떼가 보인다. 동물 가죽을 뒤집어쓴 사람이 뭐라고 주문을 외우고 있다. 아마 제사장쯤 되는 모양이다. 그가 신호를 보내자, 부족들이 그림 속의 들소 떼를 향해 일제히 돌창을 던진다. 저런…… 말릴 새도 없이 창은 들소의 급소에 사정없이 꽂힌다. 명중…….

동굴 벽화엔 대개 창이나 도끼로 가격한 흔적이 남아 있다. 그들은 왜 애써 그린 그림을 거리낌 없이 훼손했을까? 그건 그림 속의 들소를 죽임으로써 살아 있는 들소를 잡을 수 있다고 믿었기 때문이다. 그들이 예술이라는 쓸모없는 짓거리에 귀중한 시간과 정열을 투자한 까닭은, '가상'을 통해 '현실'의 소망을 이루려는 주술적 신앙 때문이었다. 벽화나 수렵무 속의 '가상'이 그들에게는 곧바로 '현실'이었다. 영화 〈늑대와 춤을〉에 나오는 수족의 한 인디언은 어느 탐험가가 들소를 스케치하는 걸 보고 이렇게 불평했다. "저 사람이 들소 여러 마리를 자기 책 속에 넣어 갔다. 그때부터 우리는 들소를 구경할 수 없었다."

하지만 여기에도 문제가 없는 건 아니다. 가령 그림을 그린다고 들소의 수가 늘거나, 수렵무를 춘다고 들소가 더 잘 잡힐 리는 없다. 주술의 효과가 먹히지 않는 경우를 여러 번 당했다고 하자. 그럼 무지한 구석기인들도 차차 의심을 품고, 결국 엄청난 시간과 정열을 잡아먹는 어리석은 짓을 그만두었을 거다. 하지만 그들은 이 쓸데없는 짓을 그만두지 않았다. 왜?

그들은 알지 못한다

놀랍게도 주술이 실제로 효험이 있었기 때문이다. 어떻게? 들소를 그리면, 정말 들소가 동굴 속으로 어슬렁어슬렁 기어들어온단 말인가? 수렵무를 추면 들판에서 풀을 뜯고 있던 들소들이 그냥 자빠진단 말인가? 그럴 리가 없다. 그럼 어떻게? 우리가 아는 한, 당시엔 문자도 없었고, 책도 없었고, 물론 동물학이란 학문도 없었다. 그 시대에 동굴 벽화는 원시인들이 경험에서 얻은 동물에 관한 모든 지식을 담는 유일한 수단이었다. 구석기 벽화가 그토록 뛰어난 사실성을 보여주는 건 아마도 동물을 쫓는 예리한 '사냥꾼의 눈'으로 관찰했기 때문이리라. 동물의 동작과 해부학적 구조에 대한 지식, 가령 급소가 어디에 있느냐 하는 것들은 그들의 생존에 필수적인 지식이었다. 부정확한 묘사는 곧 잘못된 지식을 의미하고, 사냥을 망치거나 심지어 목숨을 위태롭게 하는 결과를 낳을 수 있다. 이 때문에 그들은 동물의 신체를 가능한 한 정확하게 묘사해야 했을 거다.

수렵무도 마찬가지다. 여기서는 대개 사냥꾼으로 분장한 한 무리의 춤꾼과 동물 가죽을 뒤집어쓰고 동물 역을 하는 또 한 무리의 춤꾼이 등장하여, 사냥을 떠나서 돌아올 때까지의 전 과정을 격렬한 춤으로 재현한다. 그들이 이 춤을 추는 것은 더 많은 동물을 잡을 수 있을 것이라는 소박한 주술적 신앙 때문이었다. 하지만 이 춤의 실제 기능은 다른 데 있다. 이 춤을 통해 그들은 사냥의 절차와 테크닉을 반복 학습할 수 있었다. 또 언제나 승리로 끝나는 극의 구조는 사냥에 대한 자신감을 불어넣고, 격렬한 동작은 사냥에 필요한 신체 단련을 대신해주었다. 이렇게 보면 당시 그들의 주요한 경제 활동이었던 수렵에 필요한 모든 지식, 모든 정신적, 신체적 준비와 훈련이 바로 이 예술 형태에 집약되어 있었던 셈이다.

원시인들은 오랜 경험을 통해 예술이 가진 이런 기능을 알고 있었다. 하지만 이를 과학적으로 설명할 능력은 없었다. 그래서 그들은 이 신비한 효과를 영험한 주술의 힘으로 설명하고, 또 그렇게 믿었다. 그때는 예술이 주술이고, 주술이 예술이었다. 둘 사이엔 아무런 구별도 없었다. 그리고 이것이 당시로서는 유일한 지식 체계이자 정보 저장과 전달의 수단이었다. 그들이 그토록 고달픈 삶 속에서도 예술 활동을 계속했던 건 바로 이 때문이었다. 그들은 알지 못했다. 그러나 행했다.

황금가지

프레이저James George Frazer, 1854~1941는 그의 저서《황금가지》에서 터너Joseph Mallord William Turner, 1775~1851의 〈황금가지〉를 이렇게 설명한다.

> 그림의 풍경은 옛사람들이 '디아나의 거울'이라 부른 네미의 작은 숲에 있는 호수의 꿈 같은 환상인데……. 이 호반에 잠든 이탈리아 특유의 두 마을이나, 호면까지 가파르게 뻗친 테라스식 정원이 있는 궁전도 그 경치의 고요함과 쓸쓸함을 깨뜨리지 못한다. 지금도 디아나는 이 적막한 호반을 헤매고 이 숲에 출몰하고 있는지도 모른다.

네미 숲의 비밀

그 옛날 이 아름다운 숲은 되풀이되는 비극의 무대였다. 호수의 북안, 깎아지른 듯한 절벽 바로 밑에 성스러운 숲이 있었다. 이 거룩한 숲

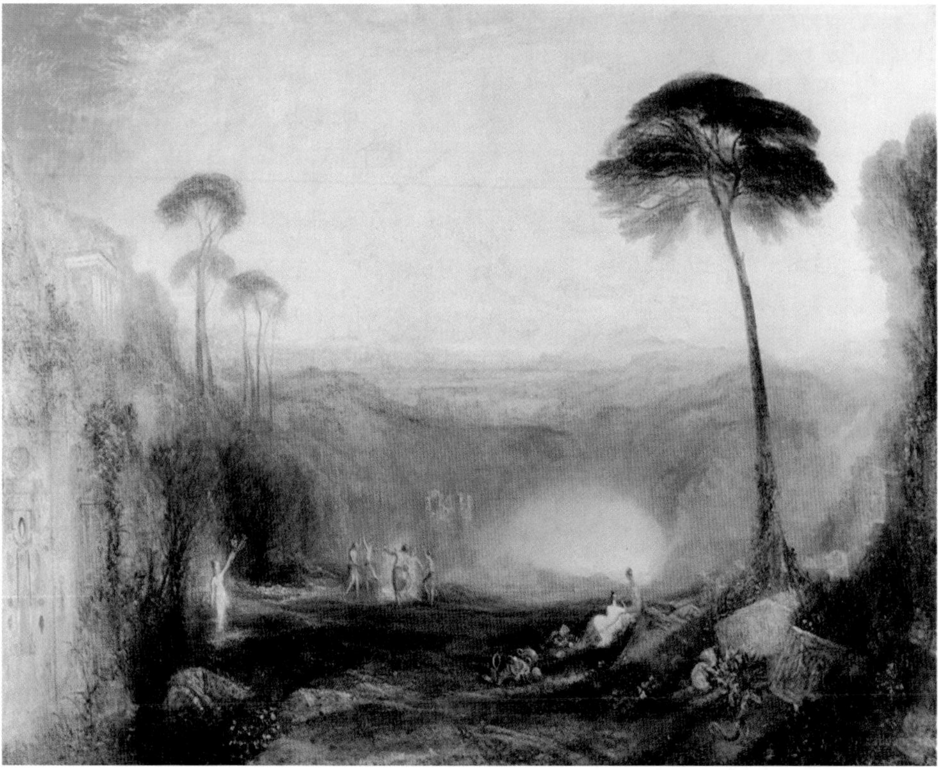

〈황금가지〉 윌리엄 터너, 캔버스에 유채, 104×164cm, 1834년

엔 무성한 나무 한 그루가 서 있고, 그 주위엔 언제나 깊은 밤중까지도 무시무시한 사람의 그림자가 배회하고 있었다. 그의 손엔 언제나 칼집에서 빼어든 칼이 있었고, 그는 마치 언제 적의 습격을 받을지 모른다는 듯 조심스레 둘레를 경계하고 있었다. 이 미치광이 같은 사나이는 사제이면서 살인자였다. 그리고 그가 경계하는 것은 조만간 그를 죽이고 대신 사제직을 맡게 될 사나이였다. 후보자는 사제를 죽여야만 그를 계승할 수 있었고, 일단 사제가 되면 자기보다 더 강하고 교활한 자에게 살해당할 때까지 그 자리를 보존할 수 있었다. 황금빛 숲의 고요함에 어울리지 않는 이 끔찍한 살인의 비밀은 무엇이었을까?

세계가 아직 젊었던 시절

까마득히 잊힌 시절, 이젠 무의식만이 기억하는 시절, 은유는 사상이었고 상징은 현실이었다. 그때 사람들은 세계를 우리와 전혀 다르게 이해하고 또 다르게 느꼈다. 그들에겐 바람에 이는 나뭇잎, 물결치는 보리 이삭마다 영혼이 깃들여 있고, 굴러다니는 돌멩이에도 숨이 붙어 있었다. 수풀과 호수마다 정령이 살았고, 대지는 어머니였다. 어머니의 품에서 모든 사물과 대화를 나눌 줄 알았기에 고달픈 삶 속에서도 우리처럼 고독하진 않았을 게다. 그들이 소망을 이루는 방식은 주술이었다. 들소를 잡고 싶으면 들소 그림에 창을 꽂았고, 비를 내리고 싶으면 연기를 피워올렸다.

물론 그림이나 연기는 실물을 대신하는 가상 또는 기호일 뿐이다. 우리에게 가상은 현실이 아니다. 하지만 그들은 우리처럼 번거롭게 가상과 현실을 구별하지 않았다. 그들에게 가상은 곧 현실이었다. 가상세계와 현실세계 사이엔 중력의 법칙만큼 필연적인 인과 관계가 있어, 한 세계에서 일어난 일은 그대로 다른 세계로 이어졌다. 그들은 두 세계 사이에 높다란 장벽을 쌓지 않았고, 두 세계를 자유로이 넘나들길 좋아했다. 그래서 그들은 우리보다 더 큰 정신의 자유를 누렸고, 그 분방함을 잡아 매둘 수 있는 건 아무것도 없었다.

인간들 신을 살해하다

자연현상 가운데서 원시인들이 가장 경탄스런 눈으로 바라본 건 아마도 다시 찾아온 봄이었으리라. 차갑게 식었던 태양이 다시 차오르기 시작하고, 하얀 눈으로 덮인 들판에 푸른 물결이 다시 찾아왔을 때, 그들은 우리가 상상할 수 없는 기쁨으로 이를 맞았으리라. 하지만 겨우내 휘몰아치는 눈보라를 바라보며, 그들은 마음 한구석에 어떤 불길한 생각을 떨쳐버릴 수 없었다. 이 눈보라가 영원히 계속되는 게 아닐까, 태양이 저대로 영원히 식어버리는 게 아닐까, 이제 다신 푸른 들을 볼 수 없는 게 아닐까…….

그래서 무언가를 해야 했다. 그들은 사계절의 순조로운 운행을 위해 자연현상을 주술로 재현했다. 먼저 자연의 생장력을 상징하는 사람을 뽑는다. 물론 젊고 건강해야 한다. 그는 사제이고 왕이며 수목의 정령이자 무엇보다도 신이다. 이제 원시인들 특유의 은유가 움직이기 시작한다. 신이 젊고 건강한 동안, 대지는 겨울의 차가운 힘을 몰아내고 들판에 푸른 물결을 가져온다. 그러나 신이 늙고 병들면, 대지는 봄을 부를 수도, 풍요로운 결실을 보장할 수도 없다. 그래서 신과

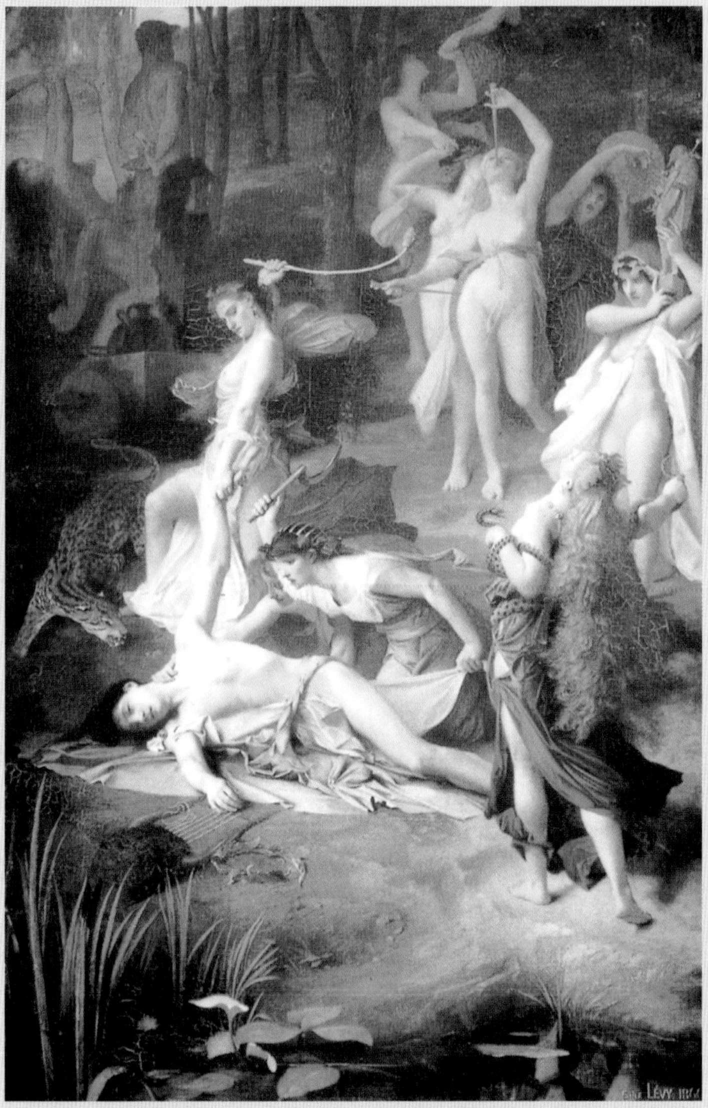

〈오르페우스의 죽음〉 에밀 레비, 캔버스에 유채, 189×118cm, 1866년

동침한 아내가 남편의 몸이 전과 다르다고 보고하는 날엔, 즉시 그의 목을 베고, 젊고 튼튼한 사람을 새로운 신으로 선출했다. 흉작이나 재앙이 닥쳐도 마찬가지였다. 그 시절엔 이렇게 인간이 신을 죽였다. 처음 신을 죽인 건 니체Friedrich Wilhelm Nietzsche, 1844~1900가 아니다.

비극의 탄생

원시인들의 이러한 행위는 주술일 뿐이다. 하지만 어쨌든 이 주술을 행하는 동안, 그들은 봄의 도래를 확인하고 풍요로운 수확을 기대할 수 있었다. 하지만 문제가 있었다. 아무리 영예로운 자리라 할지라도, 조만간 죽임을 당해야 한다면 누가 신이 되려 하겠는가. 이 때문에 이런 야만적인 관습은 점차 완화된다. 적어도 신에게 자기 방어의 권리는 주어야 한다. 만약 신이 젊은 도전자와 싸워 그를 물리친다면, 아직 그에게 신의 자격이 있음을 증명한 셈이 아닌가? 이제 네미 숲의 수수께끼가 풀렸다.

이야기는 계속된다. 그 뒤 서서히 사제의 권력이 증대하자, 이제 그를 대신하여 다른 사람가령 그의 아들이 죽어간다. 원시인들의 논리를 이용하면, 목숨을 내놓기 싫은 사제가, 자기 아들이 사실 자기랑 다를 바 없음을 사람들에게 증명하는 데엔 큰 어려움이 없었다. 그리스 신화에 나오는 소년 살해 이야기는 아마 이와 관련이 있을 것이다. 헤라클레스는 술에 취해 자기 아들을 찢어 죽였다. 널리 알려진 것처럼, 크레타의 디오니소스 축제도 갈가리 찢겨 죽은 디오니소스를 추모하는 행사였다.

왜 그들은 이 비극적인 사건을 그토록 흥청대는 '축제'로 기념해야

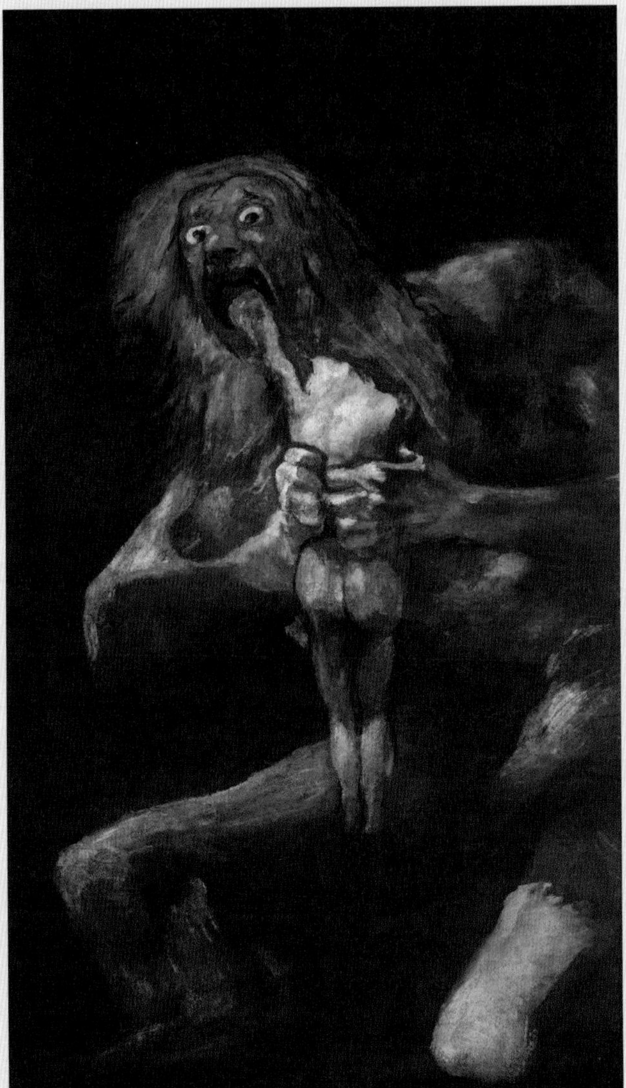

〈아들을 잡아먹는 사투르누스〉 프란시스코 고야, 캔버스에 유채, 146×83cm, 1819~1823년

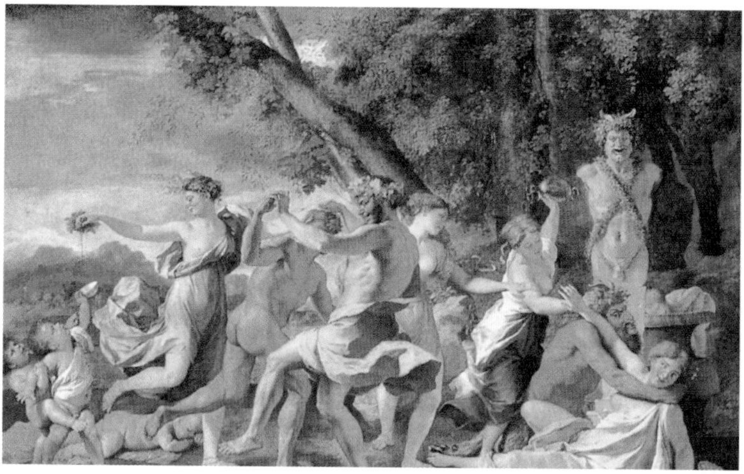

〈목신 판 조상 앞의 바쿠스 주신제〉 니콜라 푸생, 캔버스에 유채, 100×143cm, 1635년경
목신은 디오니소스(바쿠스)의 시종이었다.

했을까? 거기엔 징그러운 이유가 있다. 신이 살해되면, 그 시체를 뜯어먹는 게 당시의 관습이었다. 그들은 신의 육신을 먹으면 신의 영험함이 자신에게 옮아온다고 생각했다. 이 때문에 신 또는 그 대리자의 목을 벤 날엔 흥겨운 축제가 벌어졌다. 디오니소스도 그렇게 뜯어 먹혔을 게다. 하위징아Johan Huizinga, 1872~1945에 따르면, 이와 유사한 관습이 중세까지, 그것도 기독교 신앙 아래 버젓이 행해졌다 한다. 성자의 유골이 영험하다고 믿었던 당시 사람들은 가끔 성자를 죽여, 그 시체를 끓는 물에 푹 고아 뼈와 살을 분리한 다음, 그 뼈를 몸에 지니고 다녔다 한다.

그 뒤로는 인간 대신에 양이나 염소 같은 짐승이 죽어갔다. 여기서 신이 양으로 바뀌는 것은 어려운 일이 아니다. 어떤 동물을 숲이나 들판의 생장력을 상징하는 정령으로 여기는 관습은 세계 여러 곳에서 볼 수 있다. 이때 신과 동물이 혼동되곤 한다. 가령 포도의 신인 디오니소스는 때론 양과 동일시된다. 이제 사람들은 인육 대신에 양고기를 뜯으며 즐거워한다. 그리스의 비극은 디오니소스 축제에서 불렀던 노래 〈디티람보스〉에서 비롯되었다 한다. 또 비극이란 말의 어원, '트라고에디아tragoedia'는 원래 산양의 노래를 뜻하는 말이었다 한다. 비극은 이렇게 비극적으로 탄생했다. 디오니소스 살해의 음침한 기억을 간직한 채로 말이다.

신상의 탄생

영화 〈집시의 시간〉을 본 사람은 인상적인 한 장면을 기억할 게다. 부활절에 집시들이 벌이는 물의 축제 장면이다. 숲으로 둘러싸인 고요한 호수에 거대한 뗏목이 떠 있고, 그 위엔 나무와 천으로 얼기설기 만든 커다란 인형이 놓여 있다. 뗏목 주위엔 집시들이 벌거벗은 몸을 물에 담근 채 둘러서고, 손에 든 횃불이 물안개 속에 아련히 빛난다. 잠시 뒤 이 인형은 불태워지고, 이글이글 타오르다 서서히 물 속으로 가라앉는다.

집시들 사이에서 아직도 행해지는 이 축제엔 신석기 시대의 관습이 그대로 남아 있다. 유럽 곳곳엔 추수가 끝난 뒤 가장 마지막으로 벤 볏단으로 인형을 만들어 텅 빈 들판의 한구석에 세워두는 관습이 있다. 이 인형은 이듬해 봄 떠들썩한 축제 때 목이 베인다. 목을 벤 뒤 사람들은 이 인형에 불을 질러 강물에 던져버리거나, 그 재를 받아 들판에 뿌리곤 했다. 그러면 다음해 농사는 어김없이 풍작이었다. 이 인형은 수목의 정령이었다. 아득한 옛날엔 인형 대신에 산 사람의 목을 베었으리라. 파르테논 신전에 금박과 보석으로 치장된 화려한 대리석 신상들도 원래는 겨우내 들판 한구석에 외로이 서 있다가, 봄이 되면 가차없이 목이 잘렸던 그 초라한 밀짚 허수아비에서 비롯된 건 아닐까?

에셔의 세계 1

여러 세계를 넘나듦

에셔의 작품 세계에 대해 간략하게 설명해두자. 그가 주로 다루는 주제를 내 맘대로 분류하면 열 가지쯤 된다.

여러 세계를 넘나듦, 평면의 균등 분할, 거울에 비춘 상, 변형, 칼레이도치클루스와 나선형, 3차원 환영의 파괴, 불가능한 형태, 무한성에의 접근, 이율배반, 이상한 고리(뫼비우스의 띠).

자세한 설명은 그림이 나올 때마다 하기로 하자. 먼저 앞서 본 〈도마뱀〉. 이 작품은 첫 번째 주제와 관계가 있다. 도마뱀들은 그림에서 나와 다시 그림으로 돌아간다. 에셔는 평면과 공간의 대립을 지워버림으로써 가상과 현실을 나누는 두꺼운 벽을 무너뜨린다. 가상과 현실을 자유로이 넘나드는 건 인류의 오랜 꿈이리라. 오른쪽 그림 〈만남〉은 이 주제의 변형이다. 단, 여기엔 하나의 차원이 더 있다. 뒤의 배경을 보라. 무(無)에서 인간이 탄생하고 있다. 무에서 평면으로, 다시 공간으로!

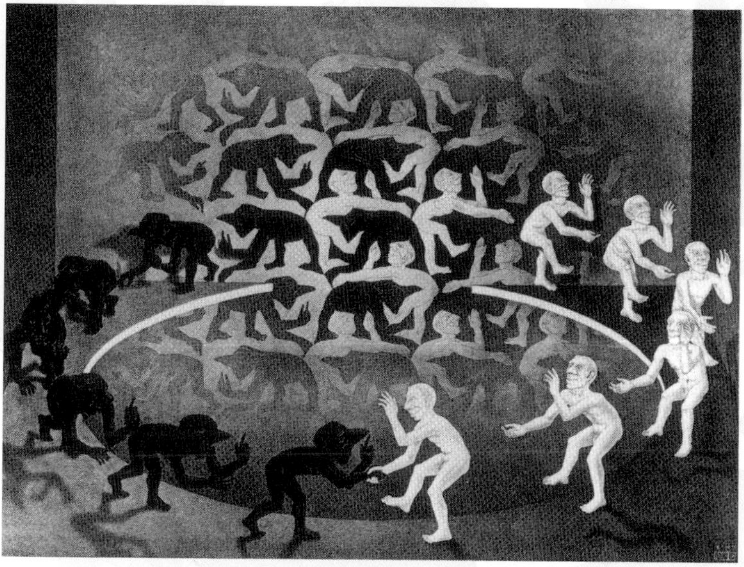

〈만남〉 모리츠 에셔, 석판화, 34×46cm, 1944년

피그말리온

옛날에 피그말리온이라는 조각가가 있었다. 솜씨가 뛰어났던 그는 어느 날 매우 아름다운 조각을 만들어냈다. 얼마나 아름다웠던지, 그는 자신이 만든 조각상과 사랑에 빠졌다. 그 아름다운 자태에 반해, 그는 더 이상 다른 여인을 사랑할 수 없었다. 그의 사랑은 날로 뜨거워갔지만, 조각상은 언제나 차갑고 말이 없었다. 그래서 그는 비너스 여신에게 빌었다. 이 조각상과 똑같이 생긴 여인을 내려달라고. 그의 뜨거운 사랑에 감동한 비너스는 마침내 그 차가운 대리석 조각상을 생명이 있는 따뜻한 육체로 변신시켜주었다고 한다. 까마득한 옛날얘기다.

예술, 종교, 철학

선사 시대에 예술은 곧 주술이었고, 거기엔 당시 사람들이 의식하

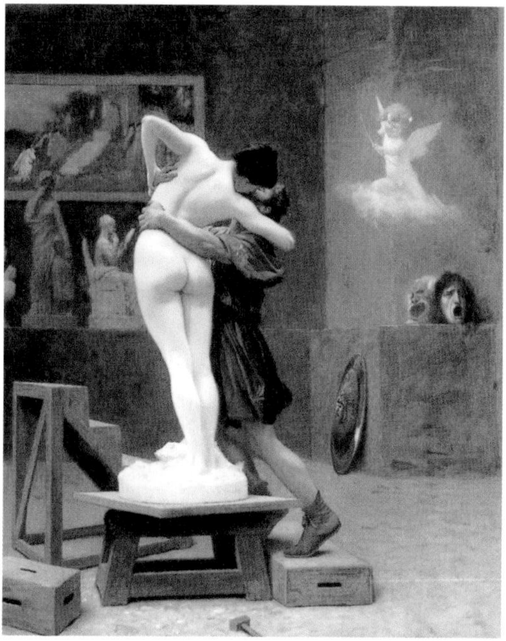

〈피그말리온과 갈라테아〉 장 레옹 제롬, 캔버스에 유채, 89×69cm, 1890년

지 못한 실제적 기능이 있었다. 비록 원시적인 믿음이었을지언정, 주술은 당시 사람들의 세계이자 도덕 역할을 했고, 동시에 그들의 미적 욕구를 충족해주었다. 하지만 어느 단계에 이르면 주술의 역기능이 순기능을 내리누르기 시작한다. 사실 주술의 대부분은 전혀 쓸모없으며 해롭기까지 하다. 가령 카시러Ernst Cassirer, 1874~1945는 주술의 발전이 극에 달한 어느 원시 부족의 얘기를 전하는데, 거기에선 터부를 깨지 않고는 숨도 못 쉴 정도로 모든 생활이 터부로 규제되어 있다고 한다. 얼마나 귀찮겠는가. 매사에 이렇게 하면 안 된다, 저렇게 하면

안 된다…….

이렇게 세계를 이해하고 개조하려는 인류 최초의 시도가 좌절하여 오히려 인간의 창조적 활동을 질식시킬 때, 인간은 한층 더 높은 수준의 대안을 찾는다. 주술로 소망을 이룰 수 없음을 깨달은 인간은 이제 신을 위대한 존재로 만들어, 이 위대한 존재의 권능에 매달리게 된다. 이렇게 해서 종교가 발생했다. 이제 신은 끝없이 위대해지고, 그럴수록 인간은 끝없이 초라해진다. 예전엔 인간이 신을 죽였지만, 이젠 신이 인간을 살리고 죽인다.

물론 다른 길로 나아간 사람들도 있었다. 주술이나 신화가 사물들 사이의 비유적 연관을 설정하는 데 반해, 이들은 비유를 벗겨내고 사물들의 진짜 연관을 알고자 했다. 이렇게 해서 철학이 생겨난다. 처음 생겨난 당시의 철학은 지금처럼 초라한 몰골이 아니었다. 철학은 오늘의 자연과학을 포함한 모든 학문을 감싸안은 것의 이름이었다. 오늘의 우리는 바로 이 과학의 아들이다. 과거에 주술은 사물에까지 영혼을 부여했지만, 우리의 과학은 영혼까지도 사물화한다.

그럼 예술은? 주술적 기능에서 풀려나자, 예술도 이제 주술이 아니게 된다. 예술은 '현실'과 '가상'이 분리되는 순간에 탄생한다. 가령 디오니소스 제의祭儀의 참가자들에겐 제의 속에서 재현되는 사건이 곧 현실이었다. 그들이 보기에 신은 그 자리에 그들과 함께 있었다. 신이 그 자리에 '재림represent'한 거다. 하지만 언제부턴가 사람들은 제의 속의 사건을 한갓 '가상'으로 여기게 되었다. 신이 그 자리에 재림한 게 아니다. 극 속의 신은 분장한 인간, 즉 신의 '재현represent'일 뿐이다. 신성한 사건이 한 편의 재미있는 연극이 된다. 제의가 예술이 된 거다.

이제 주술은 서서히 예술, 종교, 철학이라는 서로 다른 세 개의 상징 형식으로 나뉘기 시작한다. 시대마다 이 세 가지 가운데 하나가 결정적 역할을 발휘한다. 가령 신까지도 예술적 형상을 빌려 나타났던 고대 그리스와, 예술을 종교의 필요에 종속시키고 과학을 교회의 시녀로 만들었던 중세, 그리고 과학의 오만함이 극성을 부리는 우리 시대는 얼마나 다른가! 시대가 변하면 이렇게 그 시대의 지배적 상징 형식도 달라진다. 예술에서, 종교로, 다시 철학으로.

아름다운 가상

예술은 이렇게 주술이 '가상'으로 여겨지는 순간에 탄생한다. 하지만 가상으로 탄생하는 순간부터 예술은 자신을 변명해야 할 처지에 놓인다. 가상을 만듦으로써 현실의 소망을 이룰 수 없다면, 이 가상이 도대체 어디에 필요하단 말인가? 가상은 글자 그대로 '가짜'가 아닌가. 그러니 인류 최초의 미학플라톤이 예술에 부정적 태도를 보인 건 어쩌면 당연한 일인지도 모른다. 예술은 거짓이며, 얄팍한 눈속임이며, 진리의 왜곡이며 등등.

하지만 아무리 악담을 퍼부어도 '예술'은 플라톤의 '인생'보다 더 길었다. 그 때문에 후세 철학자들은 플라톤Platon, 기원전 427~기원전 348과는 다른 길을 가려 했다. 혹시 이 가상이 진리를 전달할 수 있는 건 아닐까? 이렇게 예술과 진리를 연결하는 것, 이게 바로 고대에서 현대까지 수많은 미학적 변주곡의 중심 테마다. 수천 년 동안 철학자들은 대개 이것으로 아름다운 가상을 변호하려 했다.

이카루스의 추락

다이달로스도 피그말리온 못지않은 뛰어난 조각가였다. 나무에 생명을 불어넣고, 돌까지도 일어서 걷게 할 정도였다니까. 또 그는 훌륭한 건축가이어서, 그 유명한 미노아의 미궁迷宮을 설계하기도 했다. 그 미궁 속에는 미노타우로스라는 괴물이 살고 있었다. 그 속에 들어간 사람 가운데 무사히 살아나온 사람은 아무도 없었지만, 그리스의 영웅 테세우스는 괴물을 해치우고 밖으로 빠져나오는 데 성공했다고 한다. 어떻게? '아리아드네의 실'을 따라서. 이제 우리는 예술의 비밀을 찾아 미학사의 복잡한 미궁 속으로 들어가려 한다. 어떻게 하면 길을 잃지 않고 빠져나올 수 있을까? 테세우스처럼 붉은 실을 따라가면 된다. 그 붉은 실은 무얼까? 바로 '가상'과 '진리'라는 개념이다.

가상과 진리라는 개념을 둘러싸고, 대략 두 가지 노선이 있었다. 플라톤은 예술이 가상을 포기해야 진리에 도달할 수 있다고 믿었다. 반면 아리스토텔레스Aristoteles, 기원전 384~기원전 322는 예술이 가상을 통해 진리에 도달할 수 있다고 믿었다. 이 두 가지 상반되는 관점은 그 뒤에도 여러 가지로 변형되고 뒤섞이면서, 미학사에서 자꾸 되풀이된다. 그러므로 이 두 관점만 따라간다면, 우리는 수천 갈래의 길이 어지럽게 얽힌 미궁에서 예술의 비밀이 숨어 있는 중심에 도달했다가 무사히 밖으로 빠져나올 수 있을 거다. 절대로 실을 놓치지 말도록!

마지막으로, 다이달로스는 밀랍으로 아들과 자기 몫의 날개를 만들어 바다 위를 마음대로 날아다녔다고 한다. 옛날엔 이런 일이 얼마든지 가능했다. 예술은 마술이었으며, 예술가는 마술사였으니까. 하지만 일단 예술이 가상이 되는 순간, 예술가는 이 마법의 힘을 잃어버

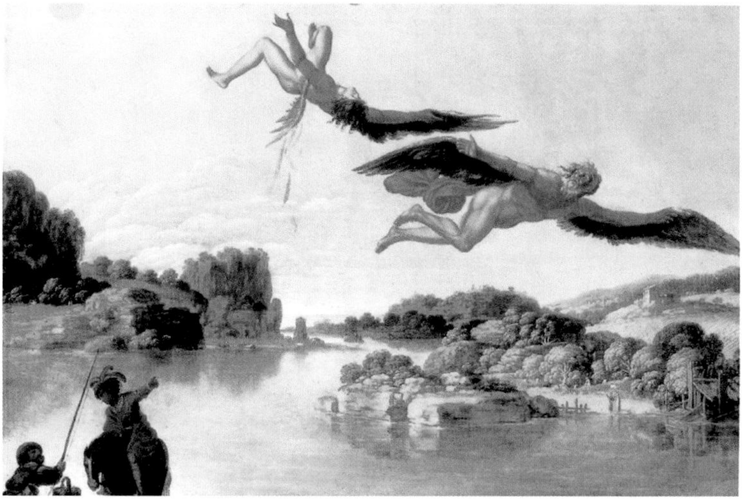

〈이카루스의 추락〉 카를로 사라체니, 동판에 유채, 40×53cm, 1606~1607년

리게 된다. 아마 다이달로스는 예술가가 마술사였던 시절의 마지막 인물이었을 게다. 그의 아들 이카루스는 태양에 너무 가까이 다가갔다가 그 뜨거운 열에 날개가 녹아, 바다에 추락하고 말았다니까. 이제 만들어 붙인 날개로 날아다니던 시절은 끝났다. 이제 마법은 통하지 않는다. 이카루스가 추락하면서 마술사의 시대도 종말을 고한다.

에셔의 세계 2

평면의 균등 분할

다시 〈도마뱀〉. 하지만 그뿐인가? 그림 속의 도마뱀들을 보면 여러 마리가 교묘하게 맞물려 있다. 이게 바로 두 번째 주제 '평면의 균등 분할'이다. 이걸 이용하면 똑같은 모양의 그림이 사방으로 무한히 뻗어나가게 할 수 있다. 어떻게 하면 저렇게 만들 수 있을까? 방법이 있다. 다음 그림을 보라. 먼저 도마뱀 형체의 기본이 될 도형을 선택한다. 이 경우엔 정육각형이다. 그다음 육각형의 각 변에서 한 귀퉁이를 잘라낸 다음 변에 갖다 붙인다. 그럼 회전점(turning point)인 점 A에서는 도마뱀 대가리가 세 개 모이고, B에서는 다리 세 개가, C에서는 세 개의 무릎이 모이게 된다. 신기하지 않은가? 도마뱀이 징그럽다고? 꼭 도마뱀일 필요는 없다. 귀퉁이를 다른 모양으로 자르면, 육각형은 또 다른 형상이 될 수 있으니까. 한번 해보라. 또 어떤 형체를 만들 수 있을까?

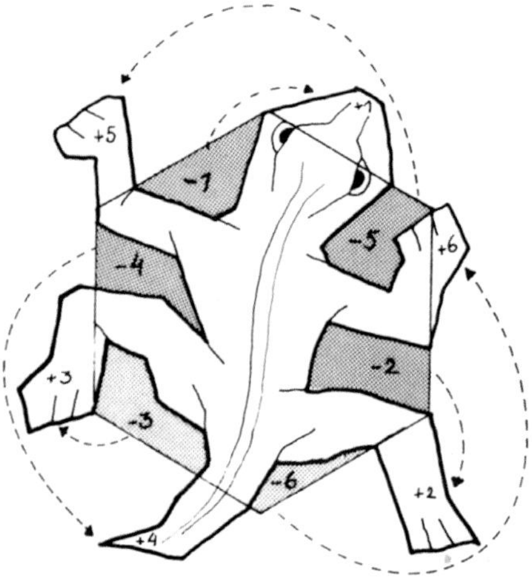

+1
+5
-1
-5
+6
-4
-2
+3
-3
-6
+2
+4

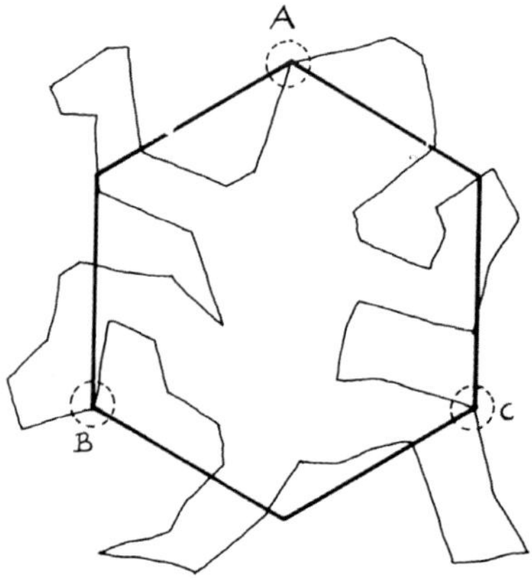

A
B
C

2

고대 예술과 미학

가상의 탄생

저 페르시아풍 새 조각은 에셔가 장인에게서 선물로 받은 거라고 한다. 한쪽에 사람 머리를 한 새의 조각이 있고, 다른 한쪽에 유리병에 반사된 상(象)이 있다. 여기서 현실과 가상은 분리되어 있다. 인간들의 삶 속에서 저렇게 현실과 가상이 분리되면, 드디어 문명이란 것이 시작된다. 여기서 우리는 인류 최초의 문명세계와 만나게 된다. 먼저 이집트 예술에 대해 알아보고, 그다음 그리스 예술의 특징에 대해 알아보자. 원시 예술에서 보았던 두 가지 양식의 대립이 여기서 다시 한 번 반복된다. 이어서 최초의 미학자들이 등장한다. 플라톤과 아리스토텔레스다. 이 두 사람은 이 책이 끝나는 순간까지 우리를 위해 수고해줄 거다. 예술은 처음부터 '아름다운 가상'으로 탄생했다고 한다. 하지만 이 '가상'에 대해 두 사람은 생각이 서로 달랐다. 어떻게 달랐을까?

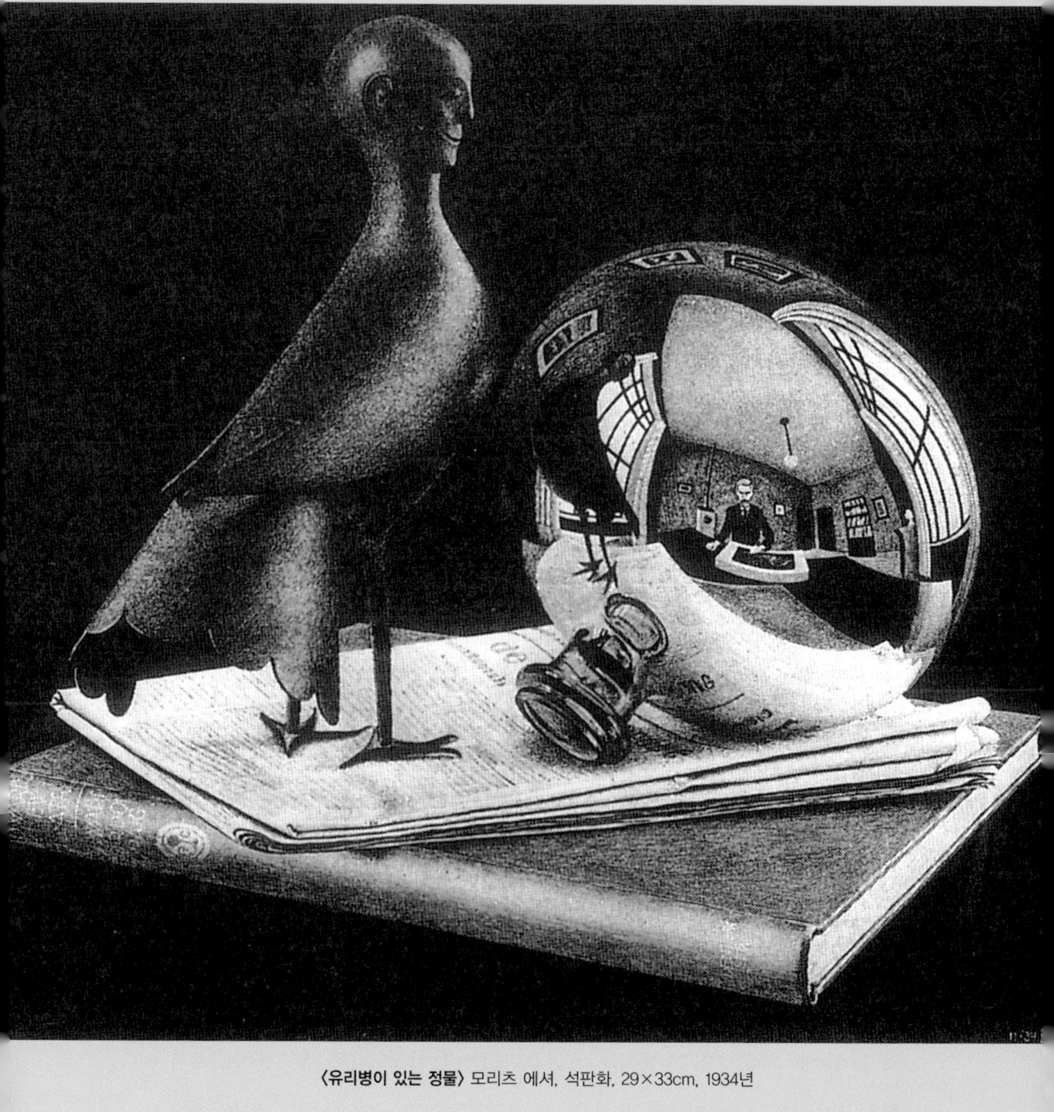

〈유리병이 있는 정물〉 모리츠 에셔, 석판화, 29×33cm, 1934년

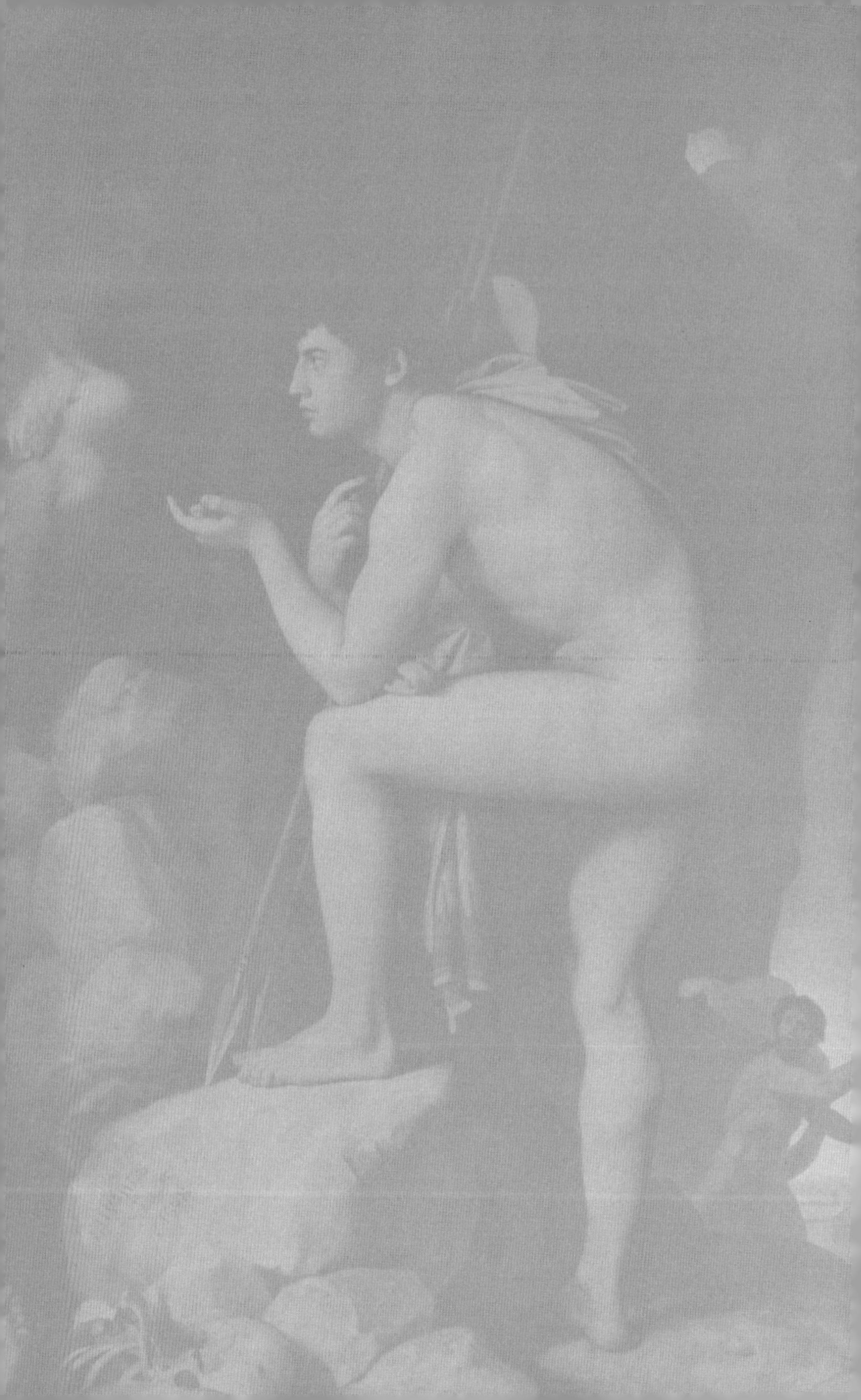

오시리스의 땅

그러니까 약 3000년 전 일이다. 이집트인들은 메소포타미아에 당도했을 때 크게 놀랐다고 한다. 강물이 거꾸로 흐르고 있었기 때문이다. 강이라곤 나일 강만 보고 살아왔던 그들에게, 강이라면 마땅히 남에서 북으로 흘러야 했다. 근데 이 강은 뻔뻔스럽게도 북에서 남으로 흐르고 있잖은가! 하류에서 상류로 흐르는 이 괴상한 강에 깊은 인상을 받은 투탕카멘 1세는 친히 비석에 이런 글귀를 새겨, 유년기 인류의 미숙함을 영원히 기념하게 된다. "유프라테스 강은 물의 흐름을 일변하여 거꾸로 상류로 향한다."

추상 능력의 한계

이 시기 이집트의 아침은 동쪽 창을 여는 의식과 더불어 시작되었다. 그들은 매일 아침 신관神官이 동창을 열지 않으면 해가 하늘에 입장할 수 없다고 믿었다. 어느 의심 많은 철학자 얘기가 이해에 도움이 될는지 모르겠다. 영국의 철학자 흄David Hume, 1711~1776은, 아침에 해가 뜨리라는 기대는 이제까지 매번 그랬기 때문에 생긴 습관일 뿐, 꼭 그래야 할 이유는 없다고 생각했다. 18세기에 가장 개화된 나라에 살았던 철학자조차 내일 아침 해가 뜰 것을 보장하지 못했는데, 그보다 몇 천 년을 덜 산 사람들이야 일러 무엇하리. 어쨌든 밤마다 불안에 떨며 잠자리에 드는 것보다야 멍청한 쪽이 훨씬 낫지 않은가. 게다가 이 멍청한 주술은 놀랍게도 언제나 효험이 있잖은가!

세계 최초로 기하학을 만든 이집트인들의 추상 능력에도 이런 한계가 있었다. 이들의 어리석음을 용서하기로 하자. 왜냐하면 바로 이런 어처구니없는 실수를 통해 우리는 추상적 사유를 발전시킬 수 있었기 때문이다. 이런 실수를 통해 비로소 우리는 다양한 사물들 가운데 공통된 요소를 뽑아 '개념'을 만들고, 다양한 현상들 사이에 되풀이되는 안정적 연관을 찾아내 '법칙'으로 확정할 수 있었다. 이런 실수가 없었다면, 지금 이 순간 여러분은 소 떼를 찾아 광활한 대지를 헤매고 있을 거다.

영원을 향하여

이집트 예술은 그리스 예술과는 전혀 딴판이다. 이집트의 벽화나 회화에 그려진 인물은 대개 머리는 옆을 향하고, 상체는 앞을 향하며, 다시 발은 옆을 향한다. 연못은 하늘에서 내려다본 모습으로 묘사되고, 노니는 물고기는 옆으로 누워 있다. 이런 특이한 묘사 방식에 학자들은 '정면성의 원리'라는 이름을 붙인다. 이 원리가 노리는 건 뭘

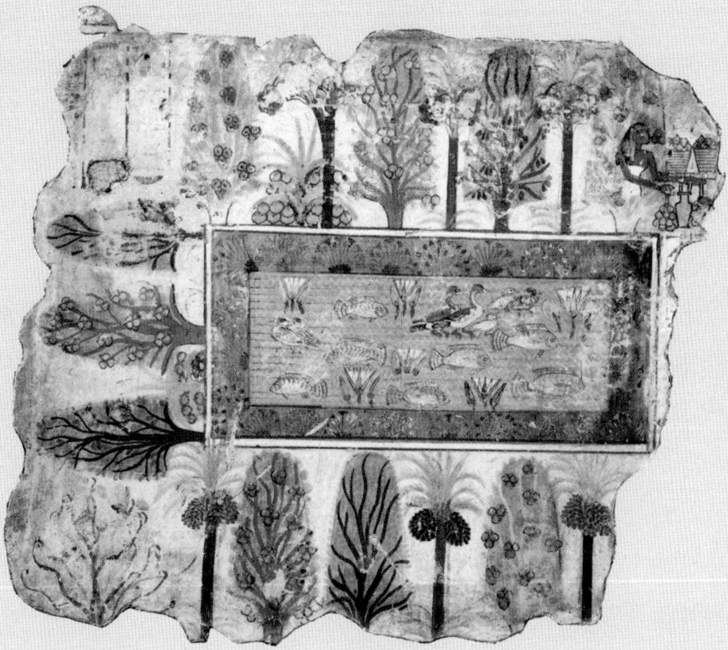

정원의 연못, 벽화, 기원전 1400년경(제18왕조)

이집트 신왕국 시기 테베의 무덤에서 발견된 벽화 조각이다.
삶과 죽음을 넘어선 영원한 내세와 다양한 현상계를 초월한 추상의 세계. 뭔가 비슷하지 않은가?

까? 사물의 특징을 가장 뚜렷하게 보여주는 측면에서 묘사하여, 되도록 사물의 형태를 온전히 전달하기 위한 것이다. 가령 인간의 얼굴은 옆에서 볼 때 특징이 가장 잘 드러난다. 반면 가슴은 앞에서 봐야 양옆에 달린 두 팔이 보일 거다. 한편 발은 정면보다는 옆에서 볼 때 그 특징이 훨씬 잘 드러난다. 또 연못은 위에서 내려다볼 때, 물고기는 누워 있을 때, 그 형태가 온전히 드러난다.

이집트인들은 사물을 눈에 '보이는 대로' 그리는 데에 별로 관심이 없었나 보다. 그들은 사물을 묘사할 때, 그들이 이미 여러 각도에서 본 시각적 정보를 분석하여 그 사물의 본질적 특징이 가장 잘 드러나도록 하나의 그림 안에 시각적 종합을 제시했다. 우연적이고 일시적인 인물의 동작이나 자세는 그들에겐 별 의미가 없었다. 중요한 건 본질적이고 변하지 않는 인물의 모습을 제시하는 거였다. 그런 의미에서 그들의 예술은 하나의 시각적 추상인 셈이다.

하지만 추상은 차갑다. 가령 우리집 뽀삐는 귀엽게 짖지만, 개라는 '개념'은 결코 짖지 않는다. 시각적 추상도 마찬가지다. 거기서도 인물은 개념만큼이나 차갑게 나타난다. 또 모든 추상은 일반적이다. 가령 개의 '개념'은 우리집 뽀삐와 악명 높은 쌀집 도사견을 구별하지 않는다. 둘 다 '개'다. 마찬가지로 시각적 추상도 일반적 특징을 보존하기 위해 사물의 개별적이며 개성적인 측면을 제거한다. 이 때문에 거기서 인물은 구체적인 어떤 인간이 아니라 인간 일반으로 나타난다. 가령 하트셉수트 여왕의 탄생을 그린 이집트의 벽화는 갓 태어난 여왕을 사내아이로 묘사하고 있다. 성별 따위는 제왕의 본질이 아니니까. 개는 죽어도 개의 '개념'은 결코 죽지 않는다. 마찬가지로 이집트의 인물상은 결코 죽을 것 같지 않고, 삶과 죽음을 넘어선 저 영원한 세계를 향해 날아오르는 듯이 보인다.

추상과 감정 이입

그들은 왜 이런 묘사 방식을 택했을까? 기법이 발달하지 못해서? 그럴지도 모른다. 가령 '정면성의 원리'와 비슷한 것을 우리는 묘사 기법이 발달하지 못한 어린이의 그림 속에서 종종 찾아볼 수 있다. 하지만 고도로 절제되고 양식화한 묘사를 발전시킨 그들을 어린이와 비교할 수는 없다. 그들도 필요에 따라선 정면성의 원리를 과감히 포기할 줄도 알았다. 단지 그럴 필요가 없었고, 예술에 대한 관념이 우리와 달랐을 뿐이다. 어떻게? 먼저 다음 동그라미들을 보라.

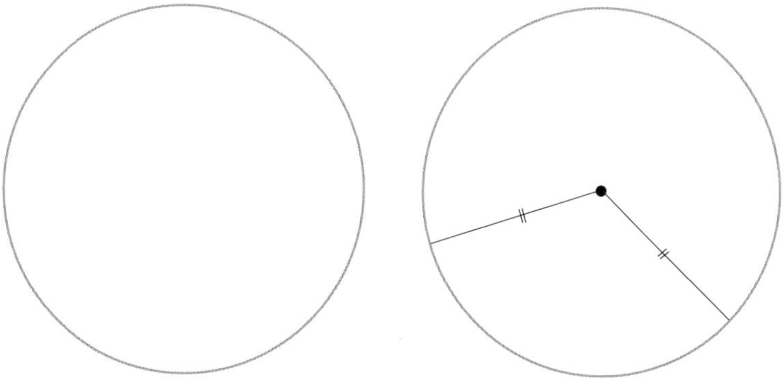

인간은 동그라미 앞에서 공포를 느낀다고 한다. 이 두려움을 이기려면 한가운데 점을 찍으면 된다. 그러면 동그라미의 정체가 밝혀진다. 동그라미란 한 점에서 동일한 거리에 있는 점들의 집합이다. 이게 바로 이집트인들이 사막 한가운데에 피라미드를 세운 이유라고 한다. 사막 한가운데 피라미드를 세움으로써 그들은 그 막연한 공간에 대한 두려움을 정복할 수 있었다는 거다.

보링거Wilhelm Worringer, 1881~1965라는 사람은 이렇게 설명한다. 그리스처럼 축복받은 땅에선 인간과 자연 사이에 행복한 범신론적 친화 관계가 이루어진다. 이때 사람들은 '감정 이입 충동'을 갖게 되고, 그 결과 그리스 예술처럼 유기적이며 자연주의적인 양식이 발달한다. 하지만 이집트처럼 자연 환경이 척박한 곳에선 광막한 외부세계가 인간에게 끊임없이 내적 불안감을 불러일으킨다. 이때 사람들은 이 불안감을 극복하기 위해 '추상 충동'을 갖게 되고, 그 결과 추상적·기하학적 양식이 발달한다. 보링거는 그리스나 이집트 예술은 물론이고, 인류의 모든 예술이 이 두 가지 충동의 소산이라고 생각했다. 과연 그럴까?

사자의 서

이집트인들이 추상적 양식을 발달시킨 이유를 당시의 예술에 맡겨진 어떤 기능에서 찾을 수 있을지도 모른다. 그들은 영혼이 부활한다고 믿었다. 하지만 우리에게 익숙한 기독교적 관념과는 달리, 그들은 영혼이 부활하려면 그것이 깃들일 수 있는 육체가 보존되어야 한다고 생각했다. 죽은 자의 몸을 미라로 보존하려 한 건 바로 이 때문이다. 하지만 미라는 파손되기 쉬웠기 때문에 나중에는 조상彫像이나 회화로 대체된다. 이때 조상이나 회화는 죽은 자의 신체를 온전한 모습으로 보존해야 했다. 한 팔이 몸통에 가려 안 보이면, 그 사람은 영원히 외팔이로 살아야 할 테니까.

과연 그럴까? 이 설명이 너무 직접적이라면, 이렇게 생각해보자. 삶과 죽음을 넘어선 영원한 내세와, 다양한 현상계를 초월한 추상의 세계. 이 두 세계 사이엔 뭔가 비슷한 이미지가 있다. 이 정도의 유사

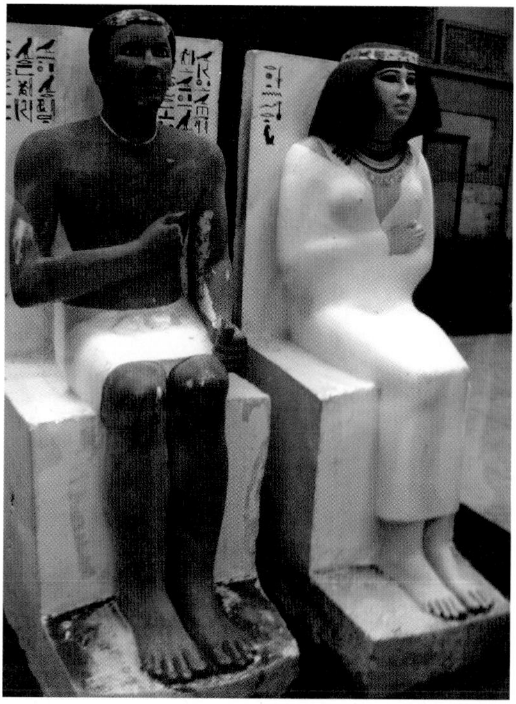

〈라호테프와 네페르트의 상〉 석회암에 채색, 높이 각 120cm, 118cm, 기원전 2600년경(제4왕조)

이집트의 인물상은 삶과 죽음을 넘어선 영원한 세계로 날아오르는 듯이 보인다. 삶과 죽음을 넘어선 영원한 내세와 다양한 현상계를 초월한 추상의 세계. 뭔가 비슷하지 않은가?

성이라면 그들의 사고방식으로는 동일성의 증명이나 다름없지 않았을까? 이쯤 해두자. 이제 배를 타고 떠날 시간이다. 나일 강 하구에서 바라본 지중해의 푸른 하늘은 너무나 아름답다.

고귀한 단순함과 고요한 위대함

그리스에도 솔거率居 빰치는 화가들이 있었다. 그 가운데서도 특히 제욱시스Zeuxis, 기원전 5세기 말~기원전 4세기 초와 파라시오스Parasios, 기원전 420?~기원전 380?가 유명한데, 둘은 아주 절친한 사이였다. 하지만 예술에서만큼은 한치도 양보하지 않는 팽팽한 경쟁자였다. 어느 날 두 사람이 그림 솜씨를 겨뤘다. 사람들이 다 모이자 먼저 제욱시스가 그림을 덮고 있던 막을 들추었다. 포도 넝쿨이었다. 마침 그곳을 지나던 새들이 넝쿨에 달린 포도송이를 따먹으려고 날아들었다가 그림에 부딪혀 그 자리에서 떨어졌다. 죽었을 거다. 새의 눈을 속일 만큼 감쪽같은 그림 솜씨는 사람들의 감탄을 사기에 충분했다. 의기양양해진 제욱시스는 파라시오스에게 다가가, 그에게 그림의 막을 들추라고 했다. 그러자 파라시오스는 이렇게 얘기했다. "잘 보게. 자네가 나보고 들추라는 그 막이 바로 내가 그린 그림일세." 제욱시스는 자신의 패배를 깨끗이 인정했다고 한다. "난 새의 눈을 속였지만, 자네는 새를 속인

화가의 눈을 속였으니까."

시각적 환영

아쉽게도 그리스 회화는 남아 있는 게 거의 없어, 이 두 사람의 작품이 과연 어땠는지 지금은 알 길이 없다. 아마 매체의 특성상 회화가 조각보다 보존하기 힘들었기 때문이리라. 그래서 우리가 그리스 회화에 대해 알 수 있는 유일한 자료는 암포라, 레키토스와 같은 도자기 표면에 그려진 그림이다. 아래의 사진이 그 가운데 하나다. 여기엔 이미 그리스 회화의 특성이 충분히 드러나 있다. 이 그림 어딘가엔 이집트 회화와 결정적으로 다른 부분이 있다. 찾아보라.

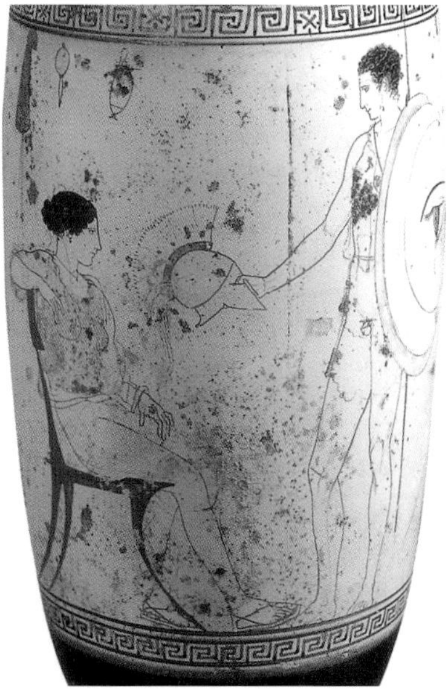

레키토스에 그린 아내를 떠나는 전사,
기원전 440~기원전 430년

답은 용사의 발이다. 이집트인이라면 발의 특징이 온전히 드러나도록 옆모습의 발을 그렸을 거다. 하지만 이 그리스인은 과감하게 정면에서 보이는 대로 그렸다. 이걸 '단축법'이라 한다. 이 그림은 그리스 예술이 이집트와는 전혀 다른 방향으로 나아가고 있음을 보여준다. 조각에서도 마찬가지다. 빙켈만Johann Joachim Winckelmann, 1717~1768의 설명을 들어보자.

영원한 미소

그리스 예술도 처음엔 딱딱한 기하학적 양식에서 출발했다. 거기서 벗어나 찬란한 고전기에 이르기까지를 보통 아르케익 시대라 부르는데, 이 시기는 확실히 이집트 예술의 영향을 받은 듯하다. 〈아나비소스의 쿠로스〉를 보자. 인물은 오히려 이집트 조각상보다 더 딱딱해 보이는데, 그건 시각적 환영의 효과보다 신체 부분들 사이의 기하학적 대칭을 중시했기 때문이다. 기하학적 도형에 의해 인물의 자연성이 억압되어 있고, 단지 입가에 떠오른 신비한 미소아르케익 스마일만이 생기를 느끼게 해줄 뿐이다. 독일의 비평가 빙켈만은 이 시기를 '고대 양식'이라 부르며, 그 특징을 '엄격함'과 '딱딱함'으로 규정했다.

팔라스 아테나

그리스 예술은 곧 다른 길을 걷는다. 찬란한 고전 시기는 아테네가 그 유명한 마라톤 전투에서 페르시아군을 물리치고 경제적·정치적 전성기를 맞은 시기와 일치한다. 그리스의 민주주의가 동양의 전제

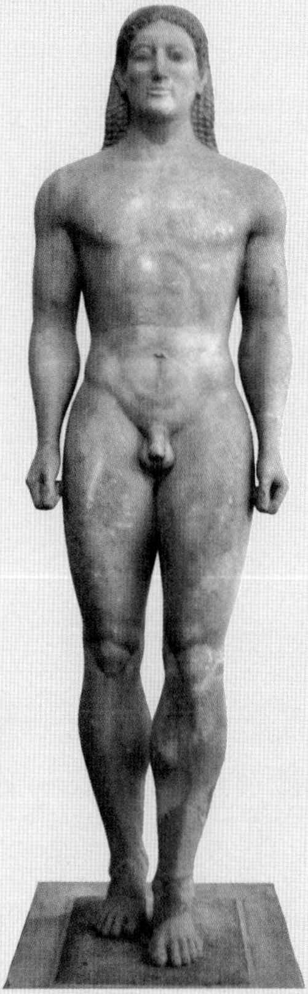

〈아나비소스의 쿠로스〉
대리석, 높이 194cm, 기원전 530년경

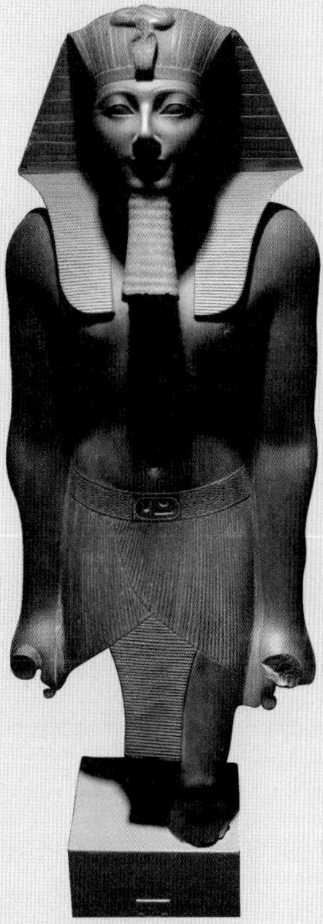

〈투트메스 3세〉
편암, 높이 90cm, 기원전 1450년경

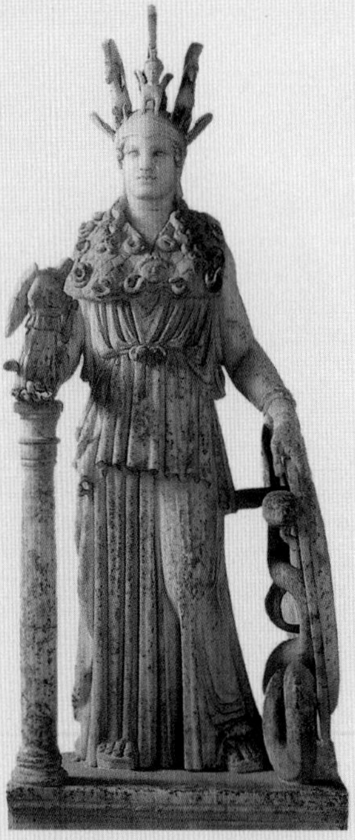

〈아테나상〉(로마 시대 모작).
원작은 페이디아스, 높이 약 11m, 기원전 5세기

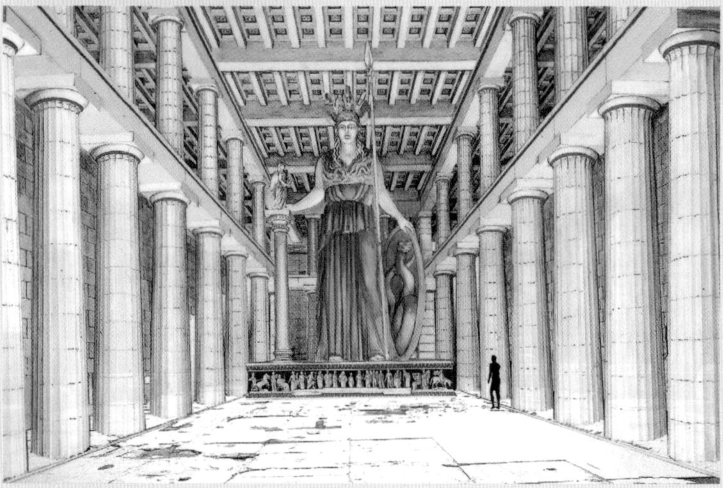

아테나상의 상상도

주의를 물리친 이 시기에 그리스 예술도 오리엔트의 지배에서 벗어나 찬란한 고전기를 맞는다. 우연의 일치일까? 어쨌든 이 시기의 가장 위대한 조각가는 페이디아스Pheidias, 기원전 490~기원전 437?였다. 그는 파르테논 신전의 조형물을 제작하는 데 참여했던 여러 조각가를 지휘했다. 문헌에 따르면, 그는 파르테논 신상 안치실에 있던, 금과 상아로 장식한 거대한 아테나상, 올림피아 제우스 신전의 거대한 제우스상, 그리고 아크로폴리스에 세워졌던 거대한 아테나 청동상을 만들어 유명해졌다고 하는데, 지금 남아 있는 건 하나도 없다.

페이디아스의 시대를 빙켈만은 '숭고 양식'이라 불렀다. 이 시대 조각가들의 주요 관심은 '위대함Grossheit'에 있었다고 한다. 말하자면 인간의 한계를 넘어선 신의 위대함을 표현하려 했다는 얘기다. 하지만 그 위대함은 말 그대로 '거대함'을 의미하는지도 모르겠다. 어차피 숭고함은 뭔가 엄청나게 큰 걸 가리키니까. 어쨌든 페이디아스를 유명하게 만든 그 신상들은 모두 10미터가 넘는 거상巨像이었다. 왼쪽의 〈아테나상〉은 로마 시대 모작인데, 1미터가 조금 넘는 이 모작으로 원작의 웅장함을 추측할 수는 없다.

창을 든 사람

같은 시기에 활동했던 폴리클레이토스Polykleitos, 기원전 460?~기원전 423?의 〈창을 든 사람〉을 보라. 이 사람의 신체에는 긴장과 이완이 교차하고 있다. 앞으로 내딛은 발이 전체의 몸무게를 지탱하고, 뒷발은 가볍게 굽어 있다. 이런 비대칭은 살짝 돌린 고개에 의해 다시 균형을 회복한다. 아르케익 시대의 조각이 좌우의 기계적 대칭을 특징으로 한다면,

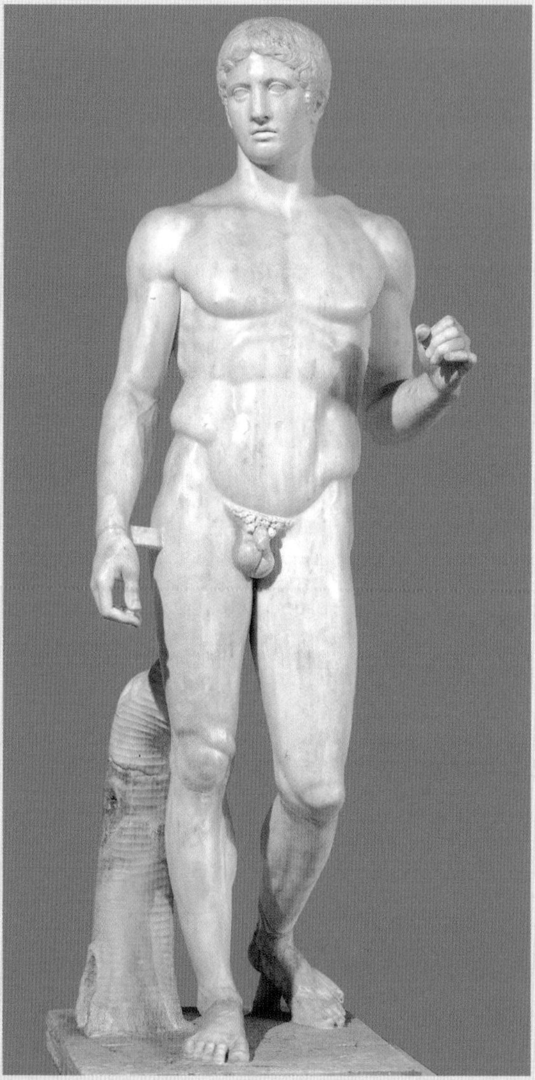

〈창을 든 사람〉(로마 시대 모작). 원작은 폴리클레이토스. 대리석. 높이 약 200cm. 기원전 440년경

여기선 그것이 긴장과 이완의 교묘한 역학적 균형으로 대체되어 있다. 신체의 왼쪽, 오른쪽 절반의 구별은 근육 하나 하나에까지 나타나 있는데, 이렇게 비대칭이면서도 몸 전체는 균형을 이룬다. 이런 자세를 '콘트라포스토Contraposto'라 한다.

이 시대의 조각가들은 동시에 인체 비례를 완성하는 데 주력했다고 한다. 가령 몸 전체는 정확하게 머리 길이의 여덟 배가 되어야 하며, 팔과 다리는 머리의 몇 배가 되어야 하며…… 하는 식이다. 특히 폴리클레이토스는 이상적인 인체 비례카논를 완성함으로써 '비례의 입법자'라 불리게 된다. 하지만 이 시대에도 인물들은 여전히 딱딱해 보인다. 빙켈만은 이 시기를 '숭고함'과 '딱딱함'으로 특징지었다. 왜 그럴까? 인물들은 한치의 오차도 없이 실제의 인체 비례를 따르고 있는데…….

벨베데레의 아폴론

그건 수학적으로 정확한 비례가 차갑고 딱딱한 느낌을 주기 때문이다. 가령 수학책 속의 도형은 아름다워 보이지 않는다. 사물이 아름다우려면 엄격한 비례 속에 약간의 빗나감을 포함하고 있어야 한다. 프락시텔레스Praxiteles, 기원전 390?~기원전 330?는 엄격한 비례에 이런 우연적 요소를 받아들임으로써, '우미優美의 아버지'가 된다. 숭고 양식에선 정신의 숭고함이 물질을 억누르고 있지만, 프락시텔레스에 이르러서는 정신과 물질이 행복한 조화를 이루어, 비로소 인물이 아름답게 보이기 시작한다. 이 시기의 양식을 빙켈만은 '아름다운 양식'이라고 부르며 '우미'로 특징지었다. 정확한 비례를 마련해준 앞의 양식들은 사실

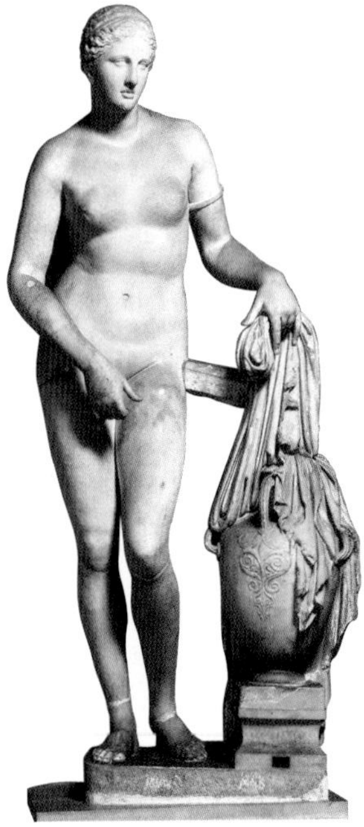

〈크니도스의 아프로디테〉(로마 시대 모작),
원작은 프락시텔레스, 대리석,
높이 약 200cm, 기원전 370년경

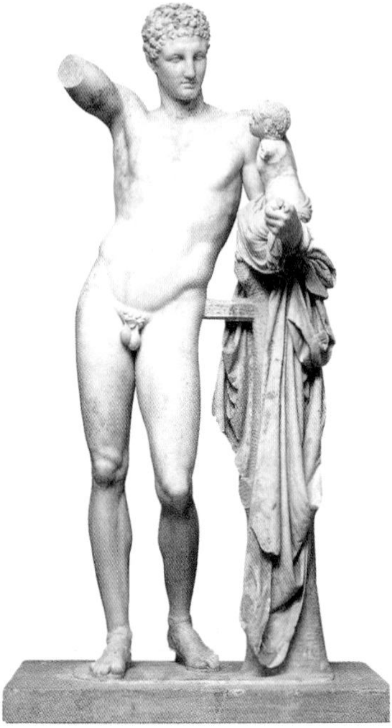

〈어린 디오니소스를 안은 헤르메스〉(로마 시대 모작),
원작은 프락시텔레스, 높이 216cm, 기원전 330년

준비 단계에 불과하고, 여기서 비로소 그리스 예술은 정점에 도달한다는 거다.

프락시텔레스의 대표작 〈크니도스의 아프로디테〉는 후세에 '완전무결한 완성'의 대명사로 불렸다. 이 작품은 원래 크니도스 시를 위해 만들어졌는데, 그 도시의 시민들은 도시 전체가 진 빚 대신에 그 작품을 달라는 제의를 받고도 거절할 정도였다고 한다. 하지만 프락시텔레스적 아름다움을 충분히 구현한 건 아마도 〈어린 디오니소스를 안

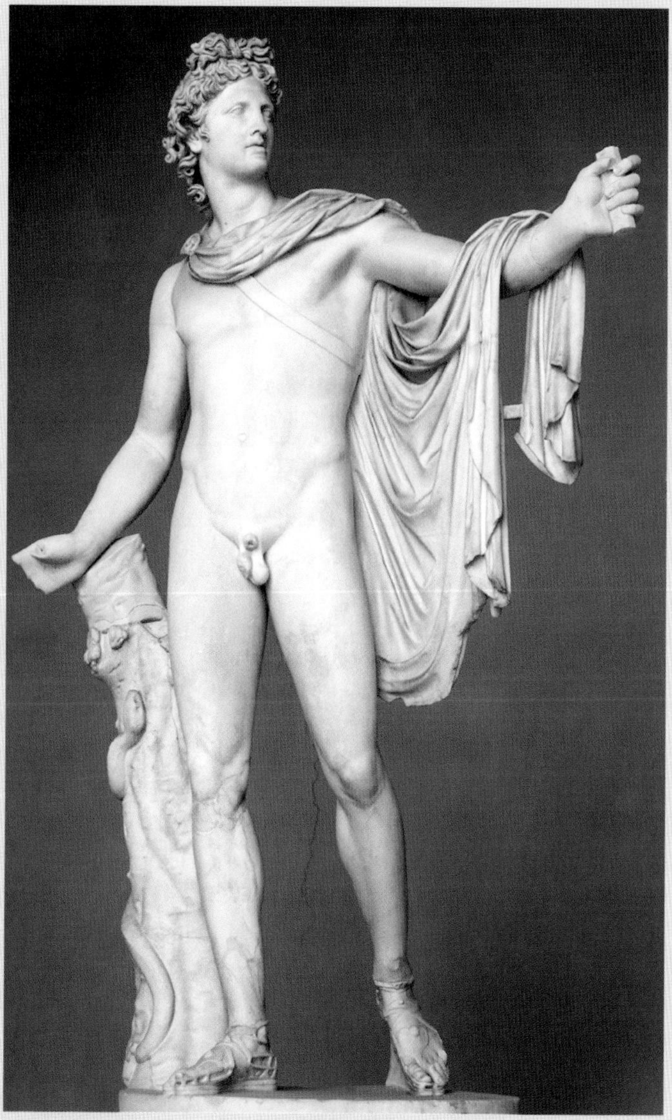

〈벨베데레의 아폴론〉(로마 시대 모작), 작자미상, 대리석, 높이 224cm, 기원전 4세기 후반

은 헤르메스〉일 거다. 제우스의 전령 헤르메스는 제우스의 명령으로 그의 사생아 디오니소스를 헤라의 질투에서 안전한 곳으로 옮기는 중이다. 한편 〈벨베데레의 아폴론〉은 프락시텔레스의 영향 아래 제작된 것인데, 빙켈만과 괴테는 특히 이 작품을 고전미의 완벽한 표본으로 생각했다.

예술의 종말?

빙켈만은 고대 예술의 역사를 유기체의 삶으로 간주했다. 예술은 탄생하고 성장하여 이제 완숙기에 도달했다. 그다음엔? 물론 죽어야 한다. 그는 이 사멸의 단계를 로마 예술에서 보았다. 여기에 빙켈만은 '모방자 양식'이란 경멸스러운 이름을 붙이고, '보잘것없음'으로 특징지었다.

사실 로마 시대의 조각들 가운데에는 어디선가 본 듯한 느낌을 주는 게 있다. 그건 대개 그리스 조각에서 동작이나 자세 또는 모티프를 따왔기 때문이다. 어쨌든 로마인들은 수많은 그리스 조각의 모작을 만들어냈는데, 사실 우리가 알고 있는 그리스 조각들은 대부분 진

빙켈만의 시대 구분

고대 양식	페이디아스 이전(아르케익)	엄격함, 딱딱함
숭고 양식	페이디아스와 동시대인 폴리클레이토스	숭고함, 딱딱함
미의 양식	프락시텔레스, 리시포스 아펠레스	우미
모방자 양식	그 뒤 예술의 멸망까지(로마)	보잘것없음

품이 아니라 로마인들의 모작이다.

빙켈만은 예술이 그리스에서 완성되었다고 생각했다. 그렇다면 후세인들이 할 수 있는 일이라곤 이 완전한 모범을 모방하는 것뿐이다. 그래서 그는 당시 사람들에게 그리스를 모방하라고 열심히 권하고 다녔는데, 그의 이런 생각은 오랫동안 커다란 영향을 끼치게 된다. 가령 헤겔Georg Wilhelm Friedrich Hegel, 1770~1831이 예술의 시대가 고대 그리스에서 끝나고 그 뒤 예술은 사멸한다고 말했을 땐, 역시 빙켈만의 편견(?)에 사로잡혀 있었던 거다. 하지만 그럴 만도 하다. 어찌 인간의 손으로 이보다 더 아름다운 형태를 만들어낸단 말인가.

라오콘

〈라오콘〉은 헬레니즘 예술의 대표작으로 꼽힌다. 헬레니즘 시대는 그리스의 몰락기로, 빙켈만의 시대 구분에 따르면 대충 '미의 양식'과 '모방자 양식' 사이의 기간이라고 생각하면 된다. 이 시기의 조각은 아주 역동적이고 극적인 성격을 띠는데, 이런 특징이 〈라오콘〉에서도 잘 드러난다. 라오콘은 원래 트로이의 신관으로, 목마를 성 안에 들여놓으면 안 된다고 경고했다가, 하늘의 비밀을 누설한 죄로 두 아들과 함께 신들이 보낸 뱀에 휘감겨 비참한 최후를 맞은 인물이다. 빙켈만은 이 작품 속에서 그리스 예술의 본질적 특징을 보고, 그걸 '고귀한 단순함과 고요한 위대함'으로 특징지었다.

일반적으로 그리스 걸작들의 두드러진 특징은 그 자세나 표정에 나타난 '고귀한 단순함과 고요한 위대함'이다. 바다의 표면이 아무리 거세게 일어도 그 깊은 곳만은 언제나 고요함을 간직하고 있는 것처

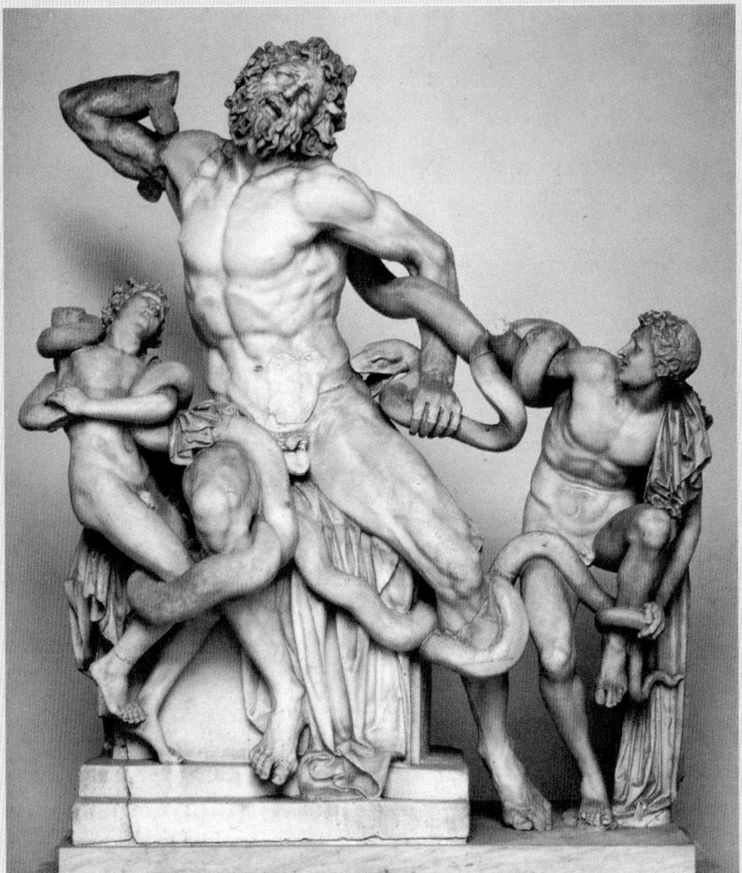

〈라오콘〉(로마 시대 모작), 원작은 아게산드로스·아테노도로스·폴리도로스,
대리석, 높이 210cm, 기원전 175년경

럼, 그리스 인물들의 표정은 아무리 격정적인 상황에 있어도 한결같이 위대하고 침착한 영혼을 보여준다.

하지만 빙켈만의 설명도 라오콘의 표정에 드러난 저 깊은 고뇌의 흔적을 지우지는 못하는 것 같다. 이 비극적 감정은 도대체 어디서 비롯된 걸까? 몰락하는 그리스 사회의 불안한 심리를 표현한 걸까?

아테네 학당

플라톤 이번에 페이디아스가 만든 〈아테나상〉 말일세. 신체 비례를 제멋대로 바꿔버렸더군. 실물하고 똑같아도 시원찮을 판에 일부러 왜곡하다니…….

아리스 예술이란 원래 그런 거 아닙니까? 페이디아스 선생이 여신상의 머리를 실제보다 크게 만든 건, 밑에서 쳐다볼 때 머리가 작아 보이는 걸 막으려고…….

플라톤 그건 교묘한 눈속임일 뿐이야. 난 왜 요즘 조각가들이 눈을 즐겁게 하는 데만 골몰하는지 모르겠어. 세상은 어차피 이데아 세계의 모방일 뿐이지 않나. 그 그림자 세계의 감각적 외관이 그렇게 중요한가?

아리스 하지만 이 세상이 이데아 세계에서 나왔다는 건 상식적으로 좀…….

플라톤 상식 운운하려면 일찌감치 철학 공부 때려치우고 경영학과에

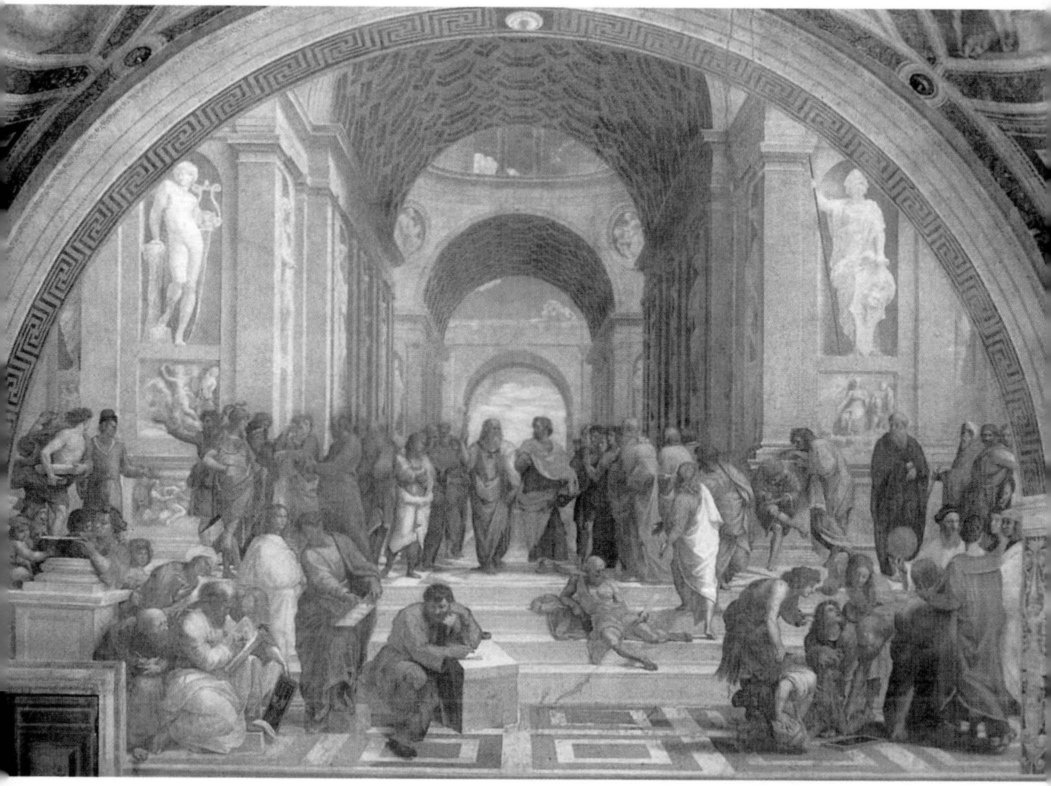

〈아테네 학당〉 라파엘로 산치오, 프레스코화, 500×700cm, 1510년

중앙에 플라톤과 아리스토텔레스가 보인다. 플라톤의 손은 하늘 위 이데아 세계를 가리키고, 현실을 중시하는 아리스토텔레스의 손은 땅을 가리키고 있다. 그림엔 안 보이지만, 저 정문에 플라톤은 이렇게 써 붙였다. "기하학을 모르는 자는 이 문을 들어서지 말라." 계단 아래 오른쪽에는 컴퍼스를 들고 제자들에게 뭔가 열심히 설명하는 유클리드의 모습도 보인다.

가서 장사나 배우게. 내 상식으론 자네가 그 좋은 머릴 가지고 밥 굶기 좋은 철학과에 왔다는 게 이해가 안 가네.

아리스 …….

피타고라스의 삼각형

플라톤 저기 피타고라스 선생이 그린 삼각형 좀 보게. 저게 완전할까?

아리스 아뇨, 아무리 정확히 그려도 몇 만 분의 1의 오차는 있겠죠.

플라톤 하지만 선생이 그 유명한 '정리$a^2=b^2+c^2$'를 얘기할 때, 그의 머릿속에 든 직삼각형의 관념[이데아]만은 완전하겠지?

아리스 관념엔 오차가 있을 수 없죠.

플라톤 그럼 묻겠네. 과연 불완전한 것에서 완전한 게 나왔겠나, 아니면 완전한 것에서 불완전한 게 나왔겠나? 가령 노트를 복사한다고 생각해보게.

아리스 아무래도 원본이 복사본보다야 완전하기 마련이죠.

플라톤 그렇다면 완전한 이데아 세계에서 불완전한 이 세상이 나왔다고 보는 게 합리적이지 않을까?

아리스 글쎄요, 왜 불완전한 것에서 완전한 게 나올 수 없죠? 지금 피타고라스 선생은 바닥에 그려진 저 불완전한 삼각형으로 제자들에게 완전한 삼각형의 개념을 설명하잖습니까. 선생이 저 불완전한 삼각형으로 그 유명한 정리를 설명할 때, 선생은 불완전한 그림에서 완벽한 직삼각형의 개념을 뽑아낸 게 아닌가요?

플라톤 거 참 신비한 노릇 아닌가? 자넨 어떻게 그런 일이 가능한지 설명할 수 있나.

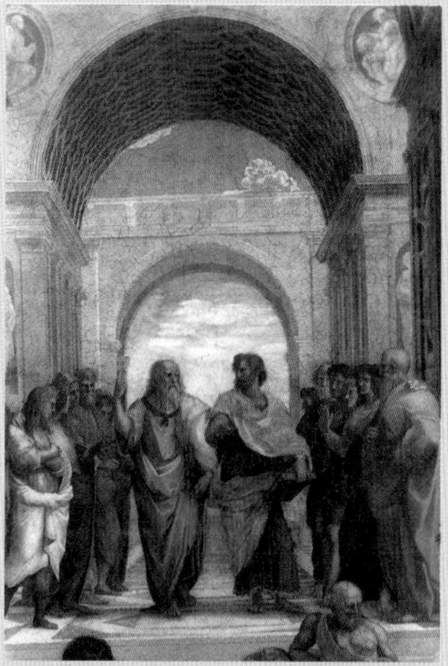

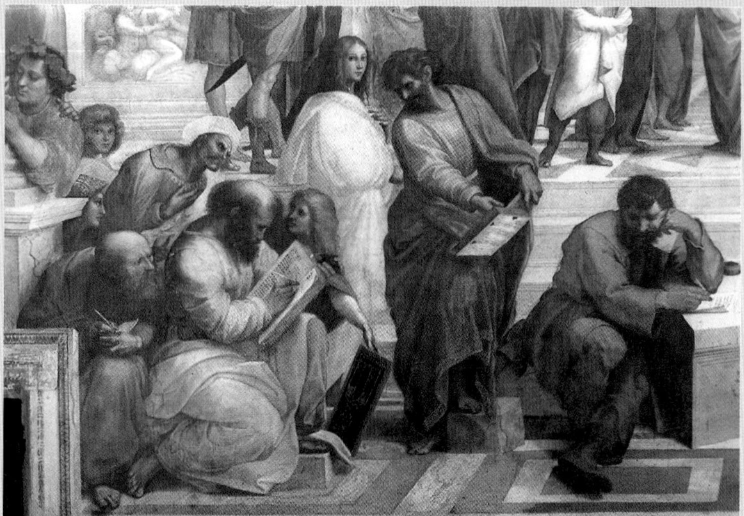

〈아테네 학당〉(부분)
아래 그림 왼쪽에 무언가를 그리고 있는 사내가 바로 피타고라스다.

아리스 거기까진 아직…….

동굴 속의 죄수들

플라톤 그게 바로 자네의 한계야. 들어보게. 태어나기 전에 우리는 원래 저 하늘 위 이데아 세계에 살았다네. 하늘, 바다, 꽃과 나무, 거기선 모든 게 그것의 '개념'만큼이나 완전하지.

아리스 저 하늘에요?

플라톤 물론. 그 나라에 비하면 이 세계는 그림자에 불과해. 가령 동굴 밖에 누가 서 있고, 그 사람의 그림자가 동굴 벽에 비친다고 생각해 보게. 이승에 사는 우리는 동굴 속에서 그 그림자를 바라보며 살아가는 죄수의 처지라 할 수 있지. 그 그림자가 사물의 참된 모습이라고 상식적으로 믿으며 말일세.

아리스 하지만 그걸 어떻게 아시죠? 직접 가보셨나요?

플라톤 사실 나도 죽었다 여드레 만에 깨어난 사람한테 들은 얘기야. 그 사람 말로는, 그 나라와 이 세상 사이엔 '레테망각'라는 강이 있다더군. 이 세상에 태어날 때 우리는 그 강물을 마시는데, 그럼 이데아의 세계를 까맣게 잊어버리게 된다나?

아리스 그게 이 문제와 무슨 관련이 있죠?

플라톤 들어보게. 비록 우리가 이데아 세계를 까맣게 잊어버려도, 이 세계는 이데아의 그림자가 아닌가? 그러니 이 세상의 사물을 보면, 어디서 본 듯하다는 느낌이 들면서 어렴풋이 그 이데아가 떠오르게 되는 거지.

아리스 결국 피타고라스 선생이 불완전한 삼각형에서 완전한 개념을 뽑아낼 수 있는 건 태어나기 전에 이미 이데아를 봤기 때문이다, 이런 말씀이군요.

플라톤 아니면 그런 일이 어떻게 가능하겠나?

모방의 모방

아리스 개념을 '추상'하는 게 곧 이데아를 회상하는 거라……. 하지만 그게 〈아테나상〉하고 무슨 관련이 있죠?

플라톤 답답하긴, 가령 장인이 침대를 만든다 하세. 먼저 뭐가 필요하지? 무턱대고 톱과 망치를 휘두르면 침대가 만들어질까?

아리스 아니죠. 먼저 설계도가 있어야죠.

플라톤 그렇지. 장인의 머릿속 설계도를 침대의 이데아라 부르기로 하세. 장인은 이 설계도에 따라 평생 수백, 수천 개의 침대를 만들어 낼 걸세. 물론 침대들은 모두 이데아의 모방이겠지?

아리스 예. 그것도 물질이라는 불순물이 섞인 불완전한…….

플라톤 자, 이제 어떤 환쟁이가 붓과 물감으로 이 침대를 그린다고 하세. 그건 뭘하는 걸까?

아리스 당연히 침대를 모방하는 거죠.

플라톤 그렇지. 그나마 또 한번 불완전하게 말일세. 결국 예술이란 가상의 가상, 그림자의 그림자란 얘기 아닌가? 이렇게 예술은 진리의 세계에서 두 단계나 떨어져 있는 거라네. 알겠나?

가상과 진리

아리스 하지만 스승님, 예술이 이중 모방이라 해서 그게 꼭 진리로부터 멀어지는 걸까요? 오히려 그걸 통해 진리에 더 가까워질 수는 없을까요? ~(~A)=A, 부정의 부정은 긍정이 되듯이 말입니다.

플라톤 글쎄, 가상의 가상을 통해 참에, 모방의 모방을 통해 원본에, 그림자의 그림자를 통해 이데아에 도달한다? 재미있군.

아리스 가령 파라시오스는 아프로디테를 그릴 때 여섯 명의 모델을 놓고 아름다운 부분만 따서 그렸다고 하더군요. 그러나 그 그림은 비록 현실의 모델들을 모방했지만, 그 모델들보다 훨씬 더 완전한 게 아닐까요?

플라톤 물론 나도 예술이 진리를 전달할 수 있다고 믿네. 하지만 거기에 실물처럼 보이게 하려는 눈속임은 필요 없어. 예술이 진리를 전달하려면, 모름지기 시시각각 변하는 덧없는 외관이 아니라 사물의 영원한 본질을 낚아채야지.

아리스 어떻게요?

플라톤 가령 이집트나 우리나라 아르케익 시대의 조각을 보세. 거기엔 실물 같은 착각을 주는 얄팍한 눈속임 따위는 없어. 인물들은 일시적이며 우연적인 모습이 아니라, 변하지 않는 영원한 모습으로 묘사되어 있지. 형태는 기하학적으로 단순하고, 비례는 한치의 오차도 없이 수학적으로 정확하고 말일세. 바로 이거야말로 이데아 세계의 모습이 아닐까? 이렇게 이데아 세계를 상기시켜준다면야……

아리스 하지만 길을 막고 물어보시죠. 모두 그 괴상한 조각들보다야 폴리클레이토스나 프락시텔레스 쪽이 더 아름답다고 할걸요? 아름다움을 추구하는 게 인간의 자연스런 본성이니까요. 아무리 훌륭한 조각이라도 아름답지 않다면야…….

플라톤 본성? 그럴지도 모르지. 인체의 아름다움에 매혹되는 걸 탓하진 않겠네. 어차피 그건 영혼의 성장 과정에서 거쳐야 하는 단계니까. 하지만 거기 머물러버린다면 문제가 되지.

아리스 무슨 말씀이죠?

플라톤 아까 말했듯이, 인간은 누구나 미를 사랑한다네. 그걸 '에로스'라 부르세. 에로스는 슬기로운 아버지와 무식하고 아둔한 어머니 사이에서 태어났기 때문에, 미와 덕과 지혜를 온전히 갖추진 못했어. 말하자면 반쪽이인 셈이지. 그래서 그는 항상 나머지 반쪽을 갈망한다더군. 그러니 완전성을 추구하는 인간의 마음에 그 신의 이름을 붙이는 것도 그리 나쁜 생각은 아닐걸세.

아리스 뭐, 아무래도 좋습니다.

플라톤 어쨌든 에로스의 충동에 따라 우리는 먼저 인체의 아름다움에 매료된다네. 이건 아주 자연스런 일이지. 하지만 육체의 아름다움보다야 영혼의 아름다움 쪽이 훨씬 더 고상하지 않겠나?

아리스 그야 물론이죠.

플라톤 다음으로 우리는 정신의 아름다움을 알아야 하네. 머리는 텅텅 비어서 얼굴만 잘생긴 사람보다야 좀 안 생겼어도 고상한 정신을 가진 사람이 더 아름답다고 해야겠지?

아리스 소크라테스Socrates, 기원전 469?~기원전 399 선생님요? 톡 튀어나온 똥배에 납작코에…….

플라톤 떽! 다음은 미美의 이데아야. 이거야말로 감각적인 게 하나도 안 섞인 순수한 아름다움으로, 세상의 모든 아름다움은 사실 이걸 불완전하게 흉내낸 거지.

아리스 더 올라가야 하나요?

플라톤 아니, 다 왔네. 마침내 에로스의 운동은 여기서 가장 높은 목표에 도달한다네. 이때 우리 마음엔 엑스터시에 가까운 벅찬 기쁨이 솟아오르는데, 이건 폴리클레이토스의 조각이 주는 감각적 쾌감 따위와는 차원이 다르지. 이렇게 감각적 요소에서 벗어나 순수한 정신적 세계로 올라가면서 우리는 육체에 사로잡힌 영혼을 정화하여 영원한 삶에 다다르는 거야. 알겠나?

척도와 비례

아리스 하지만 너무 추상적이지 않나요? 결국 미의 이데아에 가까운 사물일수록 아름답다는 얘긴데, 도대체 뭐가 이데아에 가까운 건지 판단할 기준이라도 있나요? 이데아를 직접 보지 못한 이상에야.

플라톤 한번 생각해보게. 미의 이데아가 현상 세계에서 나타날 때, 과연 어떤 모습으로 나타나겠나?

아리스 글쎄요…….

플라톤 그건 바로 정확한 '척도와 비례'야. 자넨 구체적인 걸 좋아하니, 더 구체적으로 말해보지. 단순한 기하학적 형태들, 예를 들어 직선이나 원, 그리고 이것들을 이용해 자로 잰 듯이 만들어낸 평면이나

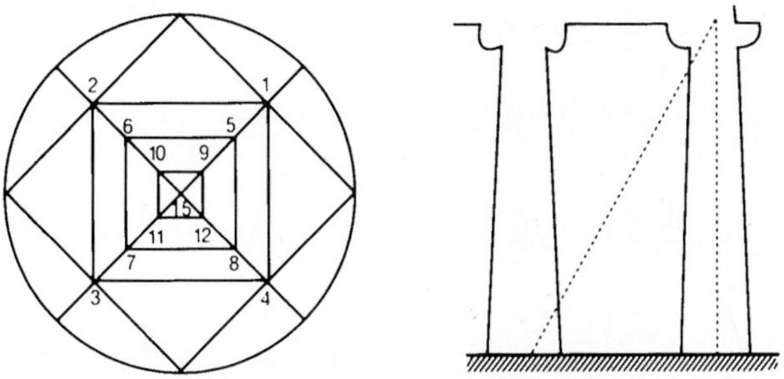

플라톤은 이런 모양의 사각형이 세상에서 제일 예쁘다고 생각했다(왼쪽).
그리스 건축가들은 건물의 기둥을 설계하는 데 종종 피타고라스의 삼각형(3:4:5)을 이용했다(오른쪽).

입체, 이거야말로 미의 이데아에 가장 가까운 순수한 형태들이지. 사실 미를 보는 건 감각하고는 전혀 관계가 없어. 오히려 수학적 직관에 가까운 거지.

아리스 스승님께서 이집트와 아르케익의 조각을 좋아하시는 건 그 때문이군요. 하지만 조각가들이 기술이 부족해 인체를 마징가 제트같이 만들던 시대는 이미 오래전에 지나지 않았습니까? 스승님의 미감美感은 시대에 뒤떨어진 게 아닐까요?

플라톤 과연 그럴까? 다음 그림을 보게. 이런 그림을 후세엔 '추상'이라고 부르는 모양이야. 바로 이런 그림이 이데아에 가장 가깝다고 할 수 있지. 어떤가?

아리스 도대체 뭘 그린 거죠?

플라톤 촌스럽긴. 만약 그 시대에 그런 질문을 했다간 무식하단 소릴 듣게 될걸세. 내가 보기에 자네 취향은 아주 고전주의적이지만, 아마

〈빨강·검정·파랑·노랑의 구성〉 피트 몬드리안, 캔버스에 유채, 45×45cm, 1928년

후세 사람들은 자네의 미감을 촌스럽다고 할걸?

아리스 하지만 수학적이고 기하학적으로 너무 정확한 형태는 아름다워 보이지 않는다던데요. 가령 프락시텔레스는 폴리클레이토스의 엄격한 인체 비례에 약간의 일탈을 줌으로써 비로소 '미의 양식'을 낳지 않았습니까? 우리 건축가들이 신전 기둥의 높이 3분의 1 지점에서 일부러 도들림배흘림주는 것도 그 때문이구요. 수학적으로 정확한 비례

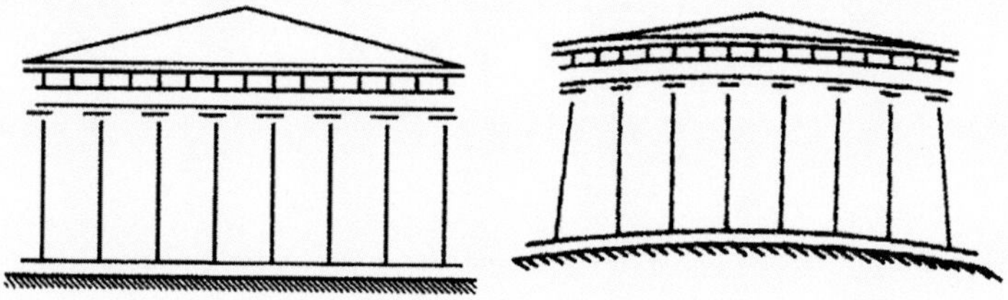

그리스 예술가들이 일부러 기하학적 정확성에서 일탈한 데엔 두 가지 이유가 있었다. 먼저 인간의 둥근 눈엔 정확한 직선이 오히려 휘어져 보이기 때문이다. 그래서 그들은 건물의 선을 일부러 곡선으로 만들었다. 둘째는 기하학적 정확성이 뭔가 딱딱하고 죽은 듯한 느낌을 주기 때문이다.

는 아주 차갑고 딱딱해 보인다나요? 정보이론에선 이걸 '엔트로피와 네그엔트로피의 최적의 관계'라고…….

플라톤 자네 의견엔 찬성할 수 없네. 그건 두 가지 이유에선데, 첫째는 자네의 그 유식한 말투가 싫어서고, 둘째는 '실제로 아름다운 것' 하고 '아름다워 보이는 것'은 엄연히 다르기 때문이지. 알겠나?

아리스 하지만 아름다워 보이지 않는 아름다움이 무슨 소용이죠?

(이때 한 젊은이가 길을 막아선다.)

라파엘로 고매하신 두 분, 도대체 어딜 가시는 겁니까?

플라톤 그대는 누군데 함부로 길을 막는가?

라파엘로 저는 로마인의 후손으로, 이 그림을 그린 라파엘로라는 사람입니다. 두 분은 저의 창조물이죠. 제가 이 그림을 못 그리면 두 분이 방금 나누신 대화도 세상에 존재하지 않게 되는 겁니다. 아시겠어요?

플라톤 아, 르네상스의 그 유명한 환쟁이? 그런데 2000년 뒤에야 태어날 자네가 왜 우리의 앞길을 가로막고 있나?

에셔의 세계 3

거울에 비춘 상

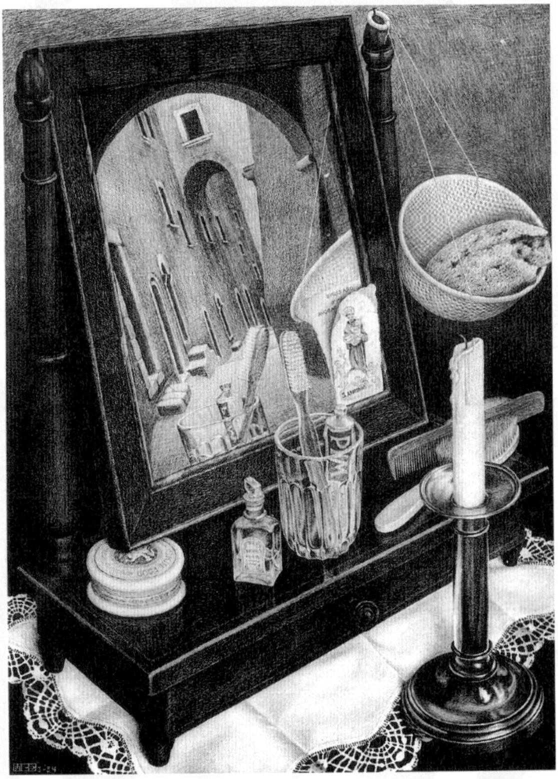

〈거울이 있는 정물〉 모리츠 에셔, 석판화, 39×29cm, 1934년

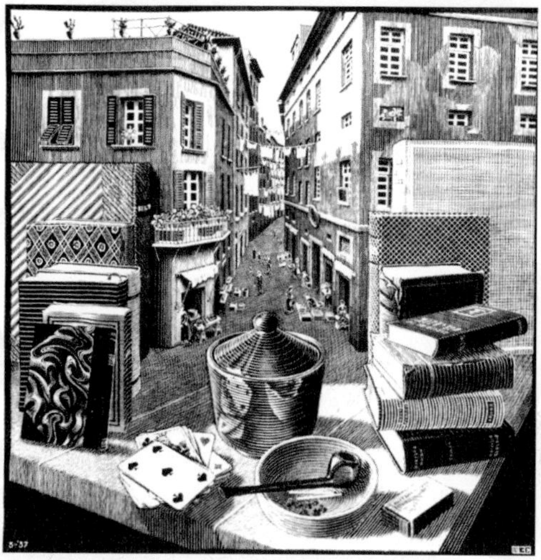

〈정물과 거리〉 모리츠 에셔, 목판화, 49×49cm, 1937년

거울이나 물방울 또는 유리구슬에 비친 반영상은 에셔가 즐겨 그린 주제였다. 어린 시절 누구나 한 번쯤 거울 속의 세계로 빨려들어가는 공상을 해본 적이 있을 거다. 그럼 왜 그가 이 테마를 좋아했는지 알 거다. 니체에 따르면, 위대한 철학자들은 우리가 사는 세상이 덧없는 그림자라는 예감을 갖고 있다고 한다. 저 유리구슬에 비친 상처럼. 플라톤도 그랬고, 니체 자신도 그랬다. 정말일까? 어쨌든 거울 속의 세계와 현실. 에셔는 종종 이 두 세계를 하나로 결합하곤 했는데, 그건 아마 이상한 나라의 앨리스처럼 거울 속으로 들어가고 싶었던 어린 시절의 꿈 때문이리라. 하지만 어떻게? 간단하다. 거울의 테두리만 지워버리면 된다. 〈정물과 거리〉를 보라. 여기서 에셔는 첫 번째 주제 '여러 세계를 넘나듦'과 세 번째 주제 '거울에 비춘 상'을 결합시켰다. 그의 작품에는 대개 이렇게 몇 가지 주제가 동시에 결합되어 있는데, 이제부터 여러분이 직접 찾아보도록…….

아폴론과 디오니소스

우리는 예술을 정서나 감수성 따위와 관련짓지만, 그리스인들의 생각은 전혀 달랐다. 그들에게 예술은 테크네, 곧 합리적 규칙에 따른 활동이었다. 따라서 당시엔 회화나 조각뿐만 아니라 합리적 제작 규칙을 가진 모든 활동, 즉 의자나 침대를 만드는 수공 활동과 학문까지도 예술[테크네]로 간주했다. 한편 시는 음악과 무용, 연극을 포함하는 넓은 개념이었는데, 재미있게도 시는 예술에 포함시키지 않았다. 왜? 시는 '영감' 또는 '광기'의 산물이라 생각했기 때문이다.

영감에서 테크네로

실제로 당시의 시인들은 예언자[무당]와 비슷했던 모양이다. 신들린 상태에서 시를 읊고, 제정신이 돌아온 뒤엔 자기가 무슨 말을 했는지 기억하지 못했다니까. 마치 무당이 엑스터시 상태에 빠져 혼령이 말하는 대로 읊조리듯이 말이다. 그렇다고 그리스인들이 시인의 광기를 멸시한 건 아니다. 광기는 오히려 어떤 신적인 '예언 능력'이었고, 이 신비한 능력에 대한 그들의 태도는 멸시보다는 두려움에 가까웠을 거다.

플라톤은 시인을 공화국에서 추방한 것으로 유명한데, 사실 플라톤이 시를 모조리 광기의 소산으로 본 건 아니다. 그도 '광기'의 시와 '기술적' 시를 구분한다. 뒤에 아리스토텔레스는《시학》을 통해, 시에도 합리적인 제작 규칙이 있음을 보여준다. 이때 비로소 시는 어두운 마술의 세계에서 벗어나 테크네가 될 수 있었다. 광기에서 테크네로, 이 관념의 변화 속에서 음침한 마술이었던 시가 서서히 합리적 규칙에 따른 제작 활동이 되는 변화를 실제로 볼 수 있지 않을까?

제의에서 비극으로

아리스토텔레스가 옳다면, 비극의 기원은 디오니소스 제전에서 불리던 합창가다. 지휘자와 합창단이 주고받는 대화가 점차 발전해서 극적인 대화가 된 거다. 아이스킬로스Aeschylos, 기원전 525?~기원전 456는 배우의 수를 둘로 늘리고 코러스를 줄여 대화가 극의 중심이 되게 했고, 이어서 소포클레스Sophocles, 기원전 496~기원전 406는 배우의 수를 셋으로 늘리고 무대 배경을 도입했다 한다. 과거 합창가 속의 신화적 사건들은 참가자들에 의해 현실로 간주되었다. 하지만 아이스킬로스에 이르면 이미 디오니소스 숭배와의 연결고리는 끊긴다. 말하자면 제의가 예술이 된 거다. 비극은 이제 제의 기능을 위해 신화를 정확히 재현할 필요성에서 해방되고, 더욱더 무대의 요구에, 말하자면 예술적 창조의 법칙에 따르게 된다. 야만적 제의를 찬란한 예술로 변화시킨 미다스 왕의 손은 바로 3대 비극 시인 아이스킬로스, 소포클레스, 에우리피데스Euripides, 기원전 484?~기원전 406?였다.

아폴론과 디오니소스

알 수 없는 일이다. 지중해의 푸른 물결과 올림푸스 산꼭대기의 맑은 햇살, 이 축복받은 땅에 살았던 그리스인들이 도대체 왜 비극을 만들어냈을까? 신의 동반자로서 그 어느 민족보다 자유롭게 살았던 그들에게 왜 그토록 우울한 기억이 필요했을까?

니체는 이 의문을 추적한다. 빙켈만은 그리스 예술을 고귀한 단순함과 고요한 위대함으로 특징지었다. 니체는 그리스 예술의 이런 특징에 '아폴론적'이라는 이름을 붙인다. 예컨대 그리스의 조형 예술은 이 밝고 명랑한 아폴론 정신의 산물이다. 하지만 비극은? 비극의 우울한 그림자까지도 이 명랑한 정신으로 설명할 수 있을까? 물론 없다. 여기서 그는 그리스 예술을 지탱해준 또 하나의 힘을 찾아낸다. 그게 바로 저 깊은 근원에서 흘러나오는 알 수 없는 광포한 힘, 바로 '디오니소스적' 충동이다.

조형 예술의 맑고 투명한 정신인 아폴론과, 깊고 어두운 근원에서 흘러나오는 음악의 정신 디오니소스! 그리스 예술, 아니 인류의 모든 예술이 서로 대립하는 이 두 가지 충동으로 말미암아 발전했다. 저 찬란한 아티카 지방의 비극도 사실 이 두 가지 원리가 부부가 되어 나타난 거다. 하지만 이 어울리지 않는 두 힘이 어떻게 비극 속에서 하나가 될 수 있었을까? 둘은 너무나 딴판이지 않은가!

의지와 표상으로서의 세계

태초에 커다란 덩어리가 있었다. 이걸 '의지'라 부르자. 물론 무지무지하게 큰 의지, 거대한 세계의지다. 어느 날 이 근원적인 일자一者가 조각조각 잘려, 그 조각들이 내가 되고 네가 되고 그가 된다. 이걸 '개체화'라 하자. 이 개체화한 의지들은 이제 말을 하고 '행동'을 하게 된다. 행동하는 이 조그만 욕망 덩어리들이 모여 서로 갈등을 일으키며, 우리가 사는 세계를 이룬다. 하지만 이 세계는 근원적인 세계의지 위에 세워진, 언제 사라질지 모르는 불안한 세계다. 이 덧없는 세계를, 불교에서는 마야의 세계라 부른다.

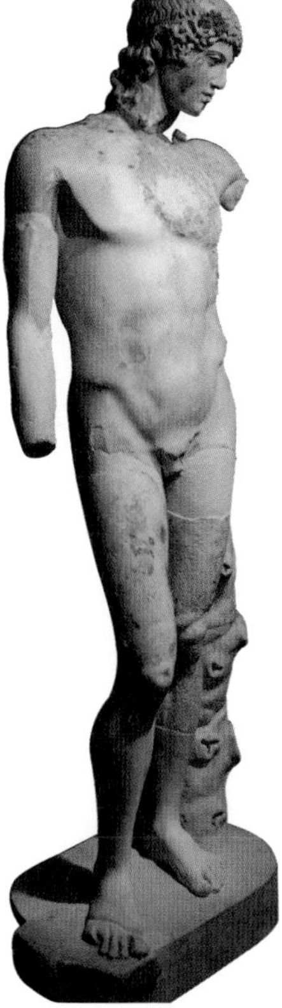

〈티베르의 아폴론〉(로마 시대 모작), 대리석, 높이 220cm, 기원전 470~기원전 460년

마야의 세계에서 이 의지들은 저마다 욕망을 좇으며 살아간다. 결국 어렵게 욕망을 이루고 행복을 손에 넣는 순간, 갑자기 운명의 가혹한 힘이 들이닥친다. 이 운명의 힘은 어김없이 그를 찾아와 파멸시키고, 그가 애써 이룬 모든 것을 한순간에 날려버린다. 이 순간 그는 깊은 꿈에서 깨어나 눈앞에 닥친 가혹한 삶의 진리를 보게 된다. 영원할 것 같던 이 세상이 하룻밤의 꿈에 지나지 않다니, 나도

꿈이고 너도 꿈이고 모든 세계가 꿈이라니…….

디오니소스적 지혜

이렇게 세계 자체가 한 편의 거대한 비극이다. 무대 위의 비극은 이 우주적 비극의 반복일 뿐이다. 그래서 비극에도 마야의 세계와 그걸 한순간에 집어삼키는 광포한 힘이 있다. 아폴론은 극 중 마야 세계를 지배하면서, 아름다운 가상 세계를 만들어낸다. 인생에 취하듯이, 우리는 극에서 펼쳐지는 이 아름다운 가상에 매혹된다. 아폴론은 이렇게 덧없는 현세를 긍정함으로써 '개체화 원리의 장렬한 신상'이 된다.

하지만 아폴론적 가상은 디오니소스적 세계 위에 드리워진 얇은 베일일 뿐이다. 이 베일 뒤에서 흘러나오는 힘은 비극의 주인공을 여지없이 파멸로 몰아간다. 아폴론이 개별화로 생긴 세계를 긍정하면, 디오니소스는 개체를 파괴하여 원래의 근원적 존재의 품안으로 되돌린다. 이때 무서운 삶의 진실이 드러난다. 개체화 자체가 고통이다. 이 땅에 행동하는 개체로 태어난 것부터가 고통의 근원이다. 비극이 주는 지혜는 바로 이 가혹한 삶의 진리다. 이 디오니소스의 지혜를 아폴론의 아름다움으로 감성화한 것, 그게 바로 비극이다. 비극 속에서 전혀 상반되는 성격을 가진 그리스인들의 두 주신主神은 이렇게 한 몸이 된다.

고뇌하는 디오니소스

이 땅에 행동하는 개체로 태어나기 전, 너와 나는 하나였다. 마찬가지

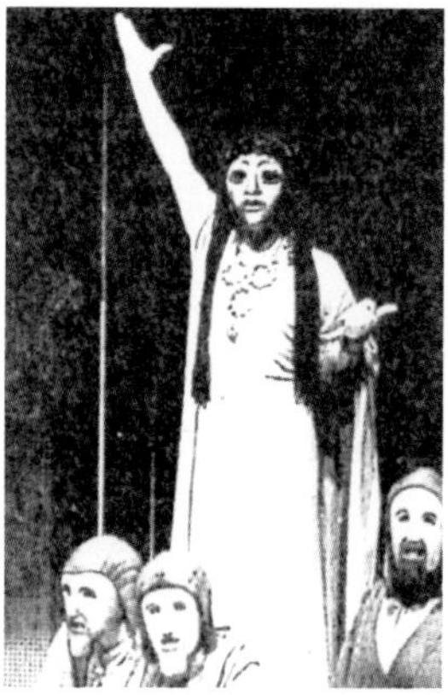

고대 비극 〈오레스테스〉를 그대로 재현한 장면
저 가면을 벗기면 누가? 고뇌하는 디오니소스.

로 비극의 주인공도 사실은 하나다. 오이디푸스든 오레스테스든 배우의 얼굴을 덮고 있던 그 가면을 벗겨내면, 비극의 유일한 주인공의 얼굴이 드러난다. 누구? 바로 디오니소스다. 디오니소스야말로 참으로 실재하는 유일한 자며, 그가 분투하는 주인공의 가면을 쓰고 나타나는 거다. 이 근원적 일자는 이제 개체화하여 여러 개의 개별적 의지가 된다. 오이디푸스든 오레스테스든 그물에 걸려 괴로워하는 여러 인물은 사실 이 근원적인 일자가 개체화한 거다.

개체가 되어 '행동'하게 되면, 디오니소스는 방황하고 애쓰며 괴로워하는 개인이 된다. 그는 이제 개체화의 고뇌를 몸소 체험한다. 마치 세상을 구원하기 위해 스스로 인간의 몸으로 태어나 십자가의 고통을 당한 기독교의 신처럼. 코러스는 가면을 쓴 디오니소스가 이 가상세계에서 얼마나 괴로워하고 얼마나 영광을 누리는지 조용히 지켜본다. 그러나 코러스는 '행동'하지 않는다. 다만 고뇌하는 그에게 신탁과 지혜의 말을 던져줄 뿐이다.

디오니소스적 도취

그런데 디오니소스제의 광란의 분위기는 어디서 비롯된 걸까? 왜 멀쩡하던 사람들이 갑자기 정신 나간 듯 웃고 떠들고 노래하며 춤추는가? 이 황홀한 도취는 모든 개인이 다시 집단으로 돌아가는 경험에서 나온다. 개체들을 서로 가르던 선이 깨지고, 그들이 너나없이 집단 속에 녹아 있던 원래의 상태로 돌아갈 때, 마음속 깊은 곳에선 주체할 수 없는 기쁨이 솟아오른다. 디오니소스적 황홀함이 바로 여기서 흘러나오는 것이다.

비극의 음침한 그림자에도 이 황홀한 도취가 남아 있다. 비참하게 몰락하면서 주인공은 복잡하게 얽힌 운명을 깨닫는다. 하지만 이 쓰라린 깨달음은 근원적인 존재와의 합일로 돌아간다는 즐거운 예감이기도 하다. 몰락하여 근원적 일자와 다시 하나가 될 때, 우리는 개체화의 괴로움, 영원한 윤회의 굴레에서 빠져나와 해탈에 이르게 된다. 쓰라린 파멸 뒤에 숨어 있는 이 무한한 희열의 세계. 공포에 질린 눈으로 비극을 바라보면서도, 그리스인들이 은밀하게 즐긴 건 바로 이 황홀한 기쁨이 아닐까?

원형 극장에서

원형 극장, 소포클레스의 〈오이디푸스의 대왕〉을 보고 있다.

플라톤 연극 구경도 오랜만이군, 젊은 시절 나는 극작가가 되려고 했지. 소크라테스 선생님을 만나기 전엔 말일세. 직접 몇 편을 쓰기도 했어.

아리스 아, 스승님의 저작이 전부 대화체로 되어 있는 게 그럼……. 그쪽으로 나가셔도 괜찮았을 텐데요.

플라톤 그랬을까? 자네 혹시 작년 가을에 상연된 아리스토파네스 Aristophanes, 기원전 445?~기원전 385?의 희극 봤나?

아리스 아, 〈구름〉 말입니까? 물론이죠, (킥킥거리며) 소크라테스 선생이 허공에 매달린 바구니에 대롱대롱…….

플라톤 웃지 말게. 스승님이야말로 소피스트 놈들의 말장난에서 철학을 구하려고 하신 분 아닌가. 그런데 그 무식한 놈이 그분을 돈 받고 말싸움이나 가르치는 우스꽝스런 소피스트로 묘사했더군.
아리스 예, 그건 좀 너무했더군요.

시는 역사보다 더 철학적이다

플라톤 헤시오도스Hesiodos, 기원전 8세기 말경의 얘기 들어봤겠지? 어느 날 양을 지키고 있을 때, 뮤즈들이 나타나 "우리는 진실처럼 느껴지는 거짓말을 하는 데 도통했다"라고 했다는…….
아리스 아, 《신통기》에 나오는 얘기 말씀이군요.
플라톤 맞네. 시란 결국 거짓말이란 얘기 아니겠나? 가령 신들을 채신머리없는 바람둥이로 묘사하거나…….
아리스 하지만 뮤즈들은 또 "원한다면 진리를 이야기하는 데도 도통했다"라고도 하지 않았습니까? 시도 진리를 말할 수 있단 얘기 아닐까요?
플라톤 자넨 극 속의 사건이 실제라고 믿나?
아리스 물론 아니죠. 원래 시인의 임무는 실제로 일어난 일이 아니라, '일어날 법한 일'을 말하는 데 있으니까요. 또 그렇기 때문에 '시가 역사보다 더 철학적'이구요.
플라톤 일어날 법한 일? 그게 역사보다 더 철학적이라고?
아리스 물론이죠. 저 오이디푸스에게 닥친 운명은 누구에게나 있을 법하지 않습니까? 또 프로메테우스처럼 성격이 올곧은 사람이 불의를 보면 어떻게 할까요?
플라톤 거기에 맞서 싸우겠지.
아리스 맞습니다. 그래서 대개 불행해지기 마련이죠. 하지만 그게 두

려워 그가 제 뜻을 꺾을까요?
플라톤 제우스도 그런 사람의 고집을 꺾을 순 없지.
아리스 잘 아시네요. 바로 그겁니다. 시는 이런저런 성격을 가진 인간이 '개연적' 또는 '필연적'으로아마도 또는 반드시 이러저러하게 행동할 거라는 걸 보여줍니다. 시는 이렇게 보편적인 걸 말하죠. 반면 역사는 어떻습니까? 고작 한 번 일어났던 개별적 사건을 말할 뿐 아닙니까. 누가 언제 어디서 무엇을 했다고. 그래서 시는 역사보다 더 철학적이라는 겁니다. 철학이란 본래 보편적인 진리 아닙니까.

시는 테크네다

플라톤 놀랍군. 하지만 원래 시는 철학과 사이가 안 좋은 법인데…….
가령 철학은 합리적인 작업이지만, 시는 뮤즈의 영감을 받은 시인들의 광기에서…….
아리스 정말로 그렇게 믿으시나요?
플라톤 그 사람들이 제 입으로 그러지 않나. "뮤즈 신은 내게 말을 내려주셨다"라고.
아리스 아, 사포Sappho, 기원전 612?~기원전 ?의 시구 말씀이군요. 시인에게 어느 정도 광기가 필요한 건 사실이지만, 시는 어디까지나 '테크네예술'가 아닐까요?
플라톤 테크네? 시에도 그림이나 조각처럼 제작기술이 있단 말인가?
아리스 물론이죠. 비록 시인 자신은 그걸 의식하지 못하더라도요.
플라톤 그걸 증명할 수 있겠나?
아리스 사실 그걸 입증하려고 책을 한 권 쓸 생각입니다. 그 책 제목은 시의 제작술을 밝힌다는 뜻에서 《포에티카시학》라 붙일 겁니다. 거기서 전 먼저 시의 일반적 본질과 종류, 구성 요소와 특징, 성공과 실패의 원인에 대해 논할 생각입니다. 또 비평가들이 흔히 시에 퍼붓는 그릇된 비난에 대해서도 몇 마디 덧붙일 작정이죠.

플라톤 혹시 그 몰지각한 비평가들 속에 나도?

시의 본질은 모방이다

아리스 저는 무엇보다도 시의 본질이 '모방'이라고 봅니다. 이건 서사시든 비극이든 피리 연주든 모두 마찬가지죠.

플라톤 동감일세. 하지만 모방이란 게 왜 필요하지?

아리스 아까 말씀드렸듯이 진리를 말하기 위해…….

플라톤 하지만 그 점에 관한 한 철학을 따라잡을 순 없지. 안 그런가?

아리스 그야 그렇죠. 하지만 모방된 것에서 쾌감을 느끼는 게 인간의 본성 아닐까요? 가령 보기 흉한 동물이나 시체도 아주 정확히 그려놓으면 쾌감을 느끼잖습니까?

플라톤 본성? 그건 대개 '난 모르겠다'는 말의 점잖은 표현이지. 쾌감? 그런 말초적인 쾌감이 그토록 중요한가?

아리스 그게 왜 말초적입니까? 우리가 모방한 걸 보고 쾌감을 느끼는 건 봄으로써 배우기 때문입니다. 말하자면 '아하, 이건 사람을 그린 거로구나!' 하고 무언가를 '재인식'하기 때문이죠. 이거야말로 고상한 지적 쾌락이 아닐까요?

플라톤 …….

아름다움은 크기와 질서에 있다

아리스 시의 종류엔 여러 가지가 있지만, 그 가운데서도 비극이 단연 으뜸이죠.

플라톤 왜, 차라리 서사시가 낫지 않나? 서사시는 나이 많은 점잖은 사람들이 좋아하지만, 비극은 여편네들이나 좋아하니까.

아리스 글쎄요, 그 얘긴 나중에 하기로 하고, 우선 제가 내린 비극의 정의를 들어보시죠. 먼저 비극은 진지하고 일정한 크기를 가진 완결된 행동의 모방입니다.

플라톤 일정한 크기? 구체적으로 그게 얼만데?

아리스 태양이 한 바퀴 도는 동안이나, 이를 그리 넘지 않는 시간 안에 결말이 나면 되겠죠.

플라톤 굳이 그렇게 못박아놓을 건 없잖은가. 가령 〈아가멤논〉 속의 사건은 며칠 걸리지 않나.

아리스 물론이죠. 하지만 본디 아름다움은 '크기와 질서'에 있는 법입니다. 너무 작아서 부분들의 비례를 알아볼 수 없거나, 너무 커서 전체의 통일성을 한눈에 볼 수 없는 건 아름다울 수 없죠. 비극도 마찬가지 아닐까요?

플라톤 하루 안에 모든 행동을 마치고 불행해지려면, 주인공이 꽤나 바빠야겠군.

비극, 연민과 공포의 카타르시스

아리스 또 비극은 '연민과 공포'를 환기시키는 사건의 모방이란 겁니다. 주인공에게 닥쳐오는 무서운 운명을 보면서 사람들은 측은함과 무서움을 느끼게 됩니다. 남 얘기가 아니니까요. 자, 무대를 보시죠. 오이디푸스가 드디어 자기가 아버지를 죽였다는 걸 깨달았군요.

오이디푸스 (미쳐 날뛰며) 칼을 다오. 아내면서도 아내가 아니고, 나와 나의 아들을 함께 낳은 자는 어디 있느뇨.

아리스 관객들 표정을 보십시오. 파랗게 질려 있죠? 저게 바로 연민과 공포의 효과입니다.
플라톤 하지만 저토록 강렬한 파토스는 덕이 많은 사람의 평정한 정신엔 어울리지 않아. 모름지기 유덕한 사람은 아무리 슬픈 일이 있어도 내색하지 않는 법일세. 하지만 저 멍청한 관객들이 저걸 보고 나서, 슬픈 일이 생길 때마다 저 사람처럼 미쳐 날뛴다 생각해보게. 좀 위험하지 않을까?
아리스 오히려 그 반대죠. 비극은 그런 감정의 '카타르시스'를 행하니까요.
플라톤 카타르시스? 화장실에서 열변을 토하는 거 말인가?
아리스 썩 점잖은 표현은 아니지만 적절한 비유죠. 비극은 사람의 감정을 극도로 흥분시킴으로써 오히려 그걸 진정시키고 정화합니다. 묘한 역설이죠? 비극을 봄으로써 사람들은 알 수 없는 운명에 대한 공포를 배설해버리고, 후련해진 마음으로 극장 문을 나서게 되죠.
플라톤 화장실을 나서듯 말이지?

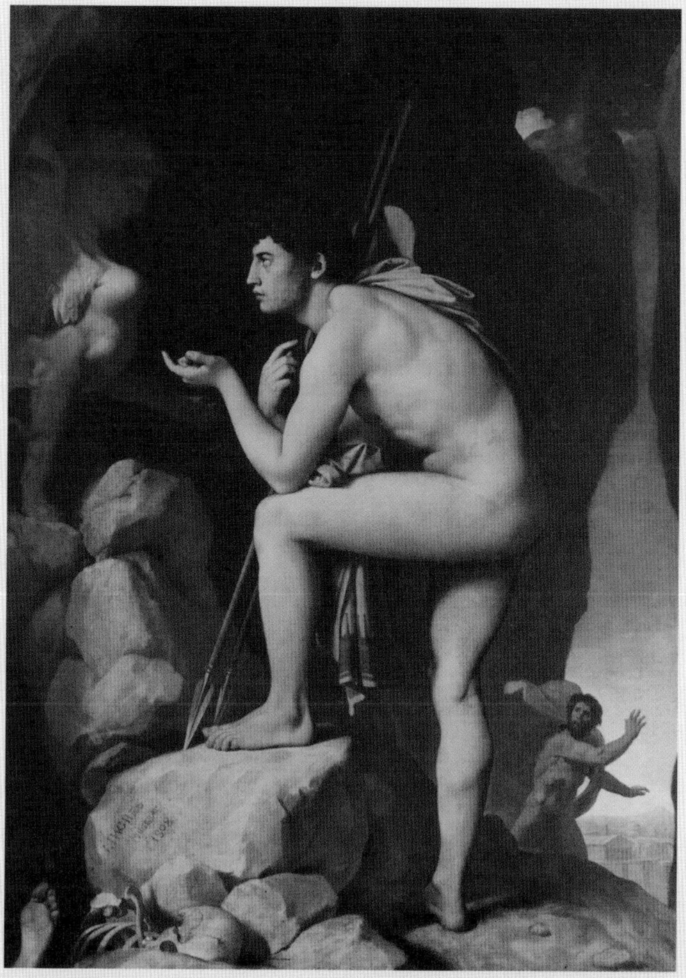

〈스핑크스의 수수께끼를 푸는 오이디푸스〉
장 오귀스트 도미니크 앵그르, 캔버스에 유채, 189×144cm, 1808년

스핑크스는 길목을 지키고 서서 행인들에게 어려운 수수께끼를 내곤 했다. "아침에는 네 발, 점심에는 두 발, 저녁에는 세 발로 다니는 짐승이 뭐냐." 오이디푸스가 이 수수께끼를 알아맞히자, 스핑크스는 그 자리에 굳어 돌이 되었다고 한다. 창피한 나머지 나일 강에 뛰어들었다는 설도 있다. 어쨌든 오이디푸스는 이렇게 사람들을 괴롭히던 스핑크스를 해치운 공적으로 테베의 왕이 된다.

비극의 생명은 플롯이다

아리스 다음엔 비극의 구성 요소에 대해 말씀드리죠. 비극은 플롯, 성격, 사상, 대사, 노래와 장면이라는 여섯 가지 요소로 이루어집니다. 특히 플롯은 비극의 생명이자 영혼이죠.

플라톤 줄거리 말인가? 줄거리랄 게 뭐 있나, 그냥 주인공을 파멸시키면 되지.

아리스 글쎄요, 만약 천하의 악당이 주인공이라면요. 그의 파멸이 연민을 불러일으킬까요? 사람들은 오히려 고소해할걸요?

플라톤 그럼, 도덕적으로 아주 고결한 자가 불행해지는 얘기는 어떨까?

아리스 그건 남 얘기 같지 않을까요? 주인공이 예수 그리스도만큼 거룩한 사람이라면, 누가 그의 얘기에 공감하겠습니까?

플라톤 그럼, 우리와 수준이 비슷한 사람을 파멸시키지 뭐. 그럼 비극이 되나?

아리스 아직요. 그 사람이 못된 짓을 저지르다 불행해졌다면, 사람들은 그의 불행을 마땅하다고 생각하겠죠?

플라톤 그럼 어쩌란 말인가?

아리스 훌륭한 비극이 되려면, 우리와 비슷한 사람이 악행이 아니라 악의 없는 중대한 '과오'의 대가로 불행해져야 합니다. 가엾다는 감정은 부당하게 불행에 빠지는 것을 볼 때 생기고, 두려운 감정은 우리와 비슷한 사람이 불행에 빠지는 것을 볼 때 생기니까요.

플라톤 생각보다 까다롭군.

플롯의 세 요소는 급전, 발견, 파토스다

아리스 플롯은 다시 세 가지 요소로 이루어집니다. 급전과 발견과 파토스죠.

플라톤 머리가 아프군. 그래, 그게 뭔가?

아리스 급전이란 사태가 갑자기 반대 방향으로 돌아서는 겁니다. 무대를 보시죠. 모든 사람이 부러워할 정도로 행복했던 오이디푸스가 이젠 왕위에서 쫓겨나 앞도 못 보는 거지 신세가 되었잖습니까. 지금 그가 당하고 있는 찢어지는 고통이 바로 파토스죠.

플라톤 알겠네. 그럼 발견은?

아리스 그건 말 그대로 자신의 운명을 깨닫는 걸 뜻합니다. 가령 오이디푸스가 자신이 아버지를 죽였다는 걸 깨닫는 거죠. 이 순간 오이디푸스의 운명은 급전을 일으킵니다. 이처럼 발견이 급전을 동반할 때, 최고의 효과를 거둘 수 있죠.

플라톤 사람들이 이 작품을 아티카 비극의 모범으로 꼽는 건 바로 그 때문이겠군.

플롯의 통일성

아리스 물론이죠. 하지만 급전이나 발견은 플롯의 구성 그 자체에서 나와야 합니다. 말하자면 앞서 일어난 사건의 필연적 또는 개연적 결과라야 하는 거죠.

플라톤 그건 무슨 말이지?

아리스 한 사건이 다른 사건 '때문에' 일어나는 것과 그 사건에 '이어서' 일어나는 것은 엄연히 다르단 말입니다.

플라톤 그건 당연하지. 그럼 서로 관계없는 사건들을 늘어놓는 얼빠진 작가도 있단 말인가?

아리스 물론이죠. 그런 걸 전 '삽화적 플롯'이라 부릅니다. 말하자면 끼워넣기 식이죠. 가령 서사시를 보시죠. 거기엔 때때로 서로 관계없는 에피소드들이 무질서하게 나열되는데, 이런 플롯은 통일성을 깨뜨립니다. 이건 가끔 한 편의 서사시에서 여러 개의 비극이 만들어진다는 사실을 보면 잘 알 수 있죠.

플라톤 서사시보다 비극이 더 뛰어나다고 한 건 이 때문인가?

데우스 엑스 마키나

아리스 예. 하지만 더 중요한 부분에서 이런 멍청한 짓을 하는 작자도 있습니다. 바로 극의 '해결' 부분에서죠. 비극은 크게 두 부분으로 나뉩니다. 주인공의 운명이 급전되기 전까지를 '갈등'이라 하고, 그 뒤를 '해결'이라 하죠. 그런데 '갈등'을 아주 훌륭하게 짜놓고 '해결'에서 실패하는 경우가 종종 있습니다.

플라톤 일을 벌여놓고 수습을 못한단 얘기군.

아리스 맞습니다. 이때 복잡하게 얽힌 갈등을 풀기 위해 갑자기 신이 나타납니다.

플라톤 어떻게? 하늘에서 뚝 떨어진단 말인가?

아리스 예. 하늘에서 신이 기중기를 타고 내려와, 실타래처럼 얽힌 갈등을 해결해주는 거죠. 신이 내려왔는데 해결 안 될 일이 어딨겠습니까? 이 웃기는 수법을 '데우스 엑스 마키나deus ex machina'라 부릅니다.

'기계 장치를 타고 내려오는 신'이라는 뜻이죠. 에우리피데스가 종종 써먹었죠.

플라톤 재미있군.

아리스 가령 난데없는 우연적 사건으로 극을 해결하는 작품을 종종 볼 수 있는데, 후세 사람들은 이런 작품을 욕할 때 데우스 엑스 마키나라는 말을 사용한다고 하더군요.

아나그노리시스

플라톤 재미있군. 자, 이제 얘기를 끝내기로 하지. 정작 작품은 하나도 못 보지 않았나.

아리스 정말 그렇군요. 하지만 이제 희극에 대해 논할 차롄데요.

플라톤 극도 끝나가고 해도 뉘엿뉘엿 지기 시작하는데, 그 얘기까지 하자면 밤을 새도 모자랄걸세. 자네 말대로라면, 이 대화를 쓰는 친구에게도 해가 한 바퀴 돌기 전에 모든 얘길 끝내게 해줘야 마땅하지 않겠나?

아리스 그런가요?

플라톤 참, 한 가지만 더. 아까 자넨 모방의 쾌감이 재인식의 쾌감이라 했지?

아리스 예, 그런데요?

플라톤 비극도 모방 아닌가? 그럼 거기서 우리는 무엇을 재인식하는 거지?

아리스 글쎄요, 그건 우리 인간의 운명 아닐까요? 운명이란 처음부터 정해져 있어, 그가 아무리 애써도 정해진 방향으로만 움직이기 마련

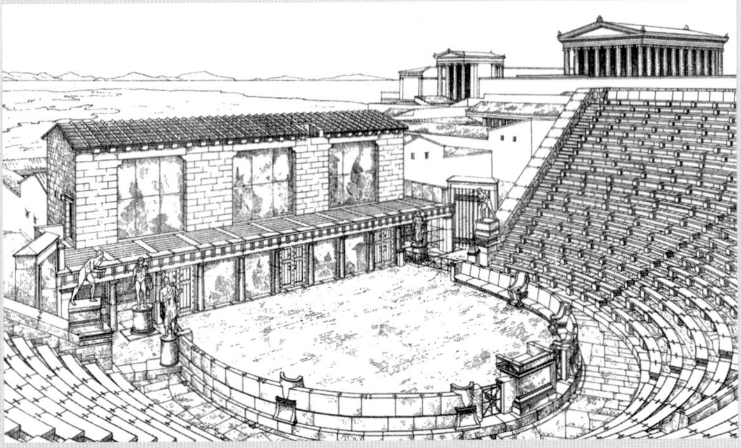

〈프리에네의 극장 복원도〉 기원전 3세기

아직 배우가 없던 시절엔 코러스가 저 동그란 마당(오케스트라)에서 노래도 하고
춤도 추면서 종합적 연기를 했다. 연극은 이때 코러스와 지휘자가 주고받던 대화에서
비롯되었는데, 여기서 배우를 둘로 늘려 대화가 극의 중심이 되게 한 게 바로 아이스킬로스다.
뒤에 있는 건물(프로스케니온)은 배우들이 분장을 하거나 무대 그림을 걸어놓는
곳이었는데, 나중에는 배우들이 아예 저 위에 올라가 연기를 했다.
오늘날 무대를 가리키는 '플로시니엄'이란 말은 여기서 나왔다. 한편 관객석은
'테아트론'이라 하는데, '시어터(theater)'란 말이 여기서 비롯되었다.
비극 속의 공간은 배우와 코러스라는 두 부분으로 나뉜다. 아폴론적인 것과
디오니소스적인 것이라는 구분은 여기에 착안한 거다. 코러스는 등장인물에게
지혜와 신탁의 말을 던져주는데, 이는 물론 디오니소스적 제의의 흔적이다.
하지만 발전할수록 코러스의 역할은 점점 축소되고 나중엔 완전히 사라진다.
이는 연극에서 제의적 기능이 완전히 없어지는 걸 뜻한다.

입니다. 하지만 그걸 인간은 모르죠. 그래서 행복해지려고 몸부림치는 가운데 그는 더욱더 불행의 수렁에 빠져들고…….

플라톤 오이디푸스가 운명을 피하려 외국으로 나간 게 오히려 아버지를 죽이는 계기가 된 것처럼 말이지?

아리스 그렇죠. 결국 비참하게 몰락해가면서 비로소 주인공은 복잡하게 얽힌 자신의 운명을 깨닫게 됩니다. 이게 바로 아까 말한 발견, 이른바 아나그노리시스anagnorisis란 거죠. 이때 관객들도 운명에 대한 지식을 얻게 됩니다. 사람들이 이처럼 극장에 몰리는 건 비극을 봄으로써 운명에 대한 근원적 공포에서 벗어나기 위해서가 아닐까요?

코러스

조국 테베의 사람들이여
이 이가 오이디푸스다
그이야말로 저 유명한
죽음의 수수께끼를 풀고
권세 이를 데 없던 사람
온 장안의 누구나 그 행운을 부러워했으나
아아, 이젠 저토록 격렬한 풍파에 묻히고 말았도다
그러니 사람으로 태어난 몸은 조심스럽게
마지막 날 보기를 기다려라
아무 괴로움도 당하지 않고
세상 저편에 이르기 전엔
이 세상 누구도 행복하다 부르지 말아라

3

중세 예술과 미학

가상을 넘어

"태초에 말씀이 계시니라." 〈요한복음〉의 첫 구절을 번역하던 파우스트는 '말씀'이라는 단어에 적절한 말을 찾을 수 없었다. 궁리 끝에 "태초에 행위가 있었다"로 옮기고 비로소 만족해한다. 그림을 보라. 가운데 밝은 빛을 내뿜고 있는 게 바로 '말씀', 곧 천지창조의 원리다. 성 아우구스티누스는 '말씀'이라는 단어와 그리스 철학에서 말하는 '로고스' 사이에 유사성을 발견하고 기독교로 개종한 최초의 중세인이었다. 여기선 중세의 미학을 소개한다. 먼저 플로티노스가 등장한다. 그는 고대에 살았고 고대인이기를 바랐으나, 오히려 중세에 더 큰 영향을 끼쳤기 때문이다. 아우구스티누스는 그의 미학을 그대로 받아들인다. 이렇게 기독교적으로 해석된 플라톤주의가 몇 백 년 동안 중세 미학의 골격이 된다. 중세가 저물어갈 무렵 아퀴나스가 등장한다. 아리스토텔레스를 즐겨 읽은 그의 미학은 중세 초의 미학보다 훨씬 더 경험적인 양상을 보인다. 중세 예술의 특징은 감각세계의 '가상'을 포기하고 그 너머의 초월적 세계를 드러내는 데 있다. 이 세 사람의 사상과 비잔틴, 로마네스크, 고딕의 대응 관계에 주목하라. 또 중세판 플라톤과 아리스토텔레스의 대립에도. 〈말씀〉에서 흘러나오는 '빛'을 꼭 기억하도록!

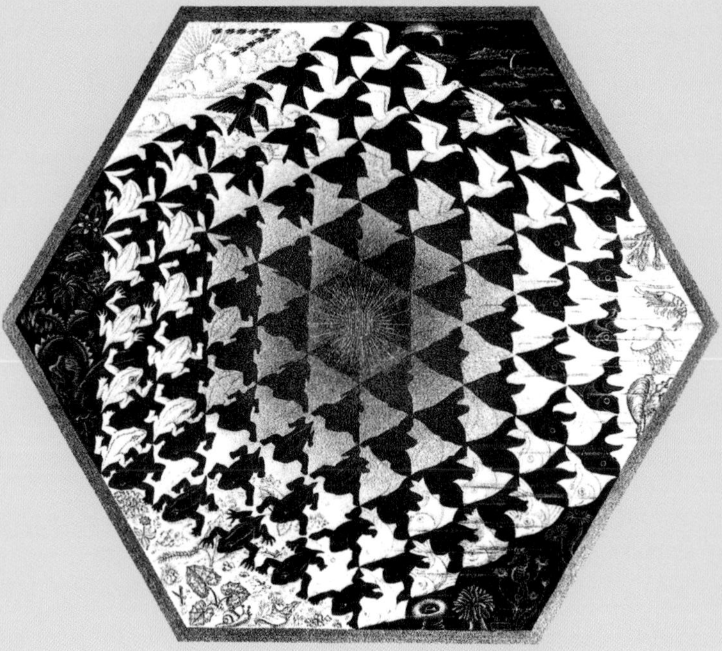

〈말씀〉 모리츠 에셔, 석판화, 33×39cm, 1942년

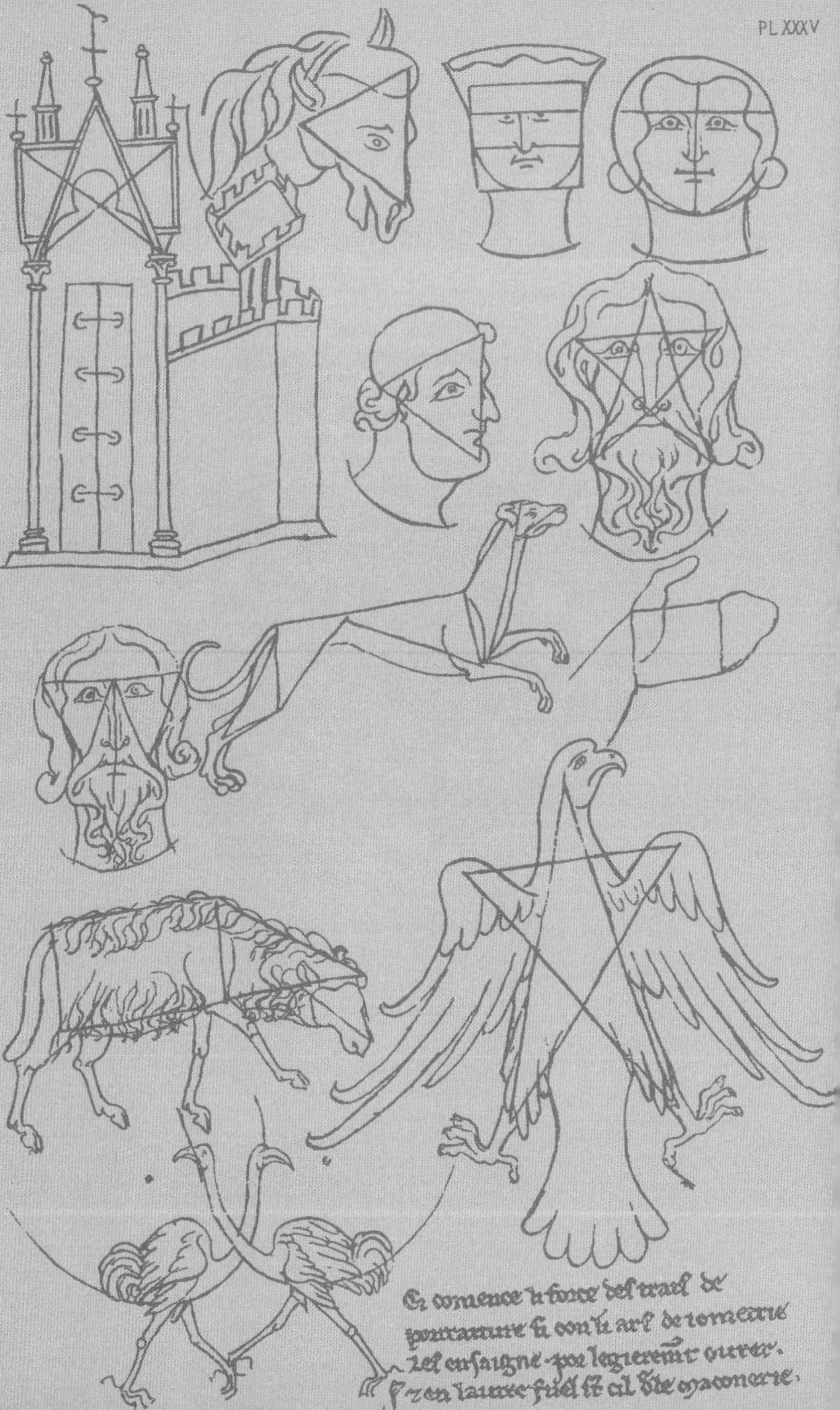
Ci comence li force des trais de
portraiture si con li ars de iometrie
les ensaigne por legierement ouvrer.
et en lautre fuel sunt cil de le maconerie.

빛과 어둠

어둠 속에 등불이 있다. 여기서 밝은 빛이 흘러나온다. 빛은 주위 사물을 밝게 비추며 점점 더 바깥으로 번져나간다. 밖으로 뻗어갈수록 빛은 점점 희미해지고, 어느 순간 갑자기 사라지고 만다. 거기서부터는 칠흑처럼 컴컴한 어둠이다. 이 컴컴한 어둠 속 한쪽에서 나비 한 마리가 고치를 벗으려고 애쓰고 있다. 막 고치를 벗은 몸은 한없이 가볍다. 그는 오랫동안 땅에 배를 붙이고 살았다. 이제 자유로워진 나비는 두 날개를 펴고 어둠 속에 빛나는 불빛을 향해 날아오른다. 그리고 마침내 활활 타오르는 불에 뛰어들어 그것과 하나가 된다. 그 몸은 밝은 빛을 내며 불덩이가 되어 타오른다. 오, 황홀한 엑스터시여!

일자와 유출

태초에 근원적인 일자一者가 있었다. 일자는 선善이자 미美 그 자체다. 여기서 밝은 빛이 흘러나온다. 이 빛이 흘러나와 정신nous이 된다. 이건 우리들 개인의 정신이 아니라, 플라톤의 이데아 세계 비슷한 거다. 여기서 다시 빛이 흘러나와 영혼psyche이 된다. 이것도 우리들 개인의 영혼이 아니라, 거대한 세계령世界靈 같은 거다. 영혼은 정신세계의 형상을 본떠 우리가 보는 자연physis을 만들어낸다. 영혼은 이 자연 속에 들어가, 식물이 되고 동물이 되고 인간이 된다. 그 바깥엔? 물론 컴컴한 어둠, 곧 형태 없는 물질의 심연이 있을 뿐이다.

플라톤은 레테의 강으로 이데아 세계와 감각세계를 완전히 분리시켰지만, 플로티노스Plotinos, 205?~270는 이 두 세계를 서서히 번져가는 빛의 유출로 연결한다. 이 '유출' 과정의 반대편엔 거꾸로 물질에서 근원적 일자로 돌아가려는 '상승' 운동이 있다. 왜냐하면 감각적 자연에 묶인 우리 영혼은 물질의 껍질을 벗어버리고 근원적인 일자로 돌아가기를 열망하기 때문이다. 하지만 어떻게?

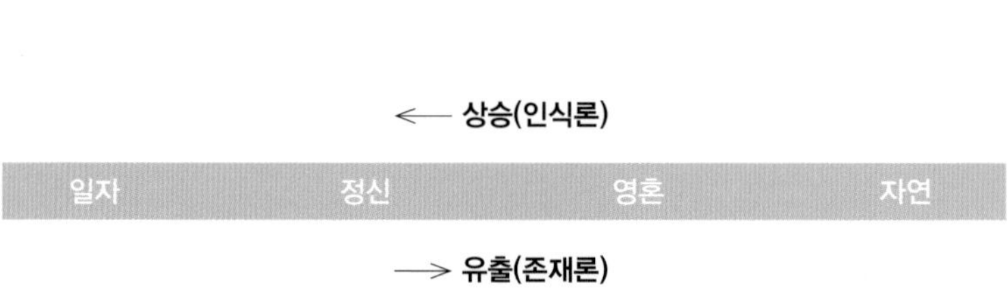

프시케와 에로스

어둠 속에서 우리를 밝은 세계로 이끄는 게 바로 에로스, 즉 아름다움에 대한 갈망이다. 우리가 보는 자연엔 희미하게나마 일자의 빛이 비친다. 이게 바로 아름다움이다. 자연이 아름다운 건 이렇게 그 속에 비치는 근원적 일자의 빛 때문이다. 하지만 우리의 영혼은 감각세계보다 더 아름답다. 일자에 더 가까우니까. 물론 정신은 그보다 훨씬 더 아름답고, 가장 아름다운 건 빛 그 자체, 아름다움 그 자체인 일자다. 에로스의 충동에 따라 우리 영혼은 감각세계의 아름다움에서 점점 더 높은 정신세계의 아름다움을 보는 데로 올라간다.

하지만 우리가 어떤 걸 볼 수 있으려면, 먼저 우리 자신이 그것과 비슷해야 한다. 가령 우리가 태양을 볼 수 있는 건 우리 마음속에 태양과 비슷한 성질이 있기 때문이다. 마찬가지로 우리가 아름다움을 보려면, 먼저 우리 자신이 아름다워야 한다. 따라서 우리가 감각세계의 아름다움에서 출발해 일자를 보는 데로 올라간다면, 우리는 동시에 자신을 물질로부터 '정화'하여 점점 더 높고 완전한 존재가 되는 거다. 우리 영혼은 물질의 껍데기를 벗고 나비처럼 날아올라 마침내 몰아의 경지엑스터시 속에서 저 밝은 근원적 일자와 합일에 도달한다! 실제로 플로티노스는 종종 이런 신비 체험을 했다고 한다.

빛의 상징주의

플로티노스가 보기에 미는 균제symmetria가 아니다. 균제란 원래 부분들 사이의 수적 관계를 말한다. 하지만 찬란한 햇빛, 황금의 빛깔 등은 부분을 갖지 않는다. 그것들은 단일한 속성이다. 인간의 행위, 영혼이나 정신도 마찬가지다. 부분이 없으면 당연히 부분들 사이의 비례나 균제도 있을 수 없다. 하지만 이 대상들은 분명히 아름답다. 따라서 아름다움은 '수적' 관계가 아니라 '질적' 성질에 있는 거다. 비례나 균제 자체는 미가 아니다. 미란 바로 그 속에서 빛나는 어떤 질적인 것, 굳이 말하자면 어떤 정신적인 빛이다. 여기서 플로티노스의 이론은 '빛의 상징주의'가 되는데, 이는 뒷날 중세 미학과 예술에서 중요한 역할을 하게 된다.

영혼의 거울

예술은 미메시스모방가 아니다. 조각가나 건축가는 눈에 보이는 대상을 모방하지 않는다. 예술가의 영혼은 정신세계 속의 '원형'을 보고 그것에 따라 창작한다. 그는 이 '원형형상'을 무정형적인 '질료'에 부여해 아름다운 형태를 만들어낸다. 그러므로 만약 예술 작품이 아름답다면, 그 아름다움의 근원은 가시적 세계에 있는 게 아니다. 그건 예술가의 내면에, 더 나아가서는 원래 정신세계에 있던 거다. 예술가는 이렇게 질료에 형상을 부여함으로써 자연에 모자란 것을 보충한다. 그런 의미에서 예술가는 창조자다.

이 때문에 플로티노스는 플라톤처럼 예술을 이데아 세계와 감각세계 다음에 놓지 않는다. 오히려 예술은 감각세계와 정신세계 중간에 있다. 예술은 감각세계보다 일자에 더 가깝다. 그래서 그는 예술을 우리 영혼이 감각세계에서 일자로 올라가는데 딛고 서야 할 계단으로 본다. 그에게 예술은 영혼의 거울이다.

플로티노스는 그리스 조각에 대해서도 플라톤과는 다른 태도를 취했다. 가령 플라톤은 페이디아스의 〈제우스상〉이 가시적 세계를 모방한 거라고 생각했다. 그래서 그걸 저속한 눈속임, 저급한 가상이라고 비난했다. 하지만 플로티노스는 다르게 생각한다. 제우스가 우리 앞에 모습을 드러냈다고 가정하자. 페이디아스는 이때 '눈에 보이는 대로' 제우스를 묘사한 게 아니다. 그렇다면 그 페이디아스의 〈제우스상〉은 한갓 시각적 가상에 불과했을 거다. 페이디아스는 오히려 '제우스가 우리에게 보여주고 싶어 했을' 그런 모습으로 〈제우스상〉을 만들었다. 말하자면 그는 제우스를 감각적인 게 섞이지 않은 순수한 모습으로 묘사했다는 거다.

미와 예술

페이디아스의 〈제우스상〉이 아름다운 건 상아이기 때문이 아니다. 그 아름다움은 예술가가 거기에 부여한 '형상'에서 나오는 거다. 원래 이 형상은 예술가의 내면에 있던 거다. 아니, 정확히 말하면 원래는 정신세계에 있던 걸 예술가의 영혼이 직관한 거다. 따라서 예술미의 근원은 결국 정신세계에 있는 순수한 예술의 정신, 말하자면 예술 그 자체다. 굳이 존재론적 서열을 따지면, '예술 자체-예술가 내면의 심상心象-예술 작품'의 순서가 된다.

플로티노스의 독창성은 이렇게 예술가가 사물의 외관을 모방하지 않고 내면의 형상에 따라 창작을 한다고 본 점에 있다. 사실 이는 아주 현대적인 관념이다. 크로체Benedetto Croce, 1866~1952나 수리오Paul Souriau, 1852~1926 같은 현대 미학자들도 그와 똑같이 얘기한다. 또 플로티노스는 예술과 미를 밀접히 관련지어 '예술미'란 개념에 도달했다. 미와 예술이 밀접하다는 건 지금은 상식이지만, 고대인들은 이상하게도 예술과 미를 전혀 다른 것으로 생각했다. 예외가 있다면 비극의 길이를 논하는 가운데 미는 '크기와 질서'에 있다고 한 아리스토텔레스의 언급 정도인데, 그나마도 조형 예술에 관한 얘기는 아니다. 하지만 플로티노스는 미를 예술과, 그것도 조형 예술과 연관지었다.

두라 에우로포스

플로티노스의 이론에 가장 적합한 예술은 과연 어떤 모습일까? 한번 생각해보자. 먼저 불완전한 시각 조건에 따른 변화들은 빼야 할 거다. 진정한 미는 감각에 좌우되는 게 아니니까. 따라서 사물이 멀리 떨어져 있다고 작게 그리거나, 가까이 있다고 크게 그리면 안 된다.

말하자면 원근법을 무시해야 한다는 얘기다. 또 형태를 마음대로 변형해도 안 된다. 그의 말에 따르면 정신은 빛이고, 물질은 덩어리이자 어둠이다. 따라서 물질을 넘어서 정신에 도달하려면 깊이와 그림자를 피하고 사물의 빛나는 표면만을 묘사해야 한다. 모든 사물은 그림자가 지지 않는 균일하고 풍부한 빛 속에서, 고유의 색을 유지하도록, 그리고 세부에 이르기까지 명확하게 묘사되어야 한다.

이런 특징을 가진 예술이 역사에서 실재했다고 한다. 두라 에우로포스의 유적인 유대교 교회당의 벽화가 그 가운데 하나다. 이 벽화는 보는 시각에 따른 우연적 효과를 배제하고 있다. 그 때문에 화면은 원근법이 없는 평면으로 나타나고, 인물은 배경과 관계없이 마치 땅에 발이 닿지 않고 공중에 떠 있는 듯하다. 모든 것은 우연적 효과를

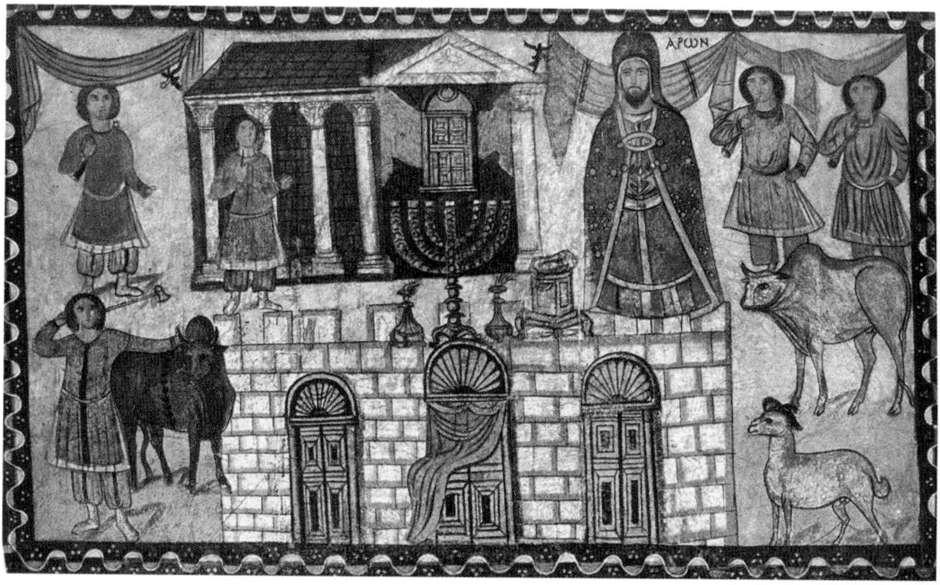

〈예배당의 봉헌과 승려의 임직〉 두라 에우로포스, 유대교 교회당의 집회장 벽화,
140×230cm, 245~256년

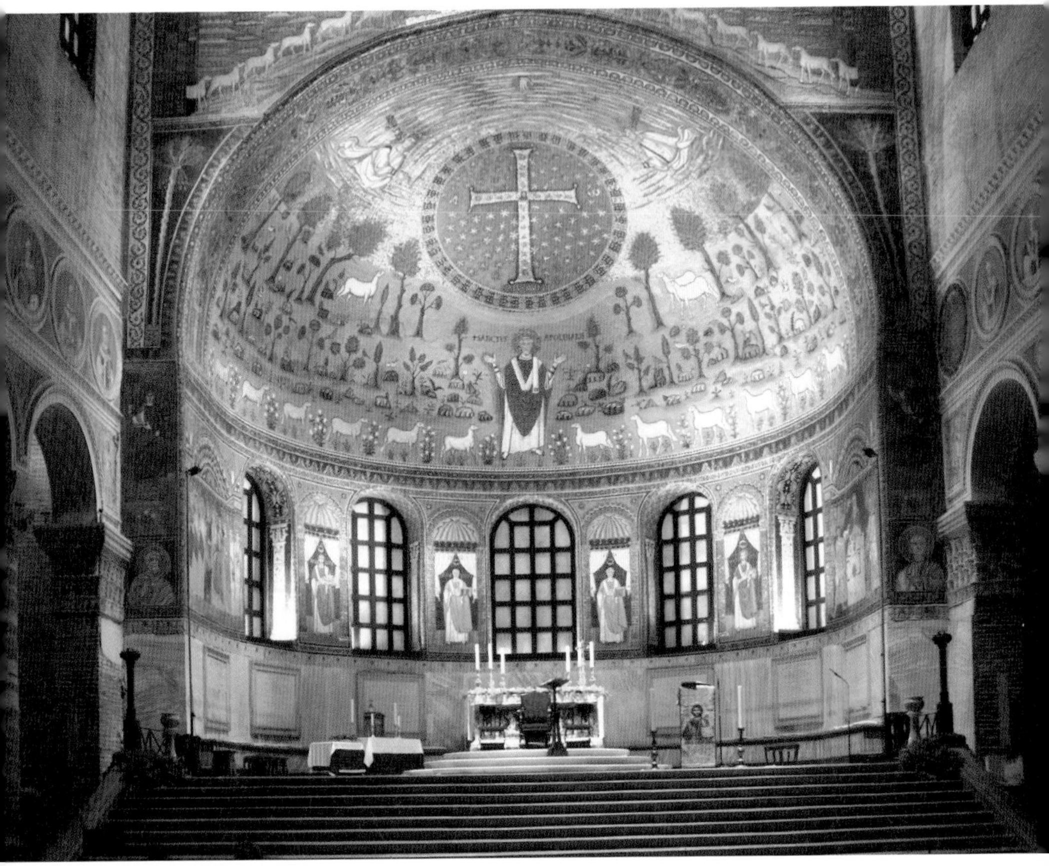

산 타폴리나레 인 클라세 성당

비잔틴 양식의 교회 내부. 앱스(둥근 천장)의 모자이크를 보라. 멀리 떨어져 있는 동물이나 앞쪽에 있는 동물이나 크기가 똑같다. 이렇게 원근법을 무시하다 보니 화면 속의 모든 것들이 마치 허공에 떠 있는 듯하다.

배제한 채 실제 크기와 색채로 그려졌다. 하지만 형태는 도식적 형상으로 묘사되어 있어 이 세계가 마치 초월적 세계의 덧없는 껍데기인 듯 느껴진다.

절대자의 신성한 빛

사실 플로티노스가 자신의 예술이론의 모범으로 삼은 건 페이디아스와 같은 고전 시기의 그리스 조각이었다. 더구나 그는 신플라톤주의자로서 기독교 사상에 강력하게 반대했다. 하지만 그의 예술론은 오히려 그의 적수들에 의해 발전되어 중세 미학의 핵심이 된다. 특히 비잔틴 예술은 그의 예술 강령의 완전한 실현이다. 앞에서 얘기했듯이, 그는 눈에 보이는 외부세계의 재현을 부정하고, 예술가의 내면 형식, 나아가 그 원형인 정신세계의 아름다움을 담을 것을 주장했다.

물질세계의 재현 대신에 인간의 '영혼'과 초월적인 '신성神性함'을 표현하려 했던 비잔틴 예술과 서유럽의 중세 예술의 정신은 바로 기독교식으로 해석된 플로티노스의 정신이었다. 가시적인 것 속에서 빛나는 절대자의 신성한 빛!

아뉴스 데이

아우구스티누스Augustinus, 354~430의 《고백록》은 젊은 시절의 방탕한 생활을 신에게 고백하는 형식으로 써 있다. 여기서 그는 어린 시절부터 지은 죄를 하나도 빠뜨리지 않고 낱낱이 고백하고 있는데, 그 가운데 이런 것도 있다. "어린 시절 난 과수원에 들어가 몰래 과일을 따 먹은 적이 있다. 사실 그때 난 배가 고프지 않았다. 그냥 재미로 그랬을 뿐이다. 세상에 '재미'로 죄를 저지르다니. 죄를 저지르는 걸 즐기다니. 오, 주여, 용서하소서." 뭐, 이런 식이다. 여기서 우리는 중세라는 새로운 시대의 인간들이 어떤 정신을 갖고 있는지 알 수 있다. 사실 이런 식으로 고백하자면, 난 아마 전집 몇 질을 써도 모자랄 거다. 거기다 마음속으로 지은 죄까지 합하면, 오, 주여…….

교부 철학

처음 발생했을 당시 기독교 교리는 명확한 이론 체계가 없었다. 하긴 예수의 사도들이라야 갈릴리 해안에서 고기 잡던 무식한 어부들이었으니, 그들에게 그걸 기대할 수는 없는 일이다. 하지만 그사이에 기독교는 일약 로마 제국의 국교가 되어 있었다. 이젠 교회와 국가의 운영, 개인적인 영혼의 구제 등 모든 문제에 관해 체계적 이론화가 필요했다. 하지만 비유와 상징으로 가득 찬 성서에서 수미일관한 신학 체계를 구축하는 건 사실 큰 문제였다.

거기엔 성서 이외에 또 다른 지적 전통이 필요했는데, 이때 아우구스티누스를 비롯한 초기의 교부教父들은 고대의 전통에 의존할 수밖에 없었다. 특히 눈에 보이는 세계 저편에 피안의 세계이데아 세계가 있다고 가르친 플라톤주의는 쉽게 기독교와 융합할 수 있었다. 몇 백 년이나 떨어진 플라톤주의를 당대의 기독교에 전해준 건 플로티노스의 신플라톤주의였다. 아우구스티누스는 플로티노스가 좀 더 오래 살았던들, "단어 몇 개만 고침으로써 기독교도가 되었을" 거라고 말했다. 그럴지도 모른다. 비교해보라.

일자	일자, 정신, 영혼	일자의 빛	영혼의 정화
신	성부, 성자, 성령	신의 빛	영혼의 구원

나 여기 있소

미학으로 들어가자. 형상, 단일성, 동등성, 일치, 비례, 조화, 질서……. 아우구스티누스가 아름다움의 속성으로 들고 있는 것들이다. 하지만 잘 살펴보면, 이 다양한 속성들은 사실 고대인들이 '균제'라 부른 것과 다르지 않다. 이는 결국 미를 수數로 보는 거와 같다. 세상에서 이성을 즐겁게 하는 건 미밖에 없고, 미에서는 형形이, 형에서는 비례가, 비례에서는 수가 이성을 기쁘게 한다. 모든 아름다움은 결국 수로 귀착된다.

어떤 것을 할 의도 없이 단지 쾌락을 위해 팔동작을 한다고 생각해보라. 그건 춤이 될 것이다. 춤에서 당신을 기쁘게 하는 것이 무엇인지 물어보라. 그러면 수는 이렇게 대답할 것이다. 자, 나 여기 있소.

전체성의 미학

'자, 나 여기 있소'는 피타고라스까지 거슬러 올라가는 전통적인 그리스적 관념이다. 하지만 아우구스티누스에게는 독특한 점도 있다. 그건 추醜도 아름다움의 일부라는 생각이다. 가령 여기에 모자이크를 이루는 타일 조각들이 있다고 하자. 그 가운데엔 더러 못생긴 것도 있다. 하지만 그것들 역시 모자이크 전체의 아름다움에 보탬이 된다. 문제는 부분이 아니라 전체적 효과다. 이렇게 추는, 비록 그 자체론 아름답지 않아도 전체적으론 미를 한층 복잡하고 풍부하게 해주는 요인이 된다. 이 생각은 사실 일종의 변신론辯神論, 곧 신을 변호하는 논리다. 생각해보라. 신은 세상을 아름답게 창조했는데, 거기 왜 추한

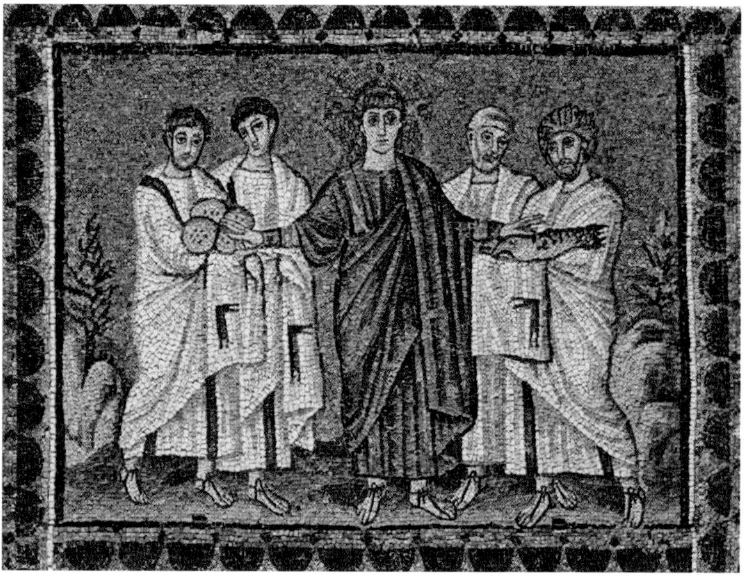

〈오병이어(五餠二魚)의 기적〉(모자이크), 산 타폴리나레 누오보 성당, 520년

것이 끼여 있을까? 난처해진 신을 위한 고전적 변명은 이거다. "신이 창조한 이 세상은 부분적으로 추도 포함하고 있다. 하지만 오히려 그 때문에 전체적으론 더할 나위 없이 아름답다."

상승의 미학

아우구스티누스도 플로티노스처럼 진정한 미는 복합적인 게 아니라 단순한 성질이라고 생각한다. 하지만 앞에선 미란 '부분들의 조화'라 하지 않았는가? 모순되지 않는가? 결코 아니다. 왜냐하면 '부분들의 조화’는 감각적 세계의 미의 원리일 뿐이고, 초감각적 세계엔 또 다른 원리가 적용되니까. 말하자면 그는 이중 기준을 갖고 있는 셈이다. 플로티노스를 생각해보자. 진정한 미는 빛으로 상징되는 근원적 일자에 있지만, 근원적인 아름다움이 가시적인 세계에선 수적 비례균제로 나타난다. 아우구스티누스의 생각도 똑같다.

신이야말로 모든 미의 근원이자 ‘미 그 자체’다. 존재론적으로 신적인 아름다움은 감각적 미의 원천이다. 그게 세상 모든 것에 아름다움을 나눠주니까. 한편 인식론적으로 보면 감각적 미는 초감각적 미로 올라가기 위한 수단이 된다. 미를 파악하는 건 감각이 아니라 ‘정신’이다. 미를 파악하려면 감각과 연을 끊고, 물질적인 것에 묶여 있는 우리 영혼을 정화해야 한다. 이때 신의 빛은 우리의 길을 밝혀준다. 근원적인 아름다움을 따라 상승하는 과정은 ‘구원을 향한 영혼의 여정’이다. 하지만 인간의 힘만으론 근원적 존재에 이를 수 없다. 왜? 구원은 어디까지나 신의 은총이니까.

가상의 진리

플로티노스처럼 아우구스티누스도 예술은 모방이 아니라고 생각한다. 그의 논증은 간단하고 재미있다. 동물들도 모방을 하지만 예술을 하진 못한다! 예술은 자연의 모방이 아니라, 그의 내면에 있던 형상을 실현한 거다. 결국 예술이란 예술가의 발명, 그의 상상력의 산물이란 얘기다. 하지만 자연의 모방이든 내적 형상의 실현이든, 예술가가 만들어낸 가상의 세계는 ‘거짓’이 아닌가? 아니다. ‘거짓’은 남을 속일 의도가 있을 때만 쓸 수 있는 말이기 때문이다. 가령 무언극이나 시는 거짓말로 가득하지만, 그 목적은 남을 속이는 게 아니라 즐겁게 하는 데 있으므로, 그걸 '허위'라고 할 수는 없다. 오히려 배우는 배역상 가장 훌륭하게 속일 때 가장 참되다. 신을 변호했던 것만큼이나 훌륭한 논리로, 그는 이젠 예술을 변호한다.

아뉴스 데이

중세 예술의 임무는 감각적인 것으로 '초월적 진리'를 표현하는 데 있었다. 물론 감각적 매체로 눈에 보이지 않는 초감각적인 내용을 표현하기 위해선 특별한 방법이 필요했다. 그게 바로 알레고리다. 중세 회화에 등장하는 양은 그냥 양이 아니라, 아뉴스 데이Agnus Deu, 하나님의 어린양, 곧 예수 그리스도를 가리킨다. 알레고리에서 눈에 보이는 형체는 아무 의미도 없다. 알레고리는 글자 그대로 '다른 걸 말하는' 거니까. 중요한 건 이 가시적 형체가 말하는 '다른 것', 말하자면 눈에 보이지 않는 초월적 존재의 신성함이다.

아우구스티누스는 피타고라스적인 신비적·우주론적 미학을 이렇게 상징적·신학적 미학으로 탈바꿈했다. 천체 운행과 수학 공식에서 공통의 조화를 감지하며 엑스터시 속에서 일자와 합일하기를 갈망하는 신비주의자의 영혼은, 이제 눈물의 골짜기에서 신의 은총을 갈구하는 가여운 신의 어린양이 되었다. 감각적인 것에서 상승하여 초월적 존재인 신 앞에 나아가는 도정, 그리고 이때 우리의 길을 밝혀주는 신의 빛! 신의 광휘, 빛의 상징주의, 그리고 반짝이는 황금빛으로 장식된 모자이크.

에셔의 세계 4

변 형

네 번째 주제는 변형(metamorphose)이다. 변형이란 하나의 형태가 점차 모습을 바꿔 다른 형태가 되는 걸 말한다. 〈말씀〉을 잘 뜯어보라. 거기엔 두 가지 변형이 있다. 먼저 중심에 있는 커다란 삼각형이 세 방향으로 뻗어나가 결국 새와 물고기와 개구리로 변한다. 간단한 기하학적 도형이 복잡한 유기적 형태로 변한 거다. 이게 바로 피타고라스적 세계 창조의 관념이다. 그뿐 아니다. 테두리에 있는 이 세 종류의 피조물들은 테두리를 돌면서 서로 모습을 바꾼다. 새는 물고기로, 물고기는 개구리로, 개구리는 다시 새로! 피타고라스파의 신비주의 사상을 받아들였던 플라톤은 영혼의 윤회를 믿었다고 한다. 세상의 모든 생명이 이렇게 윤회의 끈으로 연결되어 있다면?

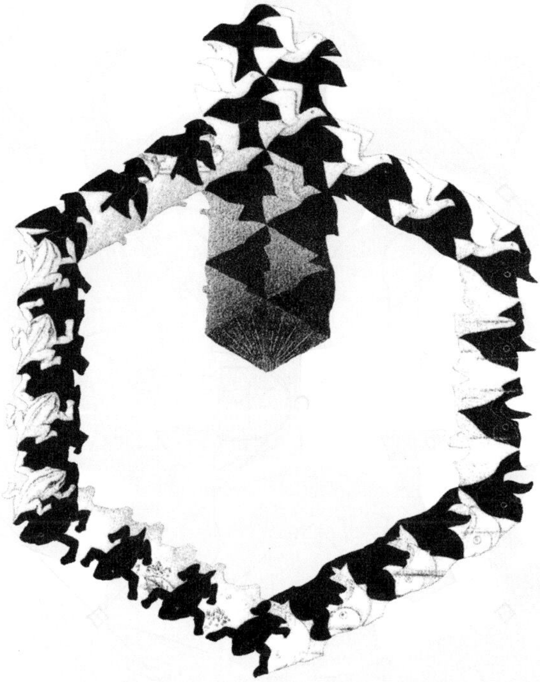

〈말씀〉(부분)

돌로 된 스콜라 철학

로마는 원래 화산 지대라 천연 동굴이 많다. 물론 이 동굴들은 용암이 흘러나간 통로로, 당시엔 기독교도들의 무덤으로 사용되었다 한다. 박해받던 시기에 기독교도들은 이곳을 은밀한 회합 장소로 사용했는데, 이 동굴들이 아주 복잡하게 얽혀 있어 미로를 방불케 했기 때문이다. 거기선 종종 기독교도들을 잡으러 들어갔다 미처 빠져나오지 못한 로마 병정들의 뼈가 발견되기도 한다. 이 지하 무덤을 카타콤Catacomb이라 하는데, 여기엔 아직도 초기 기독교도들이 그린 벽화가 남아 있다. 다음은 그 가운데 하나인데, 확실히 고대에 비하면 솜씨Können가 한참 뒤떨어지는 것처럼 보인다.

하지만 드보르자크Max Dvořák, 1874~1921에 따르면 그렇지가 않다. 중세 예술은 애초부터 고대 예술과 전혀 다른 '정신'에 뿌리박고 있었다. 문제는 능력Können이 아니라 의지Wollen다. 중세인들이 고대인들처럼 그릴 능력이 없었던 게 아니라 그럴 의도가 없었단 얘기다. 중세 예술

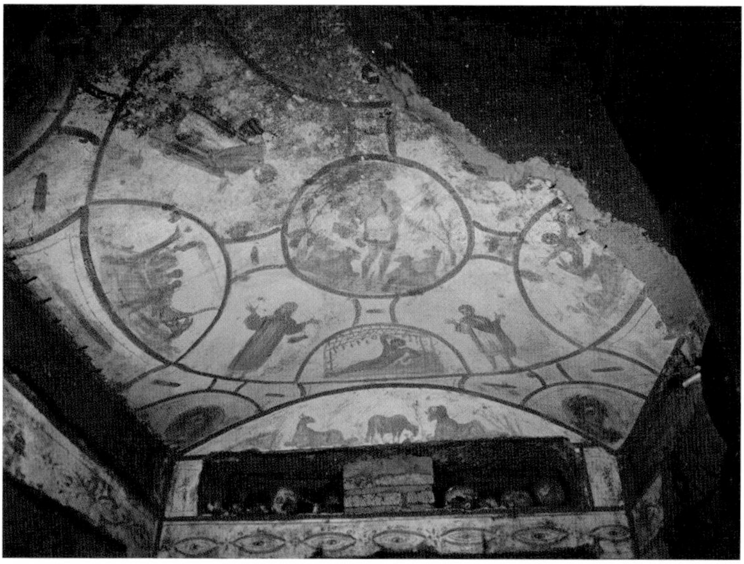

카타콤의 천장화, 산티 피에트로 에 마르첼리노, 4세기

은 예술사의 퇴보가 아니라 그 자체가 훌륭한 가치를 지닌다. 사실 묘사에서 물질세계를 희생했지만 인간의 영혼 깊숙이 파고드는 힘에선 중세 예술을 따라갈 수 있는 건 없다. 예수가 무덤을 깨고 부활했듯이, 고대인을 장사 지낸 그 무덤에서 예술도 완전히 다른 모습으로 부활한다.

바실리카

드보르자크에 따르면, 중세 예술의 가장 중요한 특징이 이미 이 초라한 카타콤 벽화들 속에 들어 있다고 한다. 가령 눈에 보이는 물질세

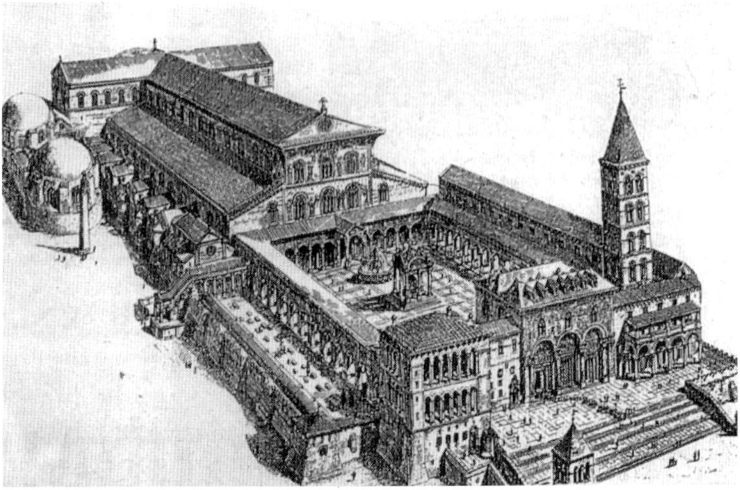

바실리카의 상상도

계보다 영적인 세계를 담으려는 경향이 바로 그거다. 이건 비잔틴부터 후기 고딕까지 중세 예술 전체에 흐르는 기본 특징인데, 이 시대에 특히 건축과 음악이 높은 평가를 받은 건 아마 이 때문일 거다. 이 장르들은 물질세계의 모사와 직접적인 관련이 없으니까. 특히 성당은 그 자체가 모자이크와 조각과 온갖 공예품을 담고 있는 거대한 박물관이다.

기독교가 로마의 국교가 되어 어두운 지하 묘굴에서 나왔을 때, 예배를 드릴 새로운 장소가 필요했다. 그리스의 경우 신전 한복판에 거대한 신상이 모셔져 있고 의식은 밖에서 행해졌지만, 신상이 되기를 거부한 야훼는 다른 건축 양식을 요구했다. 이때 사람들은 로마의 공회당 '바실리카'의 형태를 빌려 최초의 성당을 짓게 되는데, 이는 뒷날 서유럽 성당 건축의 바탕이 된다. 바실리카 양식으로 지은 최초의 성당 가운데 지금까지 남아 있는 건 하나도 없고, 단지 그림으로만 그 면모를 짐작할 수 있을 뿐이다.

로마네스크: 신의 성채

서유럽 건축은 11세기에 이르러 로마네스크라는 독자적인 건축 양식에 닻을 내린다. 바실리카식 성당엔 고대식의 기둥이 사용되었지만, 로마네스크 성당에선 아치 공법이 사용된다. 교회의 중심을 이루는 신랑身廊은 한 줄로 이어진 아치로 되어 있다. 교회의 평면도는 라틴 십자가 모양을 하고 있는데, 여기서 중세의 상징주의를 엿볼 수 있다. 머리 부분에 둥글게 반원형으로 튀어나온 방들은 기도실이다. 그 안엔 그 성당이 자랑하는 성물聖物이 보존되어 있다. 가령 성자의 유골, 예수가 매달렸던 십자가의 조각 같은 거다. 하지만 유럽 전역의 성당에서 예수가 매달렸던 십자가 조각이라고 주장하는 걸 모두 모으면, 그 분량이 트럭으로 몇 대나 된다고 한다. 신의 섭리는 이렇게 오묘하다.

로마네스크 성당은 아주 육중해 마치 성채처럼 보인다. 건물 전체가 두껍고 견고한 벽으로 이루어져 있어, 내부 분위기는 어둡고 무거웠다. 당시 사람들은 교회를 '신의 성채'라고 불렀다. 실제로 이 육중한 건물은 악의 세력과 싸우는 전투적 교회를 연상시킨다. 아우구스티누스의 《신국》에 따르면, 인류 역사는 '신의 국가'와 '세속 국가' 사이의 투쟁이다. 여기서 결국 신의 나라가 승리함으로써 인류의 역사는 종말을 맞게 된다. '강도들이 사는 거대한 동굴' 속에 우뚝 서 있는

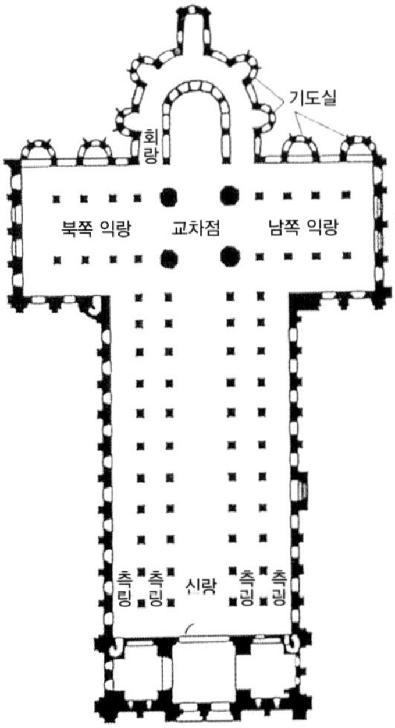

생 세르넹 성당의 평면도

이 성당은 대표적인
로마네스크 성당이다.

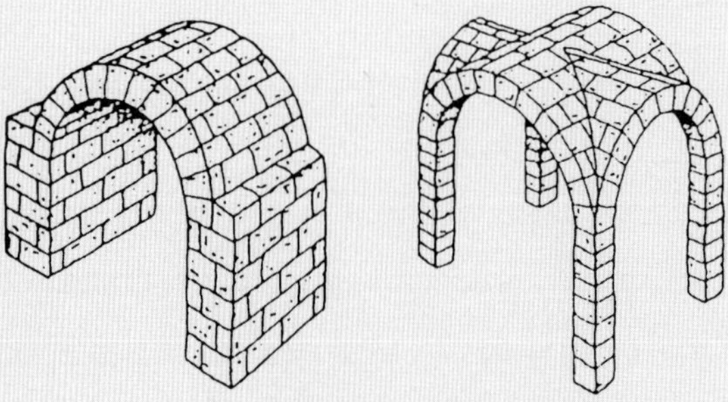

원통형 궁륭(왼쪽) 교차 궁륭(오른쪽)

이 두 가지 형태의 아치가 로마네스크 성당의 골격이 된다.

신의 성채. 이게 바로 아우구스티누스의 교회였는데, 로마네스크 성당이 꼭 그런 모습이다.

고딕: 거룩한 성

중세는 숨을 거두기 직전에 고딕이라는 위대한 양식을 낳는다. 이 변화의 토대는 늑재 궁륭ribvault이라는 기술이었다. 늑재란 갈비뼈란 뜻이다. 가령 바싹 마른 사람의 몸은 해부를 하지 않고도 골격 구조를 완벽하게? 들여다볼 수 있는 것처럼, 고딕 성당에 들어가면 건물의 골격과 추력의 흐름을 한눈에 볼 수 있다. 둥근 아치는 끝이 뾰족한 첨두형 아치로 바뀌고, 덕분에 건물은 더욱더 날씬해진다. 건물 내부의 두꺼운 벽이 사라지고 건물이 하늘 높이 치솟다 보니, 건물 내부에 빛을 받아들이는 부분도 넓어진다. 이 채광층은 화려한 스테인드 글라스로 채워진다.

고딕 성당을 지은 사람들은 〈요한계시록〉에 나오는 예루살렘의 모습에 큰 감명을 받았던 것 같다. 밧모 섬에서 사도 요한은 이 세상에 종말이 오는 엄청난 환상을 본다. 선과 악 사이에 치열한 최후의 결전이 벌어지는데, 결국 신의 군대가 승리를 거둔다. 이어서 하늘에서 거룩한 성 예루살렘이 천천히 내려오는데, 이 황홀한 광경을 그는 이렇게 묘사했다. "그 성곽은 벽옥으로 쌓였고 성은 정금인데 맑은 유리 같더라. 성곽의 기초석은 각색 보석으로 꾸몄는데, 첫째 기초석은 벽옥이요, 둘째는 남보석이요, …… 그 열두 문은 열두 진주니 문마다 한 개의 진주로 되어 있고, 성의 길은 맑은 유리 같은 정금이더라."

로마네스크 성당이 악의 무리로부터 보호받는 안전한 피난처였다

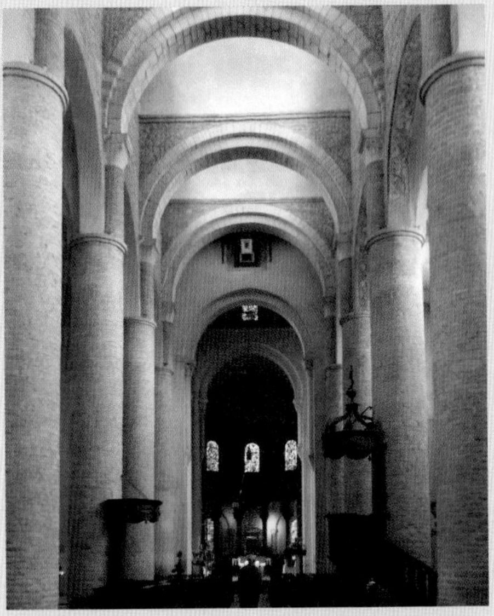

생 필리베르 성당의 신랑

신랑이란 성당의 몸통에
해당하는 곳으로,
그 기본 구조는 원통형 궁륭이다.

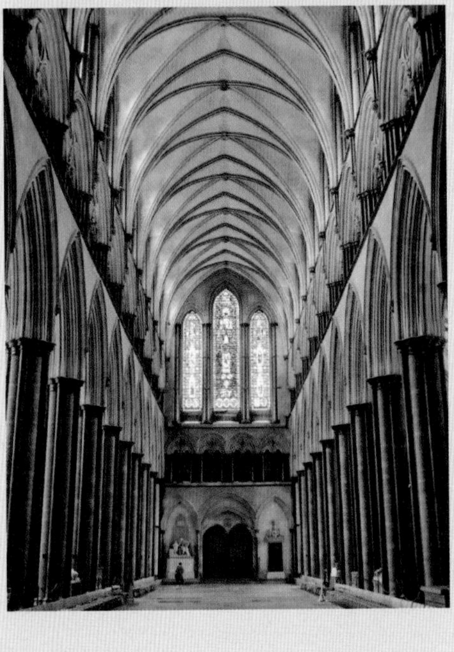

샤르트르 성당의 신랑

고딕 성당엔 늑재 궁륭이 사용된다.
그래서 실내에 들어가면 건물을
지탱하는 힘이 어느 방향으로
흐르는지 한눈에 볼 수 있다.

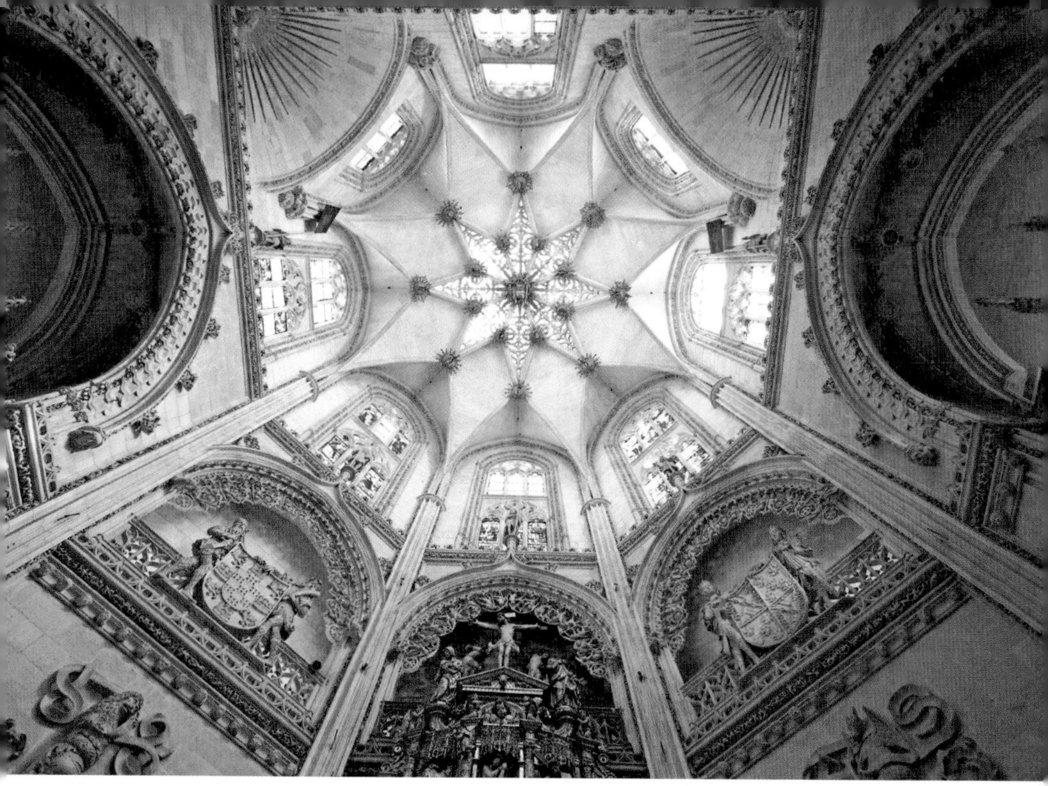

부르고스 대성당의 궁륭, 시몬 데 콜로니아 설계, 1482~1494년

면, 고딕 성당은 사람들에게 물질세계를 초월한 별세계의 모습을 보여주었다. 두꺼운 벽은 이제 보석처럼 빛나는 스테인드글라스로 바뀌고, 성당 내부는 온통 찬란한 금빛으로 빛난다. 형형색색의 스테인드글라스를 통해 쏟아져내리는 천상의 빛과 성가대석에서 흘러내리는 천사의 합창. 이 정도면 하늘나라를 믿게 하는 데 충분하지 않았을까?

마음이 가난한 자의 성서

한편, 중세의 조형 예술은 독자적인 의의를 갖지 못하고 성당 건물에 종속되어 있었다. 그것들은 성서의 내용을 그림으로 풀어 설명하는 데 주목적이 있었다. 당시에 성직자말고는 라틴어 성경을 읽을 줄 아는 사람이 거의 없었으므로, 조형 예술은 글을 모르는 민중에게 성경의 가르침을 전달하기 위한 유일한 수단이었다. 그래서 당시의 조형 예술은 '마음이 가난한 자의 성서'라 불렸는데, 여기서 '마음이 가난한 자'란 아마 '못 배우고 무식한 자'를 가리키는 모양이다. 어쨌든 성당 벽화는 당시로서는 유일한 볼거리였고, 마음이 가난한 자들에게 아주 강렬한 인상을 주었음이 틀림없다. 중세 말의 괴짜 시인 비용 François Villon, 1431~1463?은 유언시 〈어머니를 위한 발라드〉에서 이렇게 노래했다.

저는 가난하고 늙은 여인입니다
아주 무식해서 읽을 수도 없어요
그들은 저희 마을 교회에
하프가 울려퍼지는 천국과
저주받은 영혼들이 불타는 지옥을 그려서 보여주었어요
하나는 내게 기쁨을 주지만
다른 하나는 두려움을 줍니다

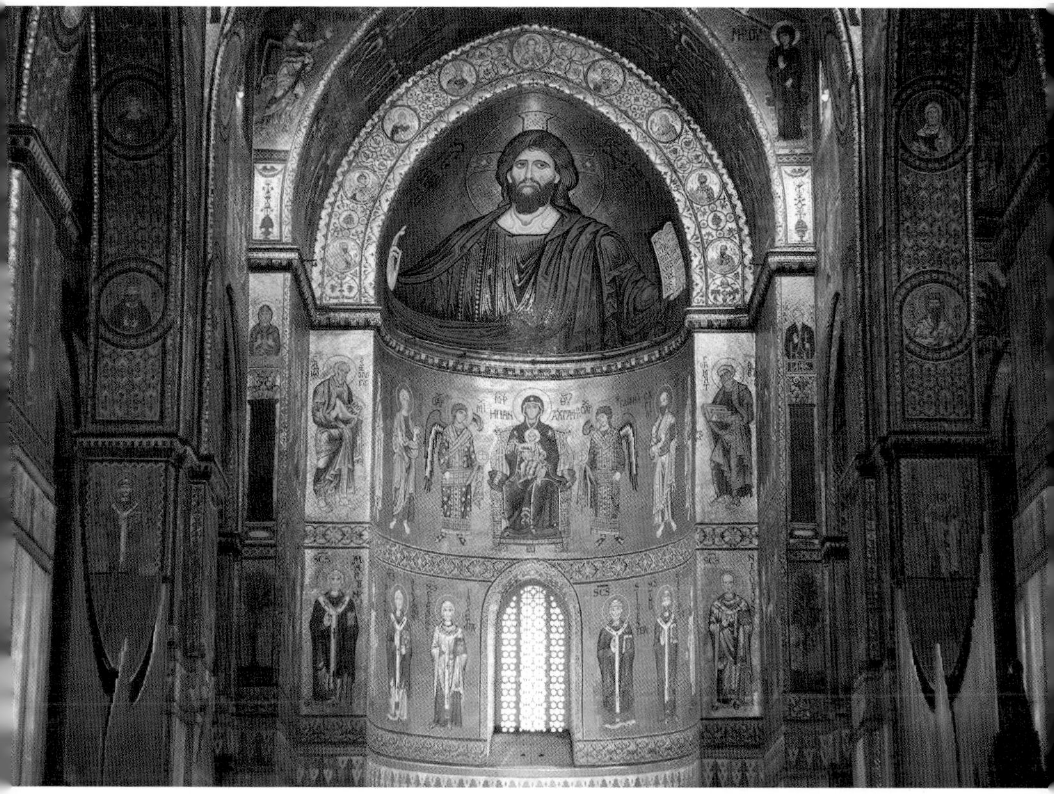

〈우주의 지배자 그리스도〉(모자이크), 몬레알레 대성당, 1182년

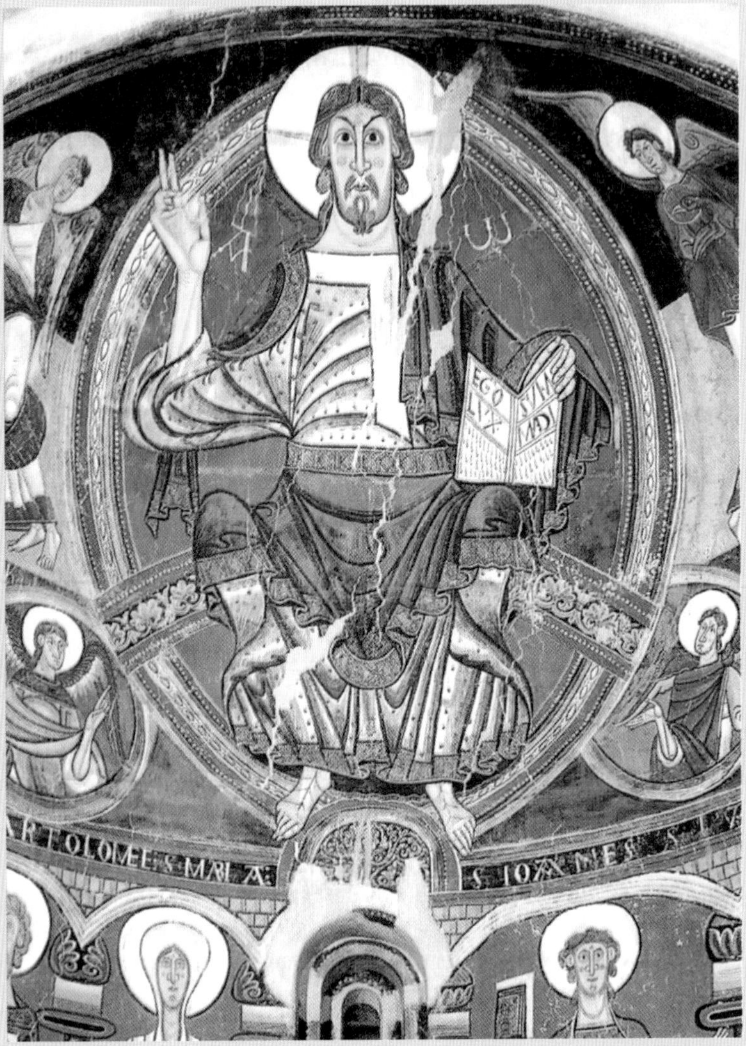

생 클레멘트 성당 벽화, 12세기 초

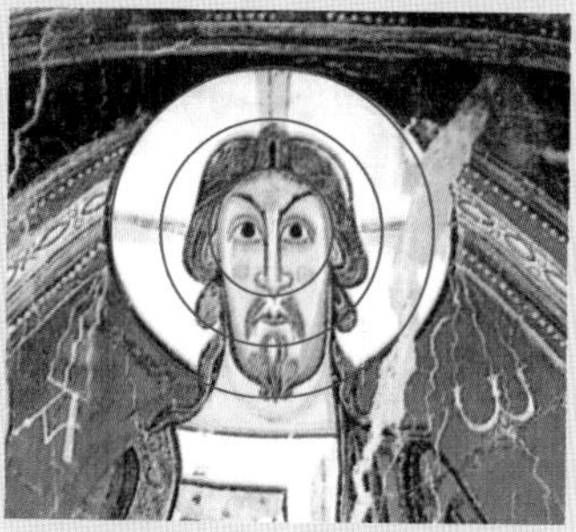

중세 회화에서 인물의 얼굴은 종종 세 개의 동심원을 토대로 만들어진다.

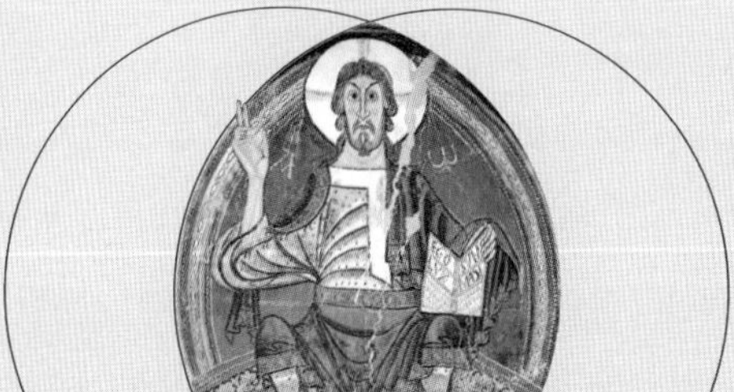

재림하는 예수(majestas domini)는 종종 두 개의 교차하는 원의 교집합으로 이루어진 타원형의 공간에 배치된다.

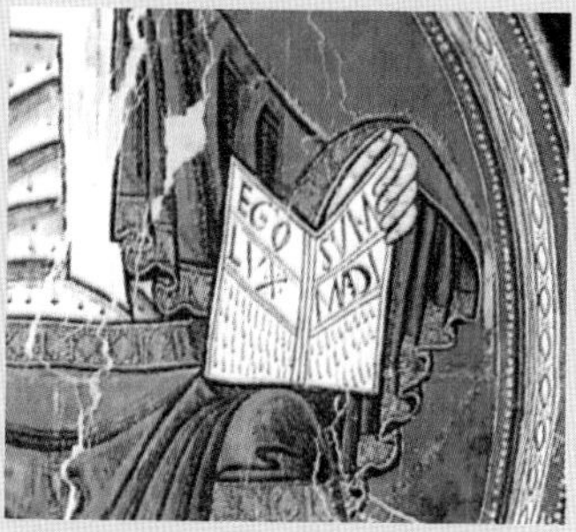

EGO SUM LUX MUNDI(나는 세상의 빛이오).

빛의 상징주의

중세 예술의 미학은 플로티노스에서 유래한 '빛의 상징주의'였다. 플로티노스에게 아름다움은 무엇보다도 단일한 속성이었다. 그건 부분들 사이의 양적 비례 관계가 아니라 어떤 질적인 것, 말하자면 초월적인 존재일자에서 흘러나오는 '빛'이었다. 금빛으로 빛나는 비잔틴의 모자이크, 금박으로 장식된 필사본 성서와 스테인드글라스의 오묘한 빛 속에서, 우리는 이 '빛의 미학'을 찾아볼 수 있다. 특히 화려한 색채의 효과는 중세 회화의 아주 중요한 특징이다. 색채란 빛이 어둠을 극복할 때 떠오르는 것이기 때문이다.

중세 회화는 눈에 보이는 외부세계의 재현을 포기하고 정신세계의 아름다움을 담으려 했다. 이 생각 역시 모방론이라는 고대의 관념을 저버린 플로티노스에서 유래한 것이다. 사실 비잔틴 예술에서 로마네스크는 물론, 심지어 고딕의 자연주의까지도 외부세계의 모사보다는 영적인 세계를 표현하는 게 목표였다. 인물의 형태는 딱딱한 기하학적 형태를 띠게 되고, 그 결과 인물들은 저 하늘 위에 사는 사람들처럼 보이게 된다.

자연 모방이란 관념에서 해방된 탓에, 중세 회화는 대상이 가진 원래의 형태와 색채에서 과감히 벗어나 '형태와 색채의 자유로운 구성'에 도달할 수 있었다. 중세 예술의 위대함이 바로 여기에 있는데, 사실 대상에서 해방된 형태와 색채의 자유로운 구성은, 곧 현대 회화의 원리이기도 하다. 어쨌든 이처럼 기하학적으로 단순화한 형체로 '정신'의 계기를 강조하고, 밝은 빛과 화려한 색채로 초월적 존재에 대한 신비스런 '관조'를 표현하는 게 바로 중세 회화의 가장 큰 특징이었다. 여기서 중세 미학은 기독교적으로 해석된 플로티노스라는 걸 알 수 있다.

이상주의와 자연주의

중세 예술이 내내 이런 추상적 경향만 띠고 있었던 건 아니다. 13세기부터 발달하기 시작한 고딕 예술은 이제까지와는 상당히 다른 모습을 보여준다. 이제 묘사는 과감하게 자연주의적 경향을 띠기 시작한다. 실제로 고딕 후기의 조각 작품은, 르네상스의 조각과 구별이 잘 안 될 정도다. 중세 후기 예술에 나타난 이 새로운 경향을 흔히 '고딕 자연주의'라 부른다. 이 변화는 도대체 왜 생긴 걸까?

드보르자크는 중세 예술을 이상주의와 자연주의의 대립으로 설명한다. 중세 초기엔 이상주의적 경향이 우세했다. 이는 물질세계와 정신세계를 날카롭게 대립시켰던 아우구스티누스 때문이리라. 이 기독교 이상주의 때문에 비잔틴과 로마네스크 예술은 물질세계의 가치를 낮게 평가하는 경향이 있었다. 그러니 자연주의적 묘사는 사라지고, 인간의 정신과 영혼을 드러내려는 추상적·기하학적 경향이 나타난다.

하지만 후기에 이르면 물질세계에 대한 태도가 달라진다. 아퀴나스 Thomas Aquinas, 1225?~1274의 철학은 현실세계에 더 많은 가치를 부여했다. 이제 교회는 물질세계를 소극적으로 무시하지 않고, 그걸 신의 섭리를 실현하는 장場으로 바라본다. 이 세상은 신이 창조한 거다. 그러므로 이 세상 사물 속엔 창조의 질서가 들어 있다. 따라서 신이 지으신 세계를 묘사하는 건, 곧 창조의 아름다움을 파악하는 걸 의미한다. 고딕 자연주의는 이런 사회적·철학적 분위기에서 나왔다.

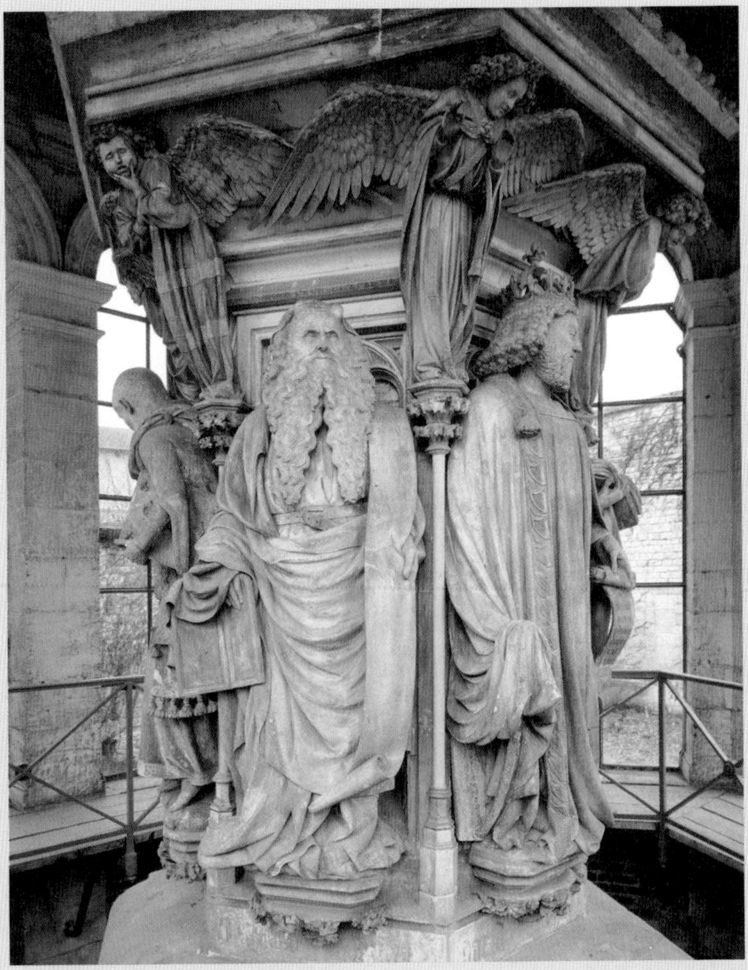

〈모세의 우물〉 클라우스 슬뤼테르, 디종의 샹몰 수도원, 1395~1406년

중세의 가을

물론 고딕에서 자연주의적 요소를 과대평가하면 안 된다. 그건 어디까지나 기독교 이상주의를 벗어나지 않는 범위 안에서의 자연주의일 뿐이니까. 그래서 고딕은 르네상스 자연주의와는 근본적으로 구별된다.

고딕은 자연주의적 요소를 기독교 이상주의 테두리 안에 끌어들여 물질세계에까지 이상주의적 원칙을 관철하려는 시도지만, 르네상스의 자연주의는 기독교 이상주의와 아무런 관계가 없기 때문이다. 드보르자크는 고딕을 이렇게 중세 초기의 이상주의와, 후기의 자연주의적 경향 사이에 놓았다.

어쨌든 고딕은 '중세의 가을'이 거둔 마지막 열매임이 틀림없다. 거기엔 중세라는 오랜 기간에 걸쳐 사람들이 겪었던 모든 경험, 그들이 생각했던 모든 사상이 들어 있다. 중세 사상이 스콜라 철학으로 완성되듯, 중세 예술은 고딕으로 완성된다. 고딕 성당을 사람들은 '돌로 된 스콜라 철학'이라 부른다. 적절한 비유인지는 모르겠지만, 어쨌든 하늘로 날아오르는 이 돌덩이가 암흑 시대 사람들의 간절한 염원을 담은 기념비임은 틀림없다. 물질세계의 무거움을 벗고 저 찬란한 천상의 세계로 날아오르려 했던…….

성당에서

아리스 투명 삼각형이오?

플라톤 물론이지. 생각해보게. 삼각형이 뭔가?

아리스 그야 세 개의 꼭지점과 세 개의 선분으로 이루어진 도형…….

플라톤 점은 뭐고, 선은 뭐지?

아리스 기하학적으로 말해 점은 길이가 없는 '위치'고, 선은 넓이 없는 '길이'죠.

플라톤 맞았네. 하지만 종이에 그린 삼각형의 점과 선을 현미경으로 들여다보면 어떨까?

아리스 물론 아주 작더라도 '면적'을 차지하고 있겠죠.

플라톤 그렇다네. 아무리 작고 가늘게 그려도, 그림의 삼각형은 공간 속에 면적을 차지할 거야. 그래서 그건 완전한 삼각형이라 할 수 없지. 완전한 삼각형은 논리적으론 '눈'으로 볼 수 없는 거야. 오직 '마음의 눈'에만 보일 뿐이지.

무지카 스피리투알리스

플라톤 저 음악 좀 들어보게. 어떤가?

아리스 너무 단조롭지 않나요? 멜로디도 단순하고, 화음도 없고.

플라톤 천박한 자들이야 그저 귀를 즐겁게 해주는 음악을 바라겠지만, 음악이란 모름지기 이래야 하는 걸세. 복잡한 멜로디로 정신을 혼란하게 하거나 귀에 듣기 좋은 화음 따위로 신체의 저급한 부분에 호소하려고 해선 안 되지. 어때, 영혼 깊숙이 와닿지 않나?

아리스 잘 모르겠는데요.

플라톤 이자들이 마음에 들기 시작하는군. 적어도 이들은 자네처럼 덧없는 감각적 쾌감에 사로잡혀 있진 않아. 자, 들어보게. 어떤 특징이 있지?

아리스 이 친구들은 4도 음정을 좋아하는 거 같군요.

플라톤 제대로 봤어. 그게 뭘 뜻하는지 알겠나?

아리스 글쎄요.

플라톤 정의, 절제, 지혜, 용기야.

아리스 아, 선생님께서 말씀하신 사주덕四主德 말이군요.

플라톤 그렇다네. 이게 바로 무지카 스피리투알리스, 영적인 음악이라는 거야. 저 음악은 이성이 약한 자까지도 초감각적 세계로 끌어올리지. 미사가 끝난 모양이니, 슬쩍 안으로 들어가볼까?

데미우르고스

아리스 이상하게 신상神像이 없군요.

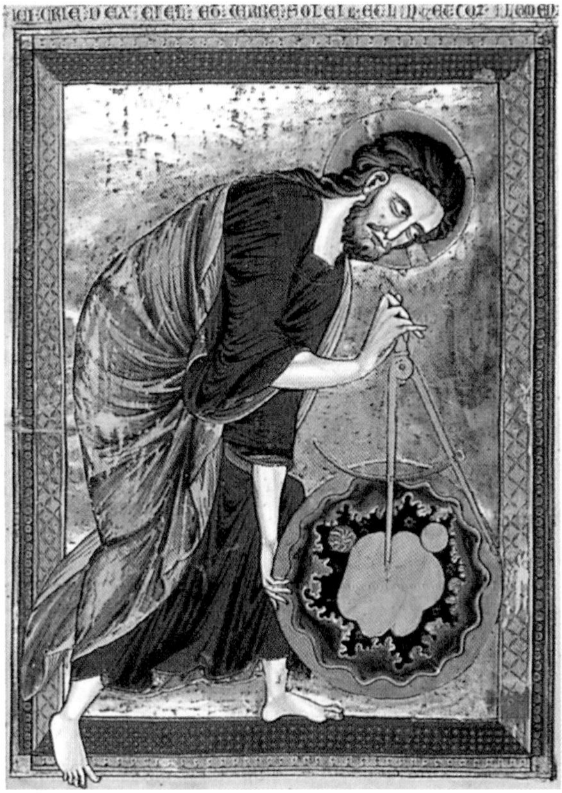

〈우주를 창조하신 신〉 프랑스의 《구약성서》 미니어처, 13세기 중엽

플라톤 이 종교의 신은 신상이 되기를 거부했다더군. 하지만 이 책 좀 보게. 여기 이자들의 데미우르고스[조물주]가 있어. 야훼라던가?

아리스 컴퍼스를 들고 세계를 창조하고 있군요.

플라톤 이 친구들은 세계 창조의 원리가 '기하학'이라는 걸 알고 있는 모양이야.

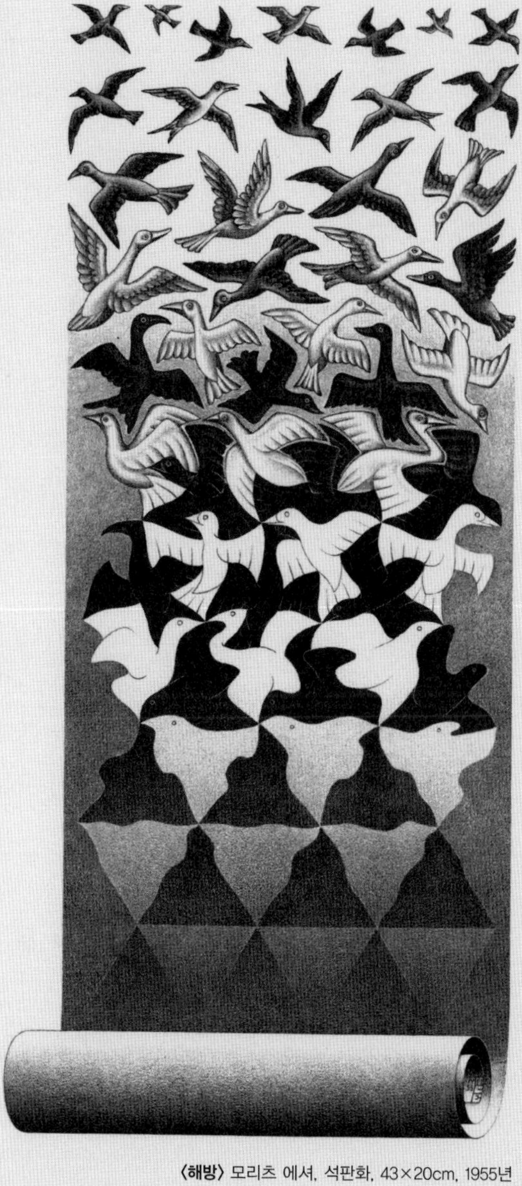

〈해방〉 모리츠 에셔, 석판화, 43×20cm, 1955년

아리스 하지만 왜 하필이면 컴퍼스를 들고 있을까요? 그걸로 생물의 복잡한 유기적 형태를 그릴 수 있을까요? 삼각형 같은 기하학 도형이라면 몰라도…….

플라톤 그게 바로 자네의 한계야. 간단한 기하학적 도형으로도 이 세상 만물을 다 창조할 수가 있지. 제아무리 복잡하게 생겨먹었어도…….

아리스 어떻게요?

플라톤 말이 필요 없어. 앞에 있는 판화 〈해방〉을 보게. 이제 알겠나?

아리스 성당의 벽화가 기하학적 형태에 가까운 건 그래서군요?

플라톤 그렇지. 이 그림들은 감각적 외관을 '모방'하는 게 아니라, 정신세계에 있는 '형상'을 따르니까. 자네 이론과 정반대인 셈이지.

아리스 하지만 별로 아름다워 보이진 않는데요.

플라톤 당연하지. 이들은 그런 감각적 아름다움을 추구하지는 않았으니까. 중요한 건 초감각적 세계의 아름다움이었지.

아리스 하지만 어떻게 감각으로 초감각적인 걸 볼 수 있죠?

플라톤 원래 천박한 영혼의 눈엔 안 보이는 법이야.

아리스 아, 이제 보이는군요.

플라톤 투명 삼각형은 원래 육신의 눈으로 보는 게 아니야.

플라톤과 기하학적 원자론

플라톤의 얘기 가운데 '기하학적 원자론'이란 게 있다. 세상 모든 것이 두 개의 직삼각형으로 이루어져 있다는 거다. 하나는 정삼각형을 반으로 자른 것30도, 60도, 90도이고, 다른 하나는 정사각형을 대각선으로 자른 것45도, 45도, 90도이다.

이 두 개의 기본 삼각형을 다시 붙이면, 정삼각형과 정사각형이 된다. 정삼각형과 정사각형은 다시 각각 정다면체를 이룬다. 정삼각형이 네 개 모이면 정사면체, 정사각형이 여섯 개 모이면 정육면체, 정삼각형이 여덟 개 모이면 정팔면체, 그리고 정삼각형이 이십 개 모이면 정이십면체!

한 개가 빠졌다고? 맞다. 정십이면체도 있다. 하지만 정십이면체는 정오각형으로 이루어지는데, 이건 기본 삼각형으로 만들 수 없기 때문에 슬쩍 뺐다.

플라톤은 이 정다면체들이 네 개의 원소를 이룬다고 보았다. 정사면체는 불, 정육면체는 흙, 정팔면체는 공기, 정이십면체는 물. 이 세상 모든 건 이 네 개의 원소로 이루어져 있다. 물론 원소가 딱 네 개밖에 없다고 한 건 그의 한계지만, 원소가 두 개의 기본 삼각형으로 이루어진다고 본 발상은 데모크리토스Demokritos, 기원전 460?~기원전 370?의 원자론보다 앞선 거라고 한다. 이는 현대 물리학에서 '소립자'라고 부르는 것에 대응하기 때문이다.

신의 창조를 따라서

플라톤 이 시대 장인들은 마치 자신들이 신의 창조를 반복하고 있다고 믿었거든. 그러니까 그들의 작품은 결국 신이 창조한 아름다운 우주의 상징인 셈이지. 마침 여기 좋은 게 있군.

아리스 작업 노트인가 보죠. 그림 연습을 한 거 같은데요?

플라톤 아마 이 성당의 벽화를 제작한 녀석이 떨어뜨리고 갔나봐. 어

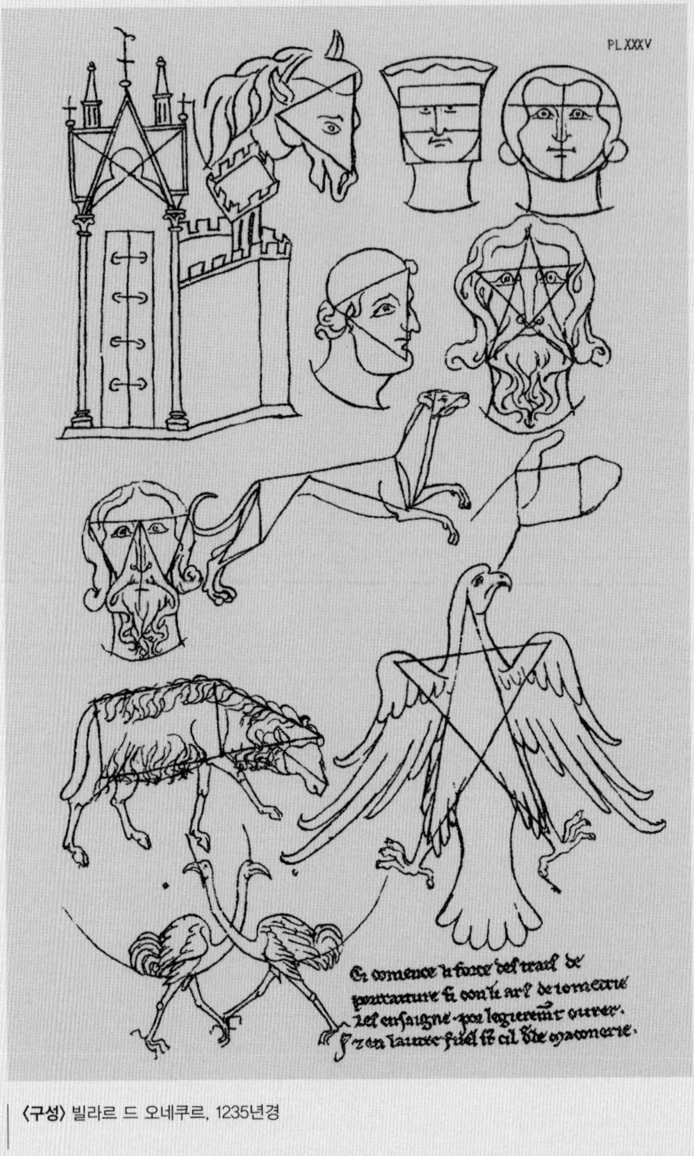

〈구성〉 빌라르 드 오네쿠르, 1235년경

쨌든 보게나. 어떤가?

아리스 딱 선생님 취향인데요.

플라톤 그게 아니라, 이 친구가 그림을 어디서 시작하고 있는지 보란 말일세.

아리스 예. 별, 삼각형, 사각형, 그리고…….

플라톤 바로 그걸세. 이 친구는 기하학적 도형에서 시작해 그걸 점점 복잡하게 만드는 방향으로 나가고 있지. 바로 신이 세상을 창조한 것과 똑같은 순서란 말일세. 알겠나?

아리스 오, 정말 그렇군요.

칼레이도치클루스

에셔가 다룬 주제 가운데 '평면의 균등 분할'을 이용하면, 그림을 사방으로 무한대까지 확장할 수 있다. 하지만 우주는 닫혀 있다. 그럼 무한히 뻗어나가는 그림도 어딘가에서 닫아야 하지 않겠는가. 방법은 의외로 간단하다. 그림을 가지고 다면체를 만드는 거다. 다면체가 완성되면, 각 면의 그림들이 맞물려 사방으로 뻗어나가면서 동시에 닫혀 있게 된다. 다음을 보라. 위의 네 개의 정다면체들은 세상 모든 것을 이루는 원소불, 흙, 공기, 물일 수도 있고, 동시에 닫혀 있는 무한한 우주일 수도 있다.

하지만 우주가 꼭 공처럼 생길 필요는 없다. 도넛 모양일 수도 있다. 이걸 '토러스 우주'라 한다. 이 생각을 이용하면 정삼각형으로 여러 가지 다면체를 만들 수 있다. 아래 도판은 그 가운데 하나인데, 정사면체를 여섯 개 이어서 만든 거다. 이런 다면체를 '칼레이도치클루

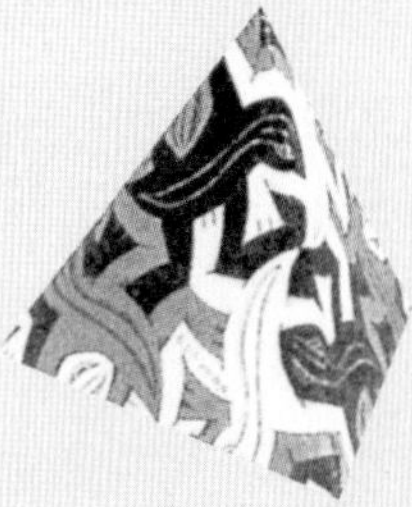

정사면체(불)

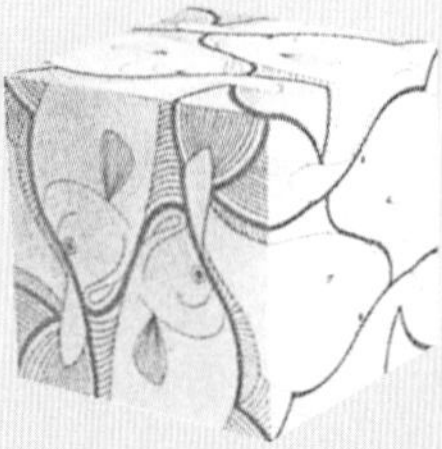

정육면체(흙)

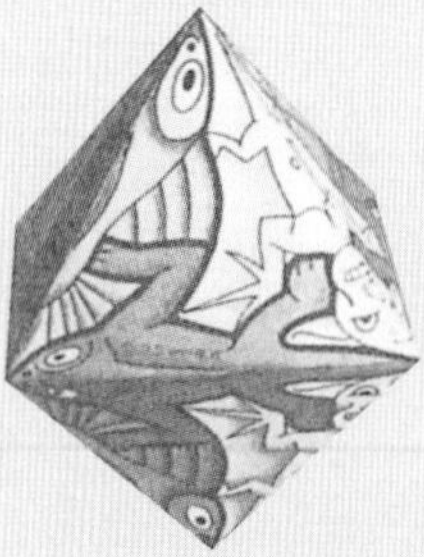

정팔면체(공기)

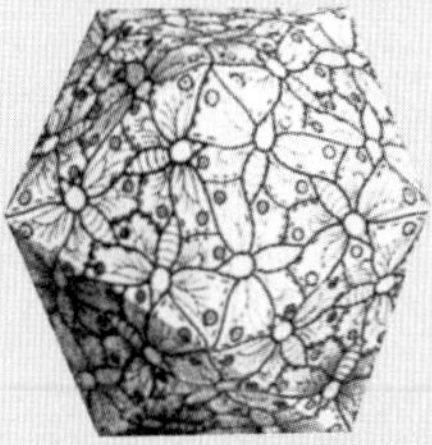

정이십면체(물)

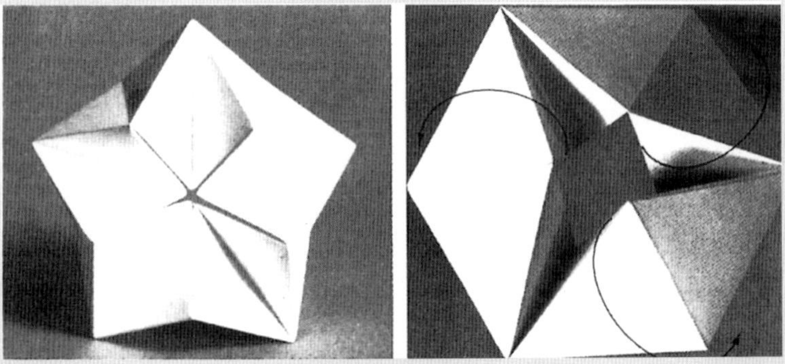

〈말씀〉의 칼레이도치클루스, 모리츠 에셔, 1942년

스'라고 한다. 아름다움kalos + 형상eidos + 원zyklus, 곧 '아름다운 형상으로 이루어진 고리'란 뜻이다. 재미있게도 이 고리는 안에서 밖으로 뒤집을 수가 있다. 뒤집을 때마다 정사면체의 네 면이 조합을 이루며 다른 모습을 창조해낸다.

태초에 말씀이

플라톤 자, 다시 에셔의 〈말씀〉을 보세. 가운데 커다란 삼각형 속에서 빛나고 있는 게 보이지? 그게 바로 '말씀Verbum', 즉 우주 창조의 원리인 로고스지.

아리스 예.

플라톤 저 커다란 삼각형은 가장자리로 갈수록 형태가 복잡해져서, 결국…….

아리스 물고기나 새나 개구리의 형상으로 바뀌는군요.

플라톤 맞았네. 그것들은 각각 물에 사는 생물, 하늘에 사는 생물, 그리고 땅에 사는 생물을 대표하지. 데미우르고스의 창조란 저런 걸세. 칼레이도치클루스를 이용해 우리도 한번 따라해볼까?

아리스 그렇게 할 수 있나요?

플라톤 물론. 먼저 커다란 삼각형일세그림 1. 한 번 돌리면, 삼각형이 작아지면서 점차 형태가 복잡해지지그림 2. 다시 한 번 돌릴까? 그럼 이렇게 되지그림 3. 마지막으로 한 번 더 돌리면 창조 끝그림 4!

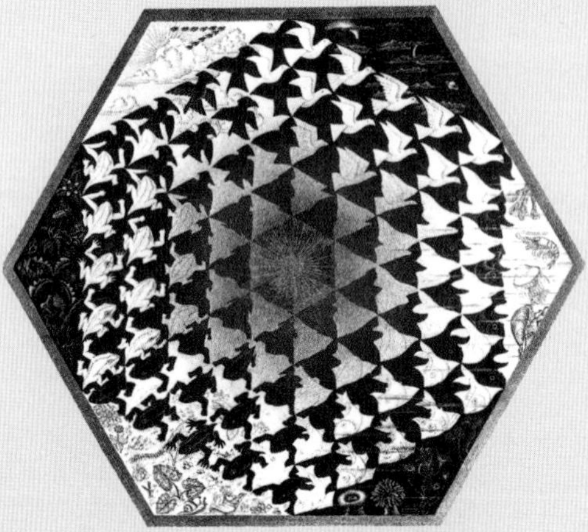

〈말씀〉 모리츠 에셔, 석판화, 33×39cm, 1942년

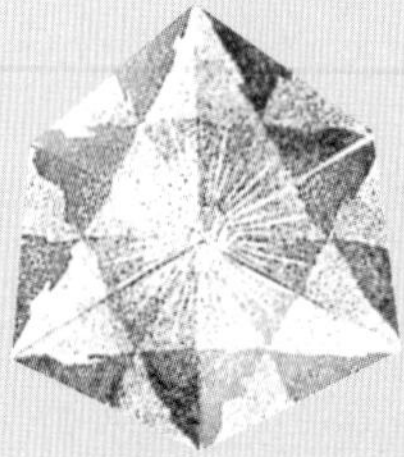

그림 1

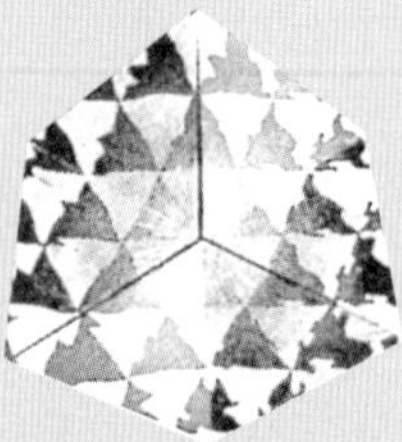

그림 2

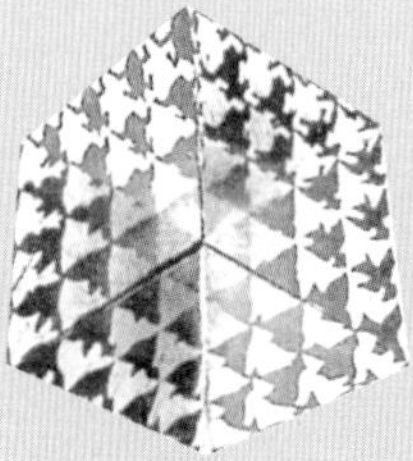

그림 3

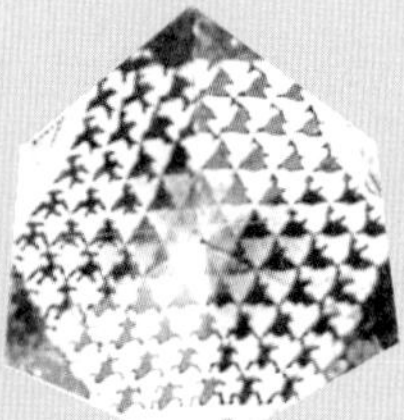

그림 4

〈말씀〉의 칼레이도치클루스

성자의 유혹

숀가우어Martin Schongauer, 1440?~1491의 〈성자의 유혹〉을 볼 때마다, 난 아퀴나스의 젊은 시절을 생각한다. 독실한 기독교도였던 아퀴나스는 일찍부터 성자가 되기로 결심을 굳혔다. 이유는 잘 모르겠는데, 그의 형들은 그가 성직자가 되는 걸 반대했다고 한다. 그래서 형들은 어느 날 그를 납치해서 방에 가두고는, 밤이 되자 창녀를 들여보냈다. 풍만한 육체를 가진 여인과 단 둘이서 보낸 그 긴긴 밤 동안, 아퀴나스는 도대체 무슨 생각을 했을까? 어쨌든 젊은 아퀴나스는 신앙의 힘으로 이 유혹을 이겨냈고세상에!, 그 뒤로도 평생 여자를 가까이 하지 않았다고 한다. 나로선 상상도 못할 일이다. 엑스터시는 하늘에만 있는 게 아닌데…….

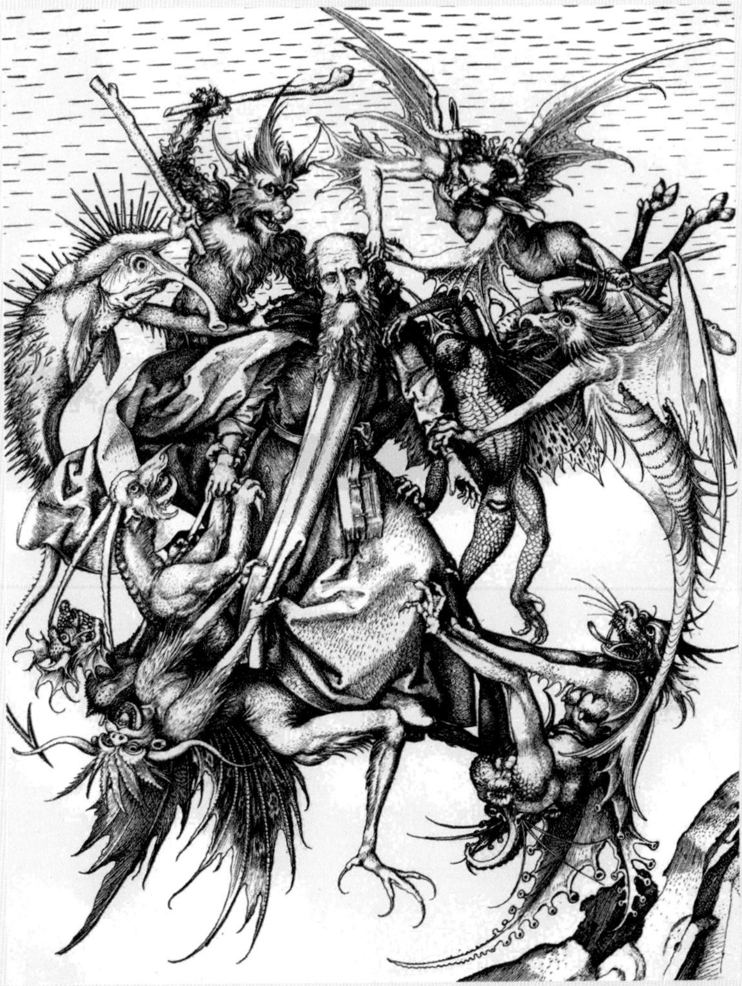

〈성자의 유혹〉 마르틴 숀가우어, 소묘, 29×22cm, 1480~1490년

신의 존재 증명

아퀴나스는 중세에서 근대로 넘어가는 문턱에 살았다. 이미 중세적 사고방식은 해체되고 있었고, 교회는 점차 발전하는 자연과학과 상대해야 했다. 어떻게 하면 이 싸움을 피할 수 있을까? 아퀴나스의 해결책은 '이성'과 '계시'를 아예 분리하여, 서로 만나지 못하게 하는 것이었다. 말하자면 양자를 교차하지 않는 두 개의 동그라미로 나누어 버리는 거다. 그럼 싸울 일도 없잖은가. 과학은 과학이고, 신앙은 신앙이니까. 적어도 신의 계시라는 이름으로 과학적 발견을 단죄하는 것보다야 낫지 않은가.

신이 존재한다는 사실도 오직 계시를 통해서 알려지는 그런 종류의 진리였다. 하지만 아퀴나스는 신의 존재를 논리적으로 증명할 수 있다고 믿었다. 여기서 그 유명한 다섯 가지 신의 존재 증명이 나오는데, 좀 각색해서 얘기하면 이런 식이다. 내 몸을 움직이는 에너지는 어디서 나오는가? 내가 먹은 음식에서. 그 음식에 들어 있는 에너지는? 태양에서. 태양의 에너지는? 이렇게 계속 나가다 보면 언젠가 끝이 있어야 한다. 그 끝에 있는 존재가 바로 신이다.

물론 이는 똑똑한 생각이 못 된다. 이렇게 얘기할 수도 있으니까. 신은 도대체 어디서 나왔는가? 몰라서 그렇지, 사실 신보다 더 근원적인 존재가 계시다. 신은 세계를 창조하셨지만, 그분은 신을 창조하셨다. 이렇게 하면 신보다 위대하신 분의 존재를 얼마든지 증명할 수 있다. 그분이 누구냐고? 성스러운 문서는 그분의 이름을 'DNLDDCK'로 기록하고 있으나 히브리어엔 모음이 없다, 아무도 그분의 정확한 이름을 알지 못한다. 내 특별히 당신에게만 그분의 정확한 이름을

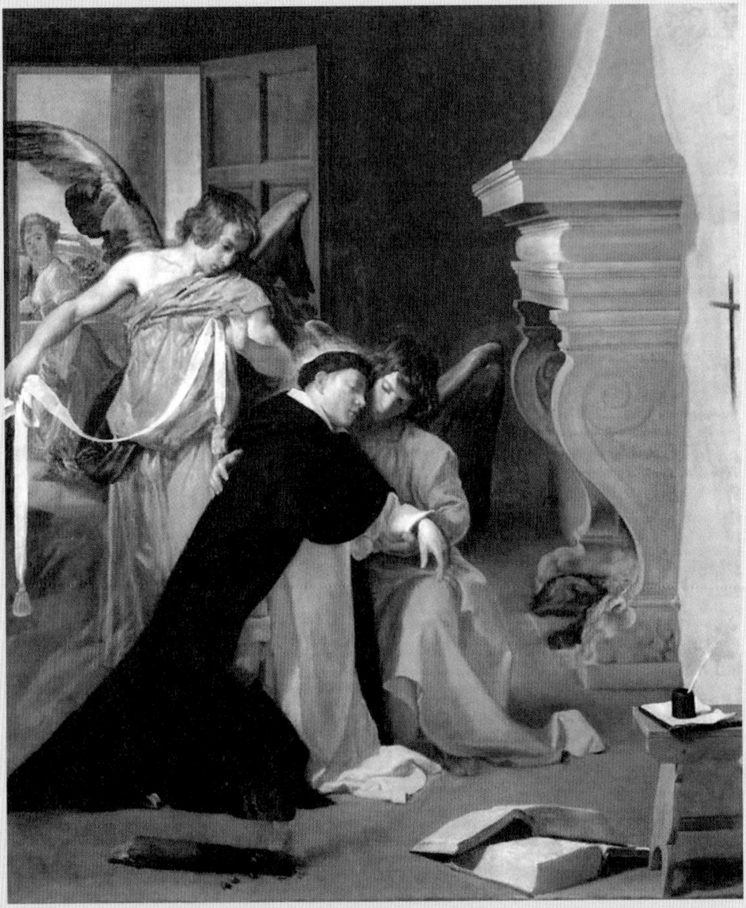

〈성 토마스 아퀴나스〉 디에고 벨라스케스, 캔버스에 유채, 244×203cm, 1632년

가르쳐주겠다. 하지만 그분은 자신의 이름을 망령되이 일컫지 말라고 명하셨으니, 조심하도록! 그 이름 거룩하신 도널드 덕.

완전, 비례, 명료

아퀴나스는 신플라톤주의보다는 아리스토텔레스 철학에 더 많은 관심을 가졌다. 그래서 그의 철학은 아주 경험적인 성격을 띠는데, 이는 그의 미학에서도 잘 드러난다. 하지만 어디까지나 그는 중세에 살았으므로, 그의 미학도 중세 미학의 특징을 그대로 갖고 있었다. 불완전한 '감각세계의 미'와 완전한 '신적인 미'를 나누고 신적인 미를 감각적 미의 원천으로 본다든지, 혹은 미를 '완전', '비례', '명료claritas'와 같은 성질로 설명하는 거 말이다.

중세에 미는 대상의 객관적 속성이었다. 그래서 아우구스티누스는 "즐거움을 주기 때문에 아름다운 게 아니라, 아름답기 때문에 즐거움을 준다"고 말할 수 있었다. 하지만 아퀴나스는 미를 이렇게 정의했다. "미란 '보아서 즐거운 것'이다." 말하자면 미는 바라보는 사람주관의 즐거운 감정과도 관계가 있단 얘기다. 아우구스티누스와 비교해보라. 그렇다고 해서 아퀴나스가 주관주의자였던 건 아니다. 그에게도 미는 여전히 대상이 가진 객관적 속성이었다. 당시엔 미가 곧 신의 속성이었는데, 그걸 감히 우리 주관이 만들어낸다고 주장할 수 있었겠는가? '즐거움'이 미를 낳는 건 아니더라도, 어떤 게 아름다운지 판정하는 기준은 될 수 있다는 얘기일 뿐이다.

그렇다고 해서 즐거움을 주는 게 모두 다 아름다운 건 아니다. 사물은 여러 가지 이유에서 즐거움을 준다. 폭신폭신한 침대는 우리에게 대단한 즐거움을 주지만, 그 침대가 꼭 아름다우라는 법은 없다. 미는 본디 유용성이나 그와 비슷한 이유에서 즐거움을 주는 게 아니다. 미는 바라보는 것 그 자체만으로도 즐거움을 준다.

주관에 동화

미를 인식할 때 우리는 왜 즐거움을 느끼는 걸까? 왜 대상이 가진 어떤 성질가령 비례이 우리에게 기분 좋게 느껴지는 걸까? 이 즐거움의 근원은 무얼까? 고전적인 답변은 '주관과 객관의 일치'다. 아퀴나스는 이렇게 설명한다. 우리의 감각은 비례를 좋아한다. 왜? 그건 우리 주관 속에 이미 비례와 비슷한 성질이 들어 있기 때문이다. 그래서 우리가 사물 속에서 비례를 볼 때, 우리는 이 비례가 마치 우리 내부에 있는 것처럼 느끼게 된다. 바로 이때 쾌감이 생긴다.

말하자면 외부의 형상과 내부의 형상이 마찰을 일으키지 않고 부드럽게 맞아떨어질 때, 미적 쾌감이 생긴다는 얘기다. 그는 이렇게 미에 대한 인식을 '대상을 주관에 동화시키는 것'으로 보았는데, 뒤에 칸트Immanuel Kant, 1724~1804도 이 비슷한 얘기를 한다.

시각과 청각

아퀴나스가 '즐거움'을 얘기할 때, 그건 감각적 즐거움이라기보다는 오히려 지적 즐거움에 가깝다. 가령 어려운 수학 문제의 해답이 갑자기 눈에 들어올 때 느끼는 그런 기쁨 말이다. 생각해보라. 아리스토텔레스도 미를 '재인식의 쾌감'과 연결했다. 이렇게 미를 지적 인식의 대상으로 간주하는 '미적 주지주의'는 고대와 중세는 물론이고 르네상스까지 이어지는 유서 깊은 생각이다.

우리는 미를 '느끼지만' 당시 사람들은 미를 '인식'했다. 이상한 버릇이다. 아퀴나스가 우리의 감각기관 가운데 특히 '시각'과 '청각'을 최고로 치는 것도 이 때문이다. 오직 이 두 가지 기관만이 정신에 직접 관계하니까. 이건 맞는 얘기 같다. 시각 예술, 청각 예술은 있어도 후각이나 촉각에 의지하는 예술은 없으니까. 하긴 모든 감각의 평등을 외치며, 후각 예술, 미각 예술, 촉각 예술까지 예술에 포함한 경우도 있었다. 뭐냐고? 향수 제조술, 요리, 직조술 같은 거다.

샤르트르 성당에서

아리스 만약 '형상'은 저 하늘나라에 살고, '질료'는 이 땅에 산다면, 형상과 질료가 서로 어떻게 관계를 맺을 수 있죠? 서로 국적國籍이 다른데…….

플라톤 글쎄?

아리스 혹시 형상 따로, 질료 따로가 아니라, 사물 속에 형상과 질료가 통일되어 있는 게 아닐까요?

플라톤 하지만 어떻게 성질이 다른 둘이 한 몸이 될 수 있지?

아리스 간단하죠. 제가 저 성당 문을 장식하고 있는 조각상을 둘로 잘라볼까요?

플라톤 무슨 소리야? 몰매 맞으려고.

아리스 손 하나 대지 않고 자를 테니 걱정 마시죠. 자, 바로 이렇게 하는 겁니다.

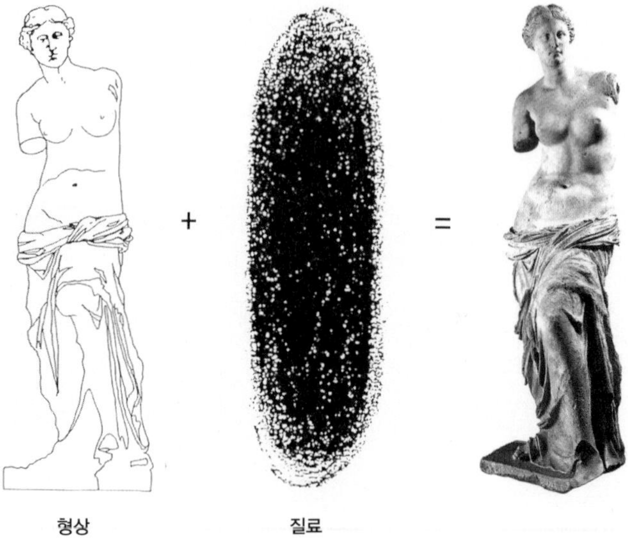

플라톤 난 또…….

아리스 이렇게 저 조각상 속엔 형상과 질료가 다 들어가 있죠. 만약 세상이 이렇게 생겼다면, 그림을 그릴 때 형상을 찾아 굳이 저 하늘나라로 올라갈 필요가 없겠죠? 신의 섭리는 이미 사물 속에 들어 있으니까요.

플라톤 …….

아리스 그림을 기하학적 도형부터 시작할 필요도 없겠죠. 자, 샤르트르 대성당의 정문을 장식하고 있는 조각들을 보시죠. 아름답지 않습니까?

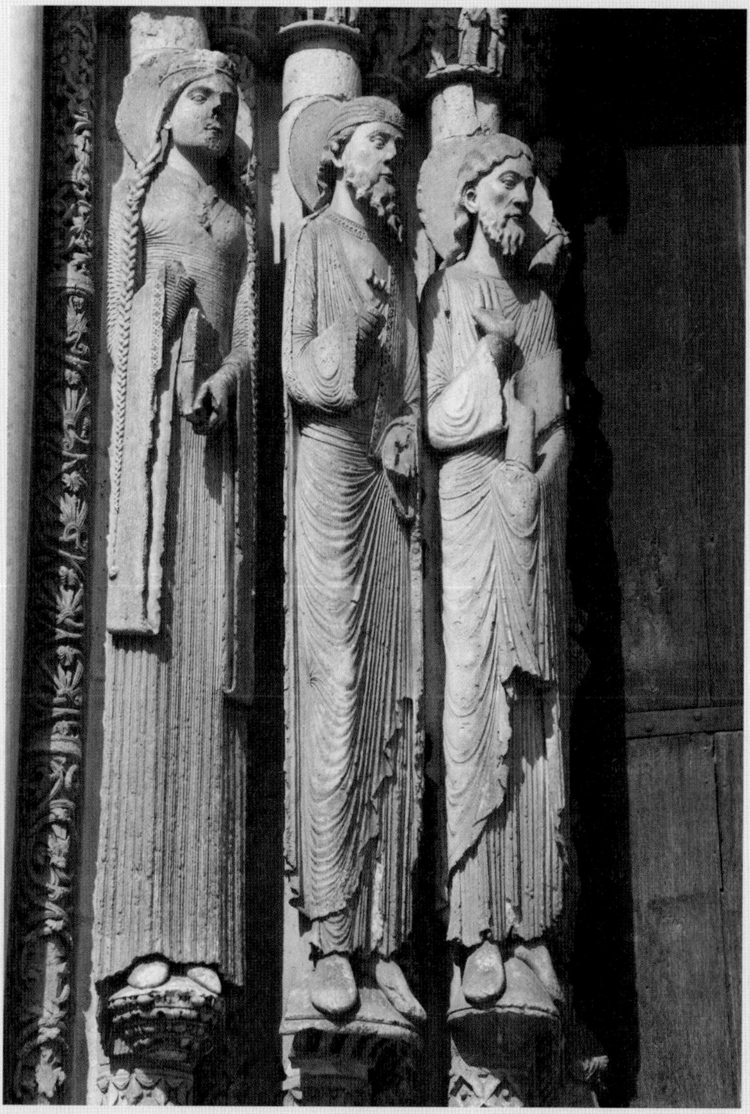

구약의 왕과 왕비가 조각된 조상 기둥, 샤르트르 대성당
샤르트르 대성당 중앙 현관의 왼쪽 문설주 조상이다.

플라톤 하지만 인물들이 왜 저리 길쭉할까? 보게나, 하늘로 날아오르는 거 같지 않은가? 저들은 이 땅에 살고 싶지 않은 모양이야.
아리스 …….

모방론의 부활

아퀴나스는 아리스토텔레스를 좇아 예술을 모방으로 본다. 예술은 신의 예지에 의해 창조된 질서정연한 자연을 인식함으로써 성립하는 모방이다. 따라서 예술에는 자연의 질서가 반영된다. 또 예술은 자연에서 표현 수단과 방법을 빌려온다. 이건 대단한 변화다. 중세는 '자연의 모방'이란 생각에서 완전히 해방되었던 시대이기 때문이다.

당시 사람들이 흔히 그러했듯이, 아퀴나스도 예술을 신의 창조와 비교한다. 신은 자연의 '내적' 원리에 따라 '창조'를 하셨지만, 예술가는 자연의 '외적' 원리에 따라 '모방'을 할 뿐이다. 예술은 새로운 형상을 만들어낼 수 없고, 단지 신이 창조한 자연에서 형상을 인식하여 그걸 모방할 따름이다. 그러므로 예술은 신의 창조보다 저급하다. 하지만 예술은 인식 활동 및 도덕적 실천 활동과 함께, 인간 정신 활동의 하나로 중요한 의의를 갖는다. 왜? 예술은 이성적 행위, 말하자면 '이성의 올바른 규칙'이니까.

고딕 자연주의

플라톤의 이데아는 피안의 세계였다. 그래서 플라톤적으로 해석된 과거의 기독교는 신을 세계 밖에 서 있는 존재로 이해하는 경향이 있다. 그럼 감각적 자연을 묘사하는 건 별 의미가 없고, 이 세상을 넘어선 초자연적인 신성을 표현하는 게 문제가 된다. 실제로 중세 예술은 몇 백 년 동안 그랬다. 상징이나 알레고리가 자주 사용되는 것도 그 때문이다.

하지만 아리스토텔레스는 그런 초월적 세계를 인정하지 않았다. 그의 '형상'은 사물 자체 속에 '질료'와 함께 어우러져 있다. 따라서 아리스토텔레스적으로 해석된 기독교는 자연 그 자체에 신성이 깃들어 있다고 보는 경향이 있다. 그럼 감각적 자연의 묘사가 곧 신성의 묘사가 된다. 이게 바로 고딕 자연주의를 낳은 힘이다. 하우저Arnold Hauser, 1892~1978는 아퀴나스의 다음과 같은 언급을 '자연주의에 대한 일체의 신학적 변론'이라고 보았다.

> 신은 모든 것을 반기신다. 모든 것은 신의 본질과 일치하기 때문이다.

에셔의 세계 5

칼레이도치클루스와 나선형

어떻게 하면 칼레이도치클루스를 만들 수 있을까? 좀 복잡하다. 먼저 커다란 종이로 이런 모양을 만드는 거다(그림 1). 저 선들을 따라 먼저 오른쪽으로, 다음으론 왼쪽으로 접어나간다. 다 접었으면 이제 그 접은 자국을 따라 삼각형들을 조립한다. 그러면 정사면체들이 기다랗게 이어진 끈이 생긴다(그림 2). 끈의 양쪽 끝을 이어 붙이면, 아름다운 토러스 우주 모양의 입체가 만들어진다(그림 3). 저 삼각형들 속 그림은 평면의 균등 분할을 이용해서 그린 거다. 따라서 그것들은 다른 어떤 삼각형과 만나도 그림이 이어지게 되어 있다. 저걸 아까 말한 대로 안쪽에서 바깥으로 돌리면, 그림들은 회전점에서 만나게 되어 있다. 물론 그때마다 다른 모습을 보여준다.

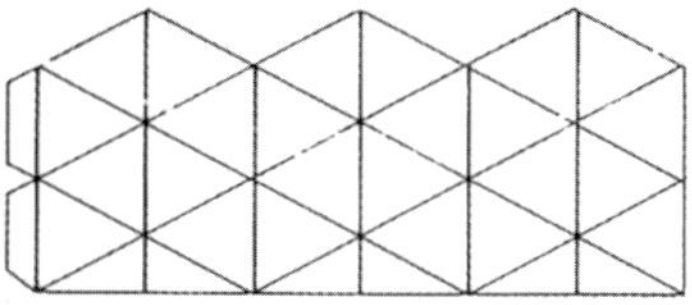

그림 1

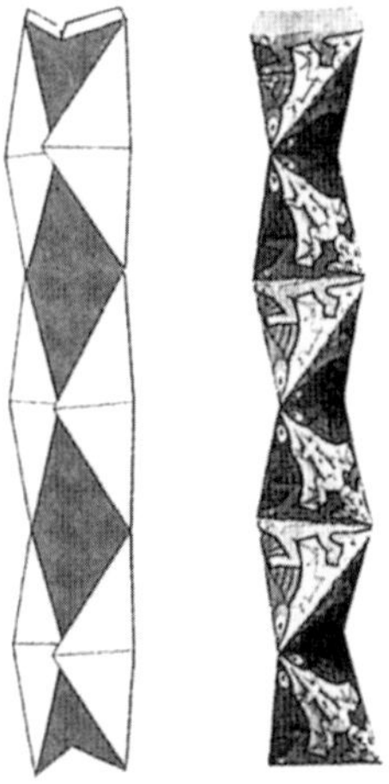

그림 2

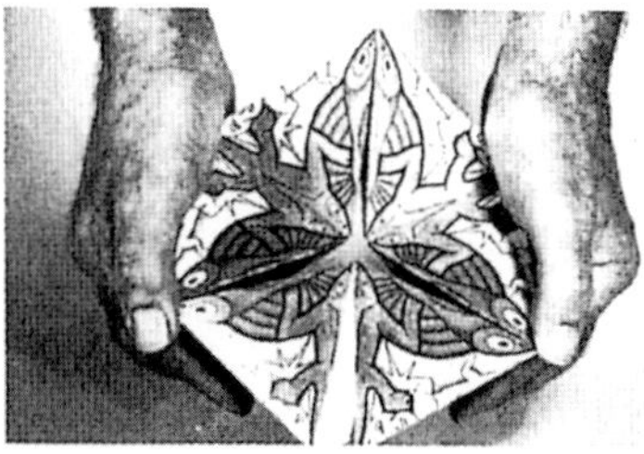

그림 3

장미의 이름

암흑에 묻혀 있던 유럽, 경건해야 할 어느 수도원에서 수도사들이 매일 한 사람씩 처참하게 죽어간다. 묵시론의 예언에 따라서, 아델모 수사의 시체는 우박 속에서 발견되고첫 번째 나팔 소리에 우박이 내리고, 베난티오는 돼지 피를 담은 통 속에 다리를 가위처럼 벌린 채 거꾸로 처박혀 죽는다두 번째 나팔 소리에 바다가 피로 변하고. 예상대로 베렝가리오는 욕조에 퉁퉁 부은 시체로 떠오르고세 번째 나팔 소리에 빛나는 별이 강에 떨어지고, 세베리노는 천구의에 머리를 맞아 죽는다네 번째 나팔 소리에 해와 달과 별이 없어지고. 범인으로 추정되던 말라키아마저 기도 시간에 앞으로 고꾸라지며 뜻 모를 말을 남긴다. "그건 1000마리의 전갈의 힘을……."다섯 번째 나팔 소리에 메뚜기가 전갈의 독침으로 사람들을 괴롭힌다

이 사건의 조사를 맡은 윌리엄 수사는 시체의 손과 혀에 나타난 검은 반점을 단서로, 결국 이 죽음이 어떤 고대의 필사본과 관련되어 있음을 알아낸다. 그 책엔 독이 발라져 있어, 침 묻힌 손으로 책장을

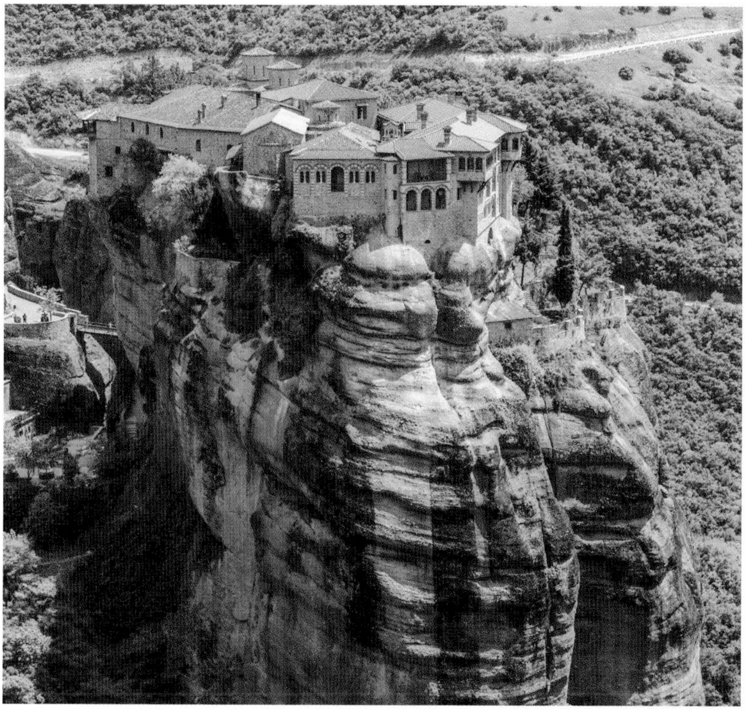

그리스의 메테오라 수도원
《장미의 이름》에 나오는 수도원도 이렇게 절벽 꼭대기에 있다.

넘길 때마다 독이 입으로 들어가게 되어 있었다. 수사들의 잇따른 죽음을 부른 이 금지된 책은 무엇일까? 윌리엄 수사는 뛰어난 추리로 마침내 그 책을 찾아낸다. 윌리엄은 마지막 날 밤, 도서관 밀실에서 범인과 마주친다. 지금 그 책은 범인의 손에 들려 있다. 바로 아리스토텔레스의 《시학》 제2부, 〈희극론〉이다. 광신적인 맹인 수사 호르헤. 그는 왜 그런 짓을 했을까?

웃지 않는 그리스도

이 죽음의 사슬은 필사본에 삽화를 그리는 일을 하던 아델모 수사의 호기심에서 시작된다. 그의 삽화는 보슈Hieronymus Bosch, 1450?~1516의 그림을 연상시키는 온갖 기괴하고 우스꽝스런 형상으로 가득 차 있었다. 새의 다리가 달린 작은 사람 머리, 등에 사람의 손이 달린 동물, 다리가 삐죽 나온 털 많은 머리, 얼룩말 무늬의 용…….

윌리엄 수사와 호르헤의 첫 대결은 아델모가 시편에 붙인 이 기괴한 삽화의 해석을 둘러싸고 벌어진다. 이 우스꽝스런 왜곡은 진리인가, 거짓인가? 윌리엄은 그 삽화를 옹호한다. 하나님은 가장 심하게 왜곡된 사물을 통해 나타나신다. 그러나 호르헤는 그것을 단죄한다. 창조된 형태를 왜곡하는 건 해로운 그림이다. 진리와 선은 비웃음의 대상이 아니다. 진리와 선을 추구하는 인간에게 웃음은 악마다. 그리스도는 결코 웃지 않았다.

하지만 아리스토텔레스는 기지와 말장난도 진실을 드러내는 수단이며, 웃음도 진리 전파의 수단이 될 수 있다고 가르친다. 아델모가 필사적으로 그 금지된 책을 읽으려 한 건 이 때문이었다. 웃음은 권위를 비판하고 경건함을 조롱하며 절대성을 파괴한다. 이걸 아는 호르헤는 고대 철학자의 이 위험한 사상을 영원히 묻어두고자 했다. 웃음이 신의 진리를 드러낼 수 있을지도 모른다. 하지만 그것이 신을 공격하는 날엔……?

조롱의 논리가 확신의 논리를 대신하고, 꾸준히 쌓아올린 구원의 이야기가 거룩하고 존경스런 내용을 파괴하고 뒤집는 이야기로 대체된다

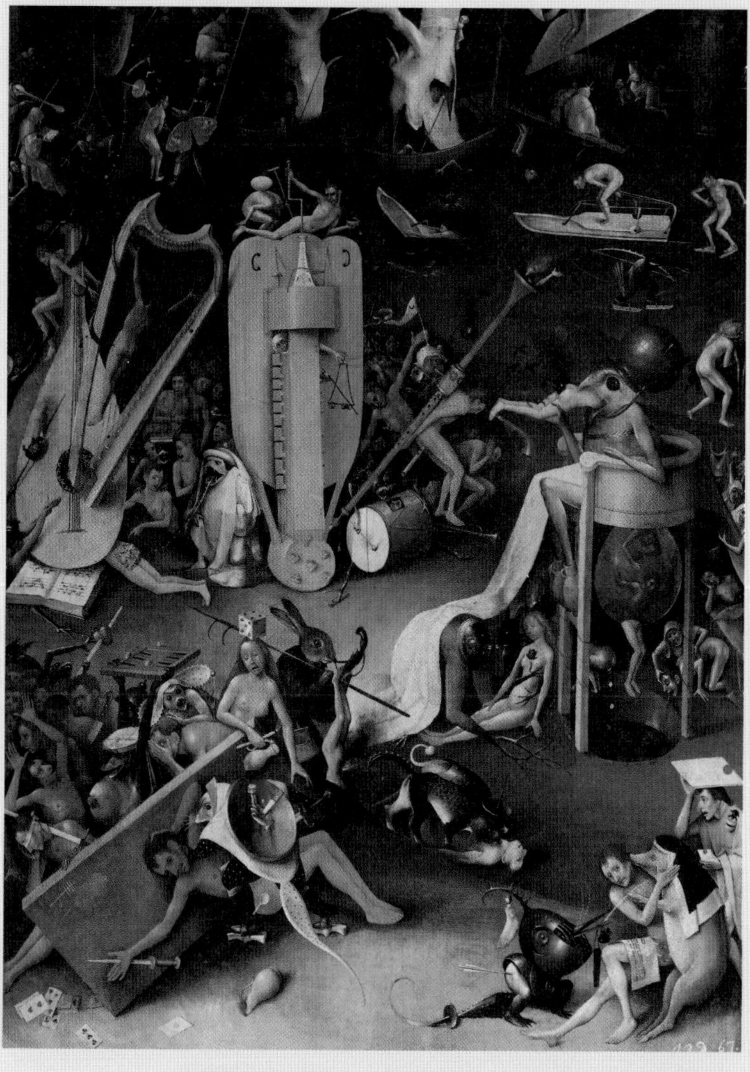

〈세속적 쾌락의 정원〉(부분), 히에로니무스 보슈, 목판에 유채, 1480~1490년경

보슈는 최초의 초현실주의자였다.
어떻게 그 시대에 이런 식의 그림을 그릴 수 있었을까?

면. 오, 그때가 오면…….

하지만 이게 한갓 신학 논쟁의 문제였을까? 어쩜 이건 암흑 시대의 봉건적 질서를 유지하는 문제였는지도 모른다. 마지막 날 밤 도서관의 밀실. 호르헤의 기분 나쁜 목소리가 들려온다.

> 웃음은 농노들을 악마에 대한 공포에서 풀어줍니다. 그런데 이 책은 악마에 대한 공포에서 해방되는 것이, 곧 지혜라고 가르칩니다.

그는《시학》의 페이지를 뜯어 하나씩 불태운다. 말리려는 윌리엄. 그러자 호르헤는 등불을 내던져 방에 불을 지른다. 불꽃이 사방으로 튀고, 바람을 타고 수도원 전체로 번진 불은 사흘 밤낮을 타오른다. 여섯 번째 나팔 소리는 사자 머리를 한 말들의 출현을 알리고, 말의 입에서는 연기와 불과 유황이 뿜어지며…….

두려움을 감추는 기술

아리스토텔레스의 〈희극론〉은 이렇게 영원히 역사 속으로 사라졌다. 물론 이 얘긴 허구다. 하지만 어쨌든 희극론이 사라진 것만은 사실이다. 그런데《시학》의 제1부〈비극론〉만 남고 제2부〈희극론〉만 고스란히 없어지다니, 좀 이상하지 않은가? 어쩌면 제2부는 고의로 불태워졌는지도 모른다. 웃음을 두려워하는 자의 손에 말이다. 또 만약 그랬다면, 그건 에코Umberto Eco, 1932~의 상상대로 아마도 엄숙한 시대였던 중세에 그랬을 것이다문헌학자들은 〈희극론〉이 고대 말에 사라졌다고 추정한다. 하지만 어디 중세

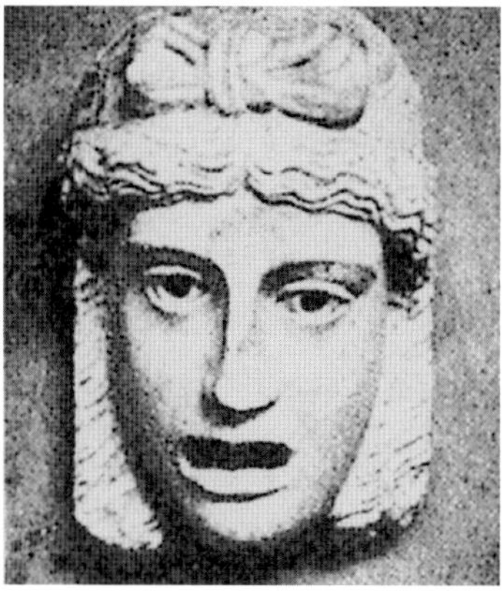 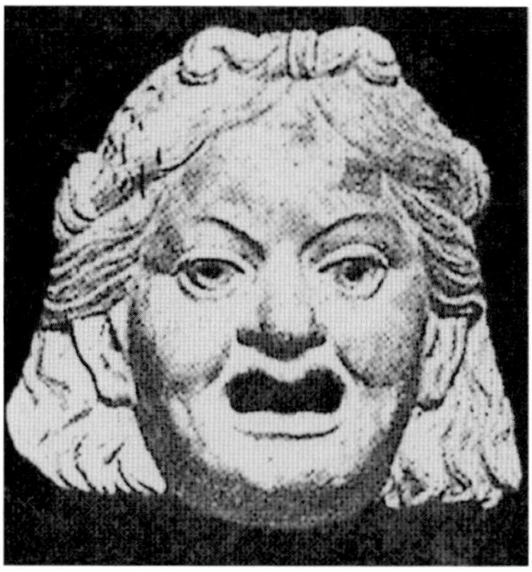

고(古) 희극과 중(中) 희극의 배우들, 4세기 초.

뿐일까? 이런 일은 절대적 진리를 참칭하는 어느 시대, 어느 사회에서나 일어날 수 있다.

사라진 〈희극론〉의 내용이 어땠는지 우리로선 알 수 없다. 하지만 《장미의 이름》엔 간략하게나마 그 내용이 나온다. 거기에 따르면, 웃음은 '인간에게 불을 가르쳐준 프로메테우스도 몰랐던 기술', 즉 '두려움을 감추는 기술'로 정의된다고 한다. 윌리엄과 호르헤가 마지막 대결을 벌이던 그날 밤, 그 자리. 윌리엄은 〈희극론〉의 서문을 라틴어로 번역해가며 읽고, 호르헤는 묘한 미소를 띠고 그것을 듣는다. 하지만 장님인 그는 윌리엄이 손에 장갑을 끼고 있는 걸 보지 못한다.

제1부에서 우리는 비극을 다루면서 이 비극이 연민과 공포를 야기함으로써 카타르시스의 창출을 통해 이러한 감정을 씻어내는 과정을 검토해보았다. 이제 약속대로 희극을 풍자극, 광대극과 더불어 다루면서

이 희극이 어리석은 자들을 즐겁게 함으로써 비극과 같은 작용을 하는 과정을 검토해보기로 하자. 우리가 영혼에 관한 책에서 이미 말했듯이 인간은 하고많은 동물 가운데서도 웃을 줄 아는 유일한 동물이다. 따라서 이 웃음이라는 현상을 충분히 검토해볼 필요가 있다. 연후에 희극의 연기가 곧 모방이라는 관점에서 연기의 양식을 정의하고, 희극에서 웃음을 유발하는 수단인 연기와 대사를 검토해보기로 하자. 그런 다음 현자에서 우자에 이르기까지, 우자에서 현자에 이르기까지 갖가지 인간을 모방하고, 속임수로 관중을 놀라게 하고, 불가능한 것을 왜곡하고, 자연의 법칙을 깨뜨리고, …… 동명 이물(同名異物)과 이명 동물(異名同物)을 짐짓 곡해함으로써, 수다와 반복과 말장난과 엉터리 발음과 사투리를 통하여…… 어떻게 우스꽝스러운 대사가 가능해지는지 검토해보기로 하자…….

이것이 〈희극론〉의 개요다. 하지만 윌리엄은 여기까지만 읽고도 뛰어난 추리력으로 이미 뒷부분의 내용을 꿰뚫는다. 그는 묻는다.

'코미디'라는 말은 '코마이', 즉 'Komai(시골 마을)'라는 말에서 비롯됩니다. 말하자면 희극이라는 것은 시골 마을에서 식사나 잔치 뒤에 벌어지는 흥겨운 여흥극인 것이지요. 희극이란 유명한 사람, 권력을 가진 사람의 얘기가 아니라 비천하고 어리석으나 사악하지 않은 사람들의 얘기라는 겁니다. 희극의 주인공은 죽는 일이 없지요. …… 희극은 보통 사람의 모자라는 면이나 악덕을 왜곡해 보여줌으로써 우스꽝스러운 효과를 연출하지요. 여기에서 아리스토텔레스는 웃음을, 교육적 가치가 있는, 선을 지향하는 힘으로 봅니다. 거짓이 아닌 것은 분명

> 하나 실상이 아닌 것 또한 분명합니다. 그런데 희극이라고 하는 것은 실상이 아닌 것을 보여주는데도 불구하고 기지 넘치는 수수께끼와 예기치 못하던 비유를 통해 실상이라는 것을 다시 한 번 검증하게 하고, '아하, 실상은 이런데 나는 모르고 있었구나' 하고 감탄하게 만든다는 것이지요. 말하자면 실재보다 못한, 우리가 실재라고 믿던 것보다 열등한 인간과 세계를 그림으로써, 성인의 삶이 우리에게 보여주는 것보다, 서사시보다, 비극보다 더 열등한 것을 그림으로써 진리에 도달하는 하나의 방법을 제시한다는 것입니다.

〈희극론〉의 내용이 정말로 이랬는지는 아무도 모른다. 근데 에코는 어떻게 희극론의 내용을 재구성할 수 있었을까? 어렵지 않다. 사실 희극과 비극은 대칭을 이루므로, 양자의 공통점과 차이점이 무엇인지 생각하면 〈비극론〉만 가지고도 〈희극론〉의 내용을 상당 부분 재구성할 수 있다.

먼저 희극이 '코마이'에서 비롯되었다거나 평균 이하의 인간 행위를 모방한다는 얘기는 이미 〈비극론〉에 나온다. 희극의 주인공이 '사악하지 않다'는 것도 마찬가지다. 희극이 '웃음'을 통해 카타르시스를 행한다는 건 비극의 효과인 '공포와 연민'의 반대를 취하면 저절로 나온다. 또 '실상은 이런데 나는 모르고 있었구나'는 희극에서 '재인식'이 일어나는 형태로, 비극에서 이루어지는 운명의 재인식과 대칭을 이룬다.

하지만 에코의 재구성은 분명히 〈비극론〉에 포함된 것보다 훨씬 많은 내용을 담고 있다. 가령 희극이 웃음을 자극하는 수단을 나열하는 부분은 〈비극론〉엔 안 나온다. 이 부분들을 에코는 어떻게 재구성했을까? 순전히 상상으로 꾸며냈을까? 아리스토텔레스의 다른 저작에서 발췌한 걸까? 〈희극론〉을 읽었던 고대 저술가들의 문헌에서 발견한 걸까?

윌리엄과 말라키아

《장미의 이름》은 아드소라는 수사가 어린 시절 그의 스승과 함께 겪었던 일을 회상하는 형식으로 되어 있다. 아드소의 스승인 윌리엄 수사는 대단한 관찰력과 추리력을 지닌 사람이다. 그는 매우 경험주의적이며 개방적인 태도를 갖고 있는데, 이로 보아 중세의 유명론자였던 오컴William Ockham, 1285?~1349?을 실제 모델로 한 것 같다. 오컴은 중세의 형이상학적 신학자들이 쓸데없는 사변을 일삼는 데 반발하여, 불필요한 사변적 개념들을 철학에서 도려낼 것을 주장했다오컴의 면도날. 어쨌든 소설에서 윌리엄 수사는 지나치게 현대적인 느낌을 준다그는 사실 후기 비트겐슈타인이다.

한편 윌리엄과 대립하는 호르헤 수사는 광신적인 믿음을 대표하는데, 굳이 그 역사적 모델을 찾을 필요는 없을 것이다. 그는 중세 수도승의 일반적 유형이었을 테니까. 하지만 아델모 수사의 우스꽝스런 그림을 놓고 논쟁을 벌이는 장면에서, 호르헤는 12세기의 수도승 성 베르나르를 연상시킨다. 그는 무아삭의 생 피에르 수도원 기둥의 기괴한 문양을 보고, 수도원장에게 이런 편지를 보냈다고 한다.

> 이 우스꽝스런 괴물들, 기이하고 왜곡된 아름다움, 그 아름다운 왜곡에는 어떤 이점이 있습니까? ……뱀 꼬리를 가진 네 발 짐승이 있는가

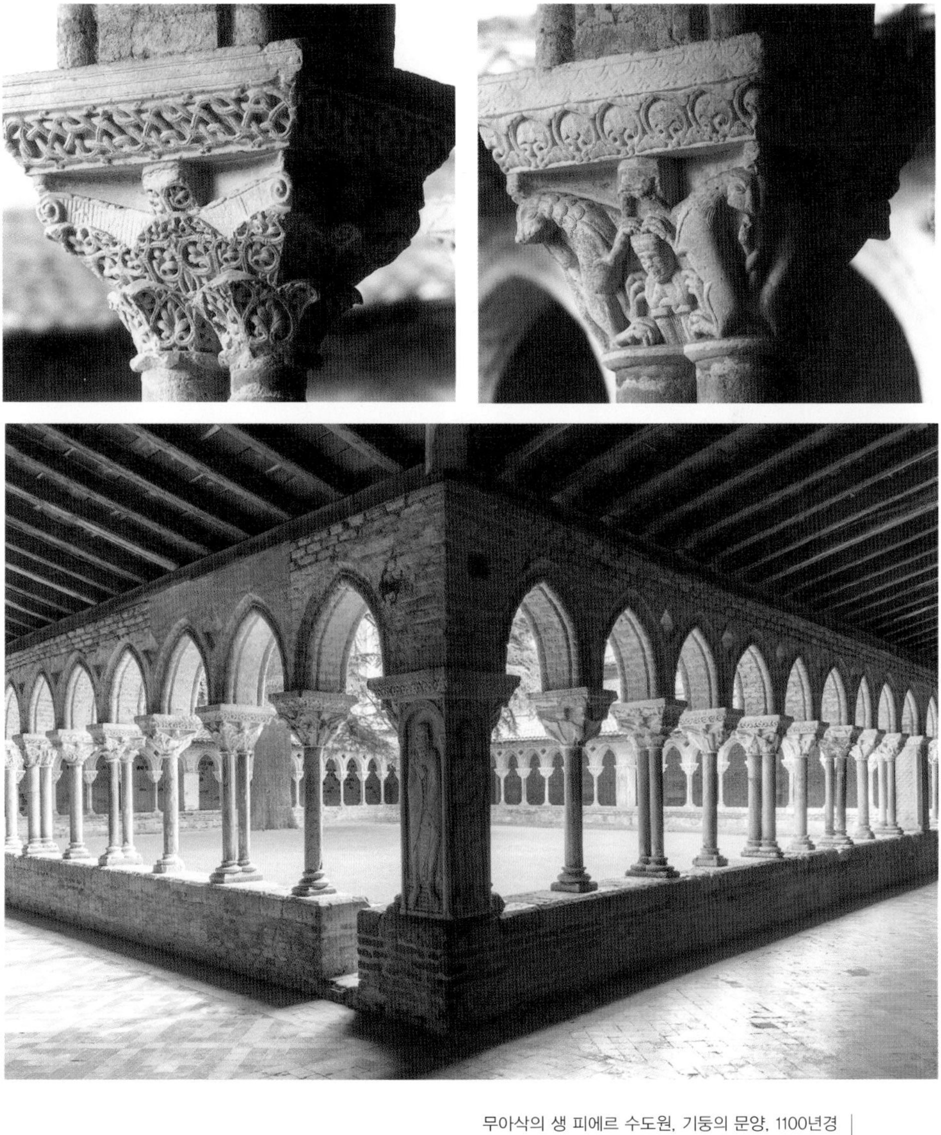

무아삭의 생 피에르 수도원, 기둥의 문양, 1100년경

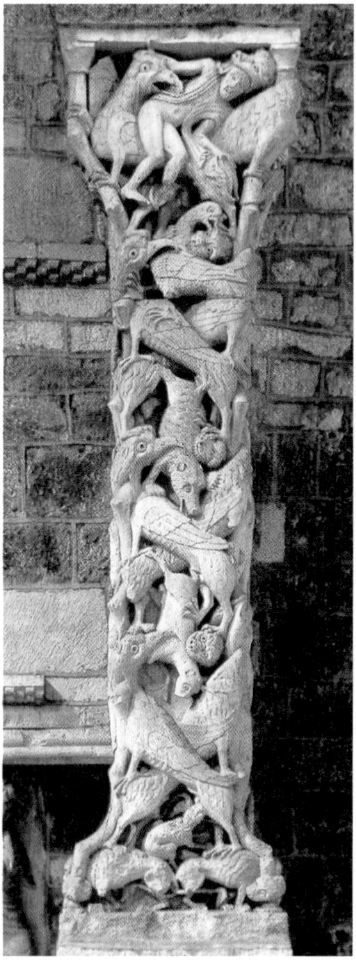

생 마리 수도원 교회 서벽 안쪽, 1120~1135년

하면 야수의 머리를 가진 물고기도 있고, 앞은 말의 모습을 하고 뒤는 염소의 모습을 한 놈이 있는가 하면 뿔 달린 짐승이 뒷몸은 말의 모습을 하고 있는 것도 있습니다. 간단히 말해서 여러 모습을 한 너무 많은 괴기스러운 것이 사방에 있어서…… 신의 계율을 명상하기보다는 이런 것들을 신기해하면서 온종일을 보낼 것입니다.

이 편지는 아델모 수사의 그림을 비난하는 호르헤의 논법과 거의 같다. 이건 어쩌면 아퀴나스의 미학과 관련이 있는지도 모른다. 아퀴나스는 미의 조건으로 그 유명한 세 가지 조건 외에 '적절성'을 들었다. 즉 모든 사물은 제 모양을 제대로 갖추고 있을 때에만 아름답다는 거다. 결국 창조의 질서를 어지럽히는 우스꽝스런 모습은 아름답지 못하단 얘기다.

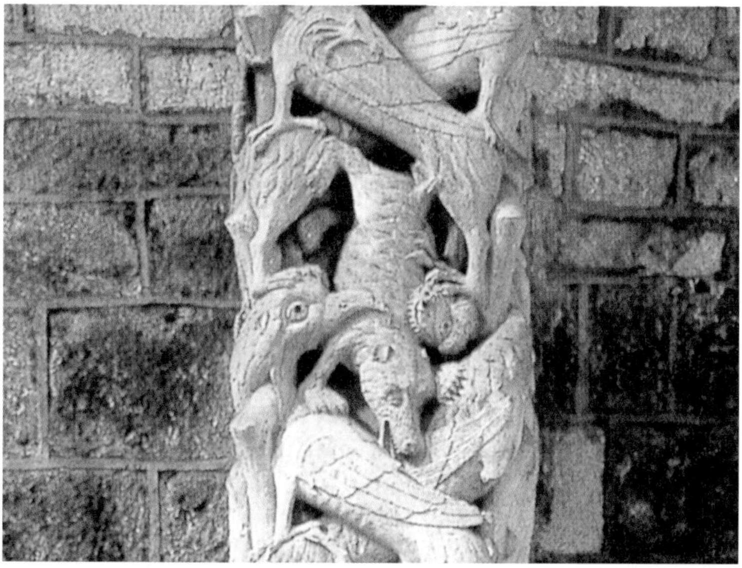

〈세속적 쾌락의 정원〉(부분), 히에로니무스 보슈, 목판에 유채, 1480~1490년경

현대의 묵시론

이렇게 보면 윌리엄과 호르헤의 대립은 두 가지 상이한 미학의 대립이었던 셈이다. 어쨌든 중세를 지배했던 건 호르헤의 미학이었다. 중세는 웃음이 없는 시대였다. 물론 이 숨 막히는 시대에도 통풍구는 있었다. 그건 카니발이라는 축제인데, 여기서만큼은 음탕한 행위와 우스꽝스런 언동이 허락되었다. 하지만 축제 기간을 제외하면 사회는 늘 엄숙한 분위기에 젖어 있었다. 교회는 종말론을 유포하여, 사람들을 늘 종교적 흥분 상태 속에 붙잡아놓으려 했다. 종말이 온다는데 웃을 기분이 나겠는가?

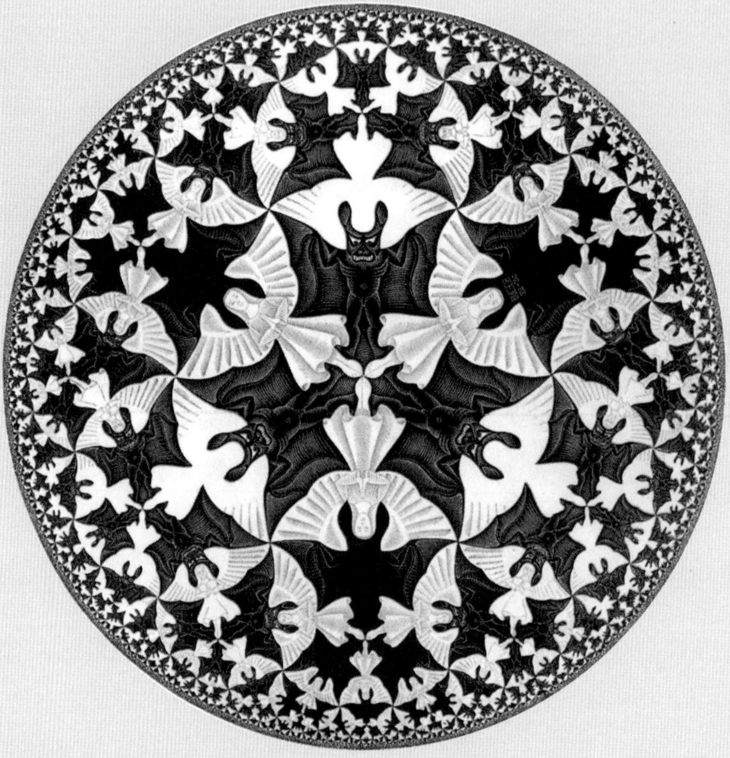

〈원의 극한Ⅳ(천국과 지옥)〉 모리츠 에셔, 목판화, 지름 42cm, 1960년

악마가 따로 있는 게 아니다.

눈치 빠른 사람이라면, 《장미의 이름》에 나오는 수도원이 사회주의 국가를 가리킨다는 걸 알 거다. 착취 없는 유토피아를 기다리며 사람들을 늘 정치적 흥분 상태로 몰아넣었던 그 현대의 수도원. 지금 그 수도원은 폐허가 되어버렸다. '트리에르 지방에서 발생한 묵시론의 일파마르크스주의'는 처참한 꼴로 종말을 고했다. 왜 그랬을까? 웃음을 거부했기 때문이 아닐까?

아드소 수사의 독백

> 인류를 사랑하는 사람의 할 일은 사람들로 하여금 신리를 비웃게 하고, 진리로 하여금 웃도록 만드는 데 있는 거야. 유일한 진리는 진리에 대한 광적인 정열에서 우리가 해방되는 길을 배우는 데 있기 때문이지.

아마겟돈의 폐허로 변한 수도원을 떠나던 날, 스승님이 내게 이렇게 말씀하셨지. 벌써 수십 년 전의 일이고, 이젠 나도 늙어 기억이 가물가물하지만, 불타버린 수도원의 처참한 모습과 스승님이 내게 하신 이 말씀만은 잊히지 않는군. 머리엔 하얀 서리가 내리고 그 아름답던 얼굴엔 이렇게 고랑이 잡힌 이제서야, 스승님을 따라 나도 이 기나긴 암흑의 시대를 빠져나갈 수 있을 것 같군. † 찬미 예수.

4

근대 예술과 미학

가상의 부활

유리구슬의 표면에 또 하나의 세계가 있다. '가상'의 세계다. 중세의 예술은 감각 세계의 '가상'을 포기했지만, 새로운 시대는 '가상'의 부활과 함께 시작된다. 여기선 르네상스 이후 근대 미학을 다룬다. 고대의 두 철학자는 이 시대에도 여기저기서 모습을 드러낼 거다. 제일 먼저 다빈치와 미켈란젤로. 다빈치는 엄격한 자연 모방을 주장하지만, 미켈란젤로는 내면의 형상에 따른 창조를 주장한다. 이어서 뒤러의 실험실에 들러 '가상'을 창조하는 새로운 기술에 대해 알아보자. 실험실에서 나오면 어느새 바로크 시대다. 이 시기의 예술에 대해선 뵐플린이 설명해 줄 거다. 이어서 미학의 창시자인 바움가르텐과 칸트의 미학으로 넘어간다. 바움가르텐의 예술관은 아직 고전주의적이고, 칸트의 미학은 처음으로 낭만주의적이다. 지나가는 길에 칸트와 관련하여 '고상한 놀이'를 하나 배우자. 재미있을 거다. 이 시대의 마지막을 장식하는 건 헤겔의 미학이다. 이제 예술은 기나긴 항해를 마치고 절대정신에 닻을 내린다. 〈유리구슬을 든 손〉을 기억하라. 헤겔은 '가상'의 종말을 예언했다. 과연 그의 예언이 적중할까?

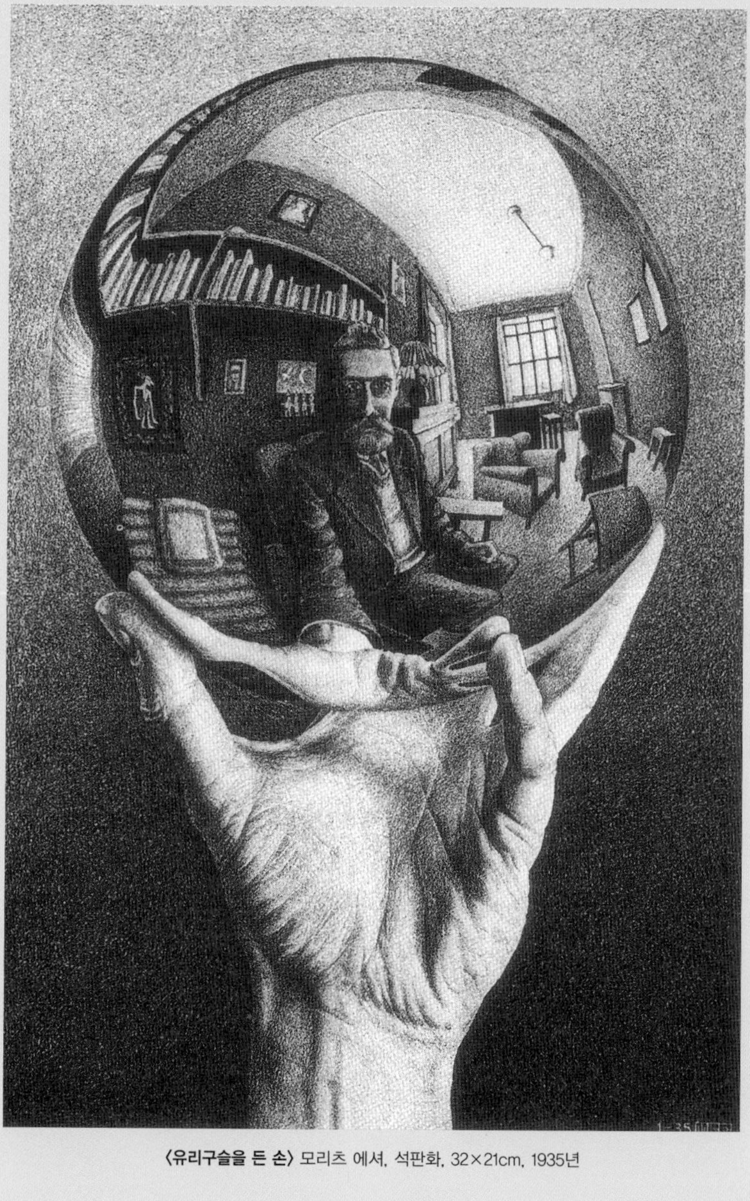

〈유리구슬을 든 손〉 모리츠 에셔, 석판화, 32×21cm, 1935년

다빈치와 미켈란젤로

다방면에 능한 보편인universal man이 르네상스의 이상이었다면, 다빈치Leonardo da Vinci, 1452~1519는 그 이상의 실현이었다. 그는 회화는 물론 조각도 할 줄 알았고, 음악에도 조예가 깊었다. 그는 학자이자 건축가였고, 또 기술자이자 발명가였다. 인체의 구조를 알기 위해 그는 마법사라는 위험한 의심을 받아가며 30구 이상의 시체를 해부했다. 그의 스케치에는 해골에 조그만 구멍이 표시되어 있는데, 그 구멍은 20세기에 이르러서 비로소 해부학자들에게 발견되었다고 한다. 얼마나 뛰어난 관찰력인가.

다빈치는 또한 뛰어난 발명가이기도 했다. 낙하산, 풍금의 원리에 따라 말을 하는 기계, 총과 포로 무장한 세계 최초의 전차, 나아가 새의 비상飛上을 연구하여 최초의 날틀을 고안하기도 했다. 일설에 따르면 그는 이걸로 실제 비행 실험을 했다고 하는데, 그게 사실이라면 그 기구에 인류의 오랜 꿈을 싣고 힘차게 절벽을 박차고 날아올랐던

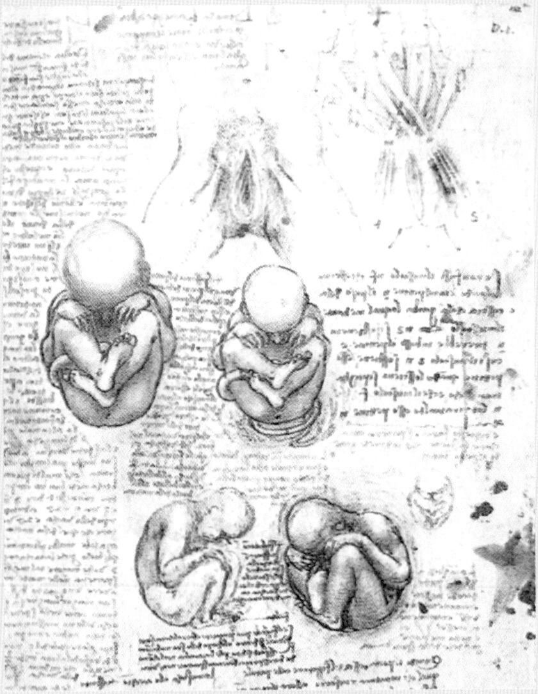

〈자궁 속의 태아〉 레오나르도 다빈치, 종이에 초크·펜·잉크, 31×22cm, 1510~1512년경

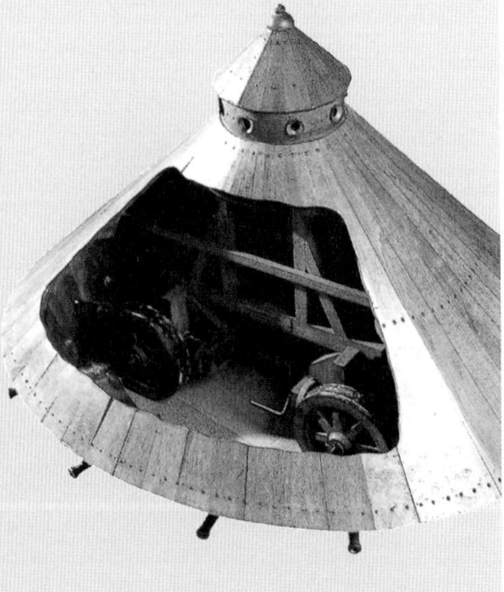

다빈치가 고안한 전차

그의 하인은 아마 제 발로 걸어서 돌아오진 못했을 거다.

장인적 예술에서 인문학으로

중세까지만 하더라도 '예술'이란 말은 기술과 학문을 포함한 넓은 의미로 사용되었다. 근데 재미있는 건 조형 예술은 아예 여기에 끼지도 못했으며, 설사 거기에 끼었다 하더라도 기껏해야 천대받던 장인적 예술에 들어가야 했다. 하지만 르네상스에 들어오면 조형 예술은 '자유 교양liberal art', 말하자면 학문으로까지 승격된다. 물론 조형 예술이 인문학에 끼려면 어떤 식으로든 양자가 '같음'이 증명되어야 했다. 이때 양자의 같음을 보장해준 게 바로 '원근법'이었다. 원근법은 기하학을 토대로 하므로, 원근법을 이용해 3차원의 자연을 평면에 옮겨놓는 작업은 곧 자연에 대한 과학적 관찰이라는 거다. 이렇게 일단 인문학이 되자, 이제 조형 예술은 한술 더 떠 오히려 자기가 다른 학문보다 낫다고 주장하기 시작한다. 다빈치의 회화론은 이즈음에 나왔다.

학문의 여왕

다빈치에게 회화와 과학은 큰 차이가 없었다. 그의 활동 자체가 그랬다. 그는 회화 몇 점과 수많은 드로잉을 남겼는데, 어느 게 예술적 동기에서, 그리고 어느 게 과학적 동기에서 그린 건지 구분하기란 매우 힘들다. 우리는 예술과 과학을 전혀 다른 활동으로 생각하지만 적어도 그에겐 하나였다. 실제로 그는 모든 자연과학적 지식을 동원해 그림을 그렸다. 실제로 그의 그림엔 원근법은 물론이고 해부학, 생리학,

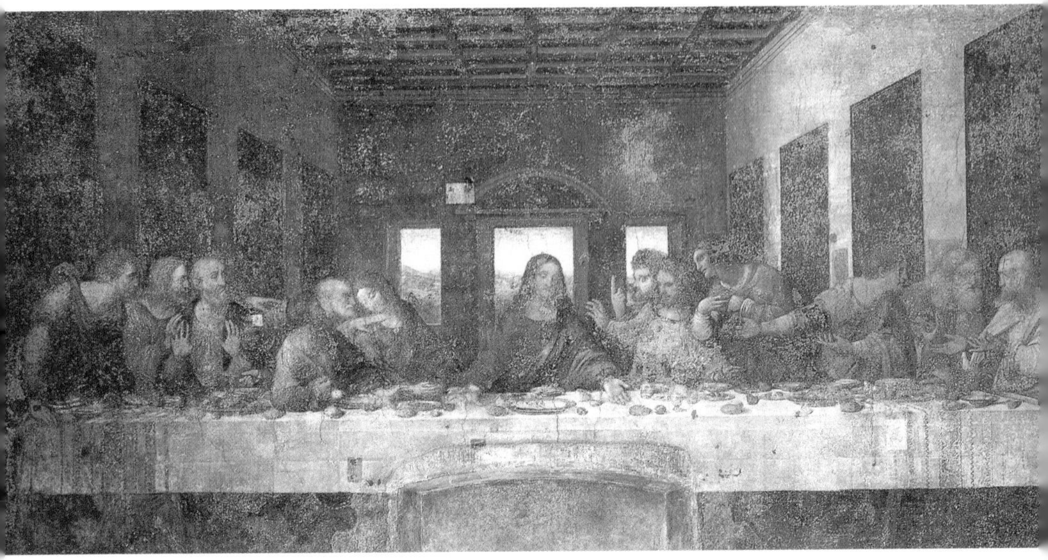

〈최후의 만찬〉 레오나르도 다빈치, 회벽에 유채와 템페라, 460×880cm, 1493~1497년경

광학론, 색채론 등 온갖 자연과학이 들어 있다. 그가 보기에 회화는 심지어 과학보다도 뛰어나다. 왜? 과학은 사물들의 '양적' 관계만을 인식하지만, 회화는 '질적' 관계까지 인식하니까. 회화야말로 학문의 여왕이다.

이어서 그는 회화를 다른 예술과 비교한다. 조각은 아예 인문학에 끼지도 못한다. 왜? 조각은 원근법을 사용하지 않을뿐더러, 육체 노동에 가깝기 때문이다. 회화는 음악보다 뛰어나다. 음악은 시간 속으로 흘러가버리지만, 회화는 시간을 초월한 영원한 예술이니까. 회화는 시보다도 뛰어나다. 세상엔 말로 표현할 수 없는 게 있지만, 회화는 눈에 보이는 건 무엇이든 묘사할 수 있기 때문이다. 묘사의 생생함으로 보아도 시는 회화를 따라갈 수가 없다. 회화야말로 예술 중의 예술이다.

그에게 회화의 목적은 어디까지나 '가시적 세계를 인식'하는 데 있었다. 회화가 인식의 기능을 발휘하려면 자연을 뜯어고치려 해서는 안 되며, 되도록 '현실에 충실'해야 한다. 그러려면 자연과학만큼이나 엄격한 규칙에 따라야 한다. 하지만 예술엔 무엇보다도 창의력이 필요한 게 아닐까? 물론이다. 다빈치도 창의력을 인정한다. 하지만 그에게서 모방과 창의력은 대립되지 않는다. 그에게 창의력이란 '재현의 규칙을 발견하는 능력'이었으니까. 실제로 그의 작품은 자연 모방을 훨씬 넘어서고 있었지만, 어쨌든 이론상으로 그는 역사상 가장 강한 형태의 모방론을 고수했다.

점, 선, 면, 체

회화는 자연의 손자다. 모든 가시적 사물은 자연에서 탄생하고, 회화는 다시 여기서 태어나니까. 다빈치에게 화폭은 거대한 대지였다. 거기서도 산이 솟아오르고, 계곡이 범람하고, 구름이 몽실몽실 피어오른다. 자연현상이 엄격한 자연법칙에 따라 발생하듯, 화폭 위에서도 자연현상이 발생하는 데엔 법칙이 있다. '점, 선, 면, 체'가 그것이다. 점이 이어져 선을 이루고, 선이 합쳐져 면을 만들어내고, 이 면들이 입체를 이루고, 이 입체가 어우러져 화면 속에 또 하나의 자연이 탄생한다. 이는 모든 사물이 네 가지 원인에 의해 생긴다는 아리스토텔레스 이론의 기하학적 변형이라고 한다.

그는 감각기관 가운데 '눈'을 가장 믿었다. 눈은 다른 감각기관에

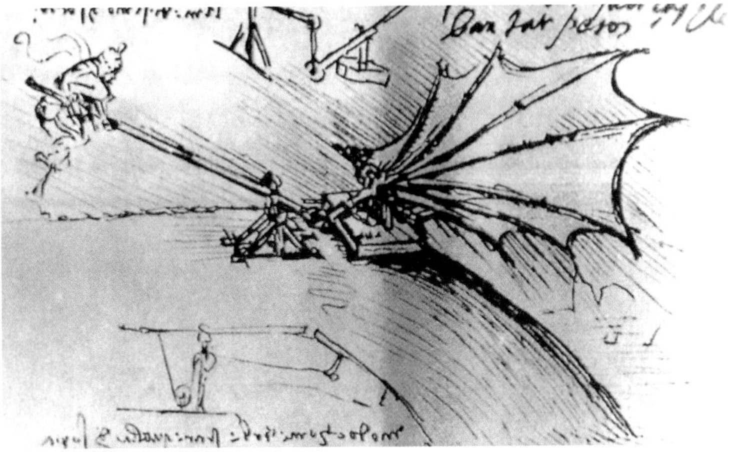

다빈치가 설계한 날틀 모형
여기서 네 가지 원인은 다음과 같다. 질료인: 나무 / 목적인: 하늘을 날겠다는 인류의 오랜 꿈 / 형상인: 새의 날개 / 운동인: 하인의 튼튼한 두 팔

비해 기만당하는 일이 적기 때문이란다. 눈은 열 가지 기능을 갖고 있는데, 명·암·색·입체·형·위치·원·근·운동·정지 등이 그것이다. 이 열 가지 기능 가운데 회화 속에선 일곱 가지가 실현되고, 조각에선 다섯 가지입체·형·위치·운동·정지만 실현된다. 그러니 회화는 역시 조각보다 뛰어나다.

다빈치와 미켈란젤로

르네상스를 대표하는 이 두 사람은 예술 활동으로나 이론 활동으로나 모든 면에서 적대적이었다. 다빈치가 회화를 가장 높이 평가했다면, 미켈란젤로Michelangelo Buonaroti, 1475~1564에게는 조각이야말로 예술 중의 예술이었다. 다빈치가 아리스토텔레스를 읽고 과학적 관찰과 실험에 관심이 있었다면, 미켈란젤로는 신플라톤주의의 신비주의에 기울어져 있었다. 다빈치가 자신을 합리적 규칙에 따라 작업하는 과학자라고 생각했다면, 미켈란젤로는 영감에 따라 작업하는 고독한 천재로 의식하고 있었다. 이 두 사람에게도 한 차례 정면 대결할 기회가 있었다. 당시 피렌체 시에서 두 천재에게 시의회 대회의실의 벽면에 각각 시의 역사에 관한 그림을 그려달라고 부탁했던 거다. 이 세기적 대결은 아쉽게도 무산되고 말았다. 대결이 이루어졌다면 과연 누가 이겼을까?

눈의 판단

다빈치는 예술엔 반드시 따라야 할 보편적 법칙이 있다고 믿었지만, 미켈란젤로가 보기에 그런 보편적 규칙이란 없다. 미의 법칙은, 가령 물리학의 '낙하 법칙'처럼 언제 어디서나 적용될 수 있는 게 아니다. 미와 예술의 법칙은 '개별적'이고 '일회적'이며, 그때그때 달라진다. 따라서 창작의 법칙을 논리적으로 설명할 수는 없다. 예술가는 법칙에 따르지 않고 '눈의 판단'에 따른다. 그는 어떻게 해야 작품이 아름다울지 한눈에 척 보고 안다. 예술가는 이미 존재하는 법칙을 지키는 게 아니라, 스스로 법칙을 부여한다. 그를 이끌어주는 것은 보편적 법칙이 아니라 눈의 판단이다. 여기서 우리는 예술가에 대한 최초의 근대적 관념을 만나는데, 미켈란젤로 자신이 바로 그런 예술가였다. 미에 보편적 법칙이 없다는 주장은 사실 바로크나 로코코 예술과 관련이 있다. 미켈란젤로는 이미 바로크로 넘어가는 시기에 살고 있었다.

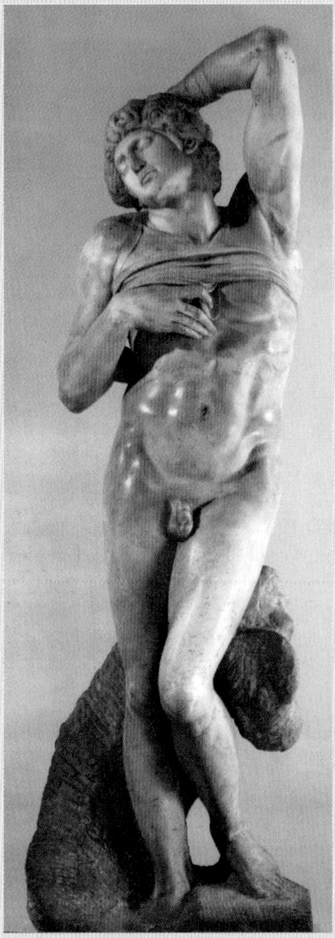

〈죽어가는 노예〉 미켈란젤로 부오나로티, 대리석, 높이 228cm, 1513~1515년

노예의 영혼은 지금 막 감옥(육신)에서 벗어나려 하고 있다. 미켈란젤로는 이렇게 근원적인 세계에 대한 초월적 동경을 작품에 담으려 했는데, 이는 물론 신플라톤주의와 관련이 있다.

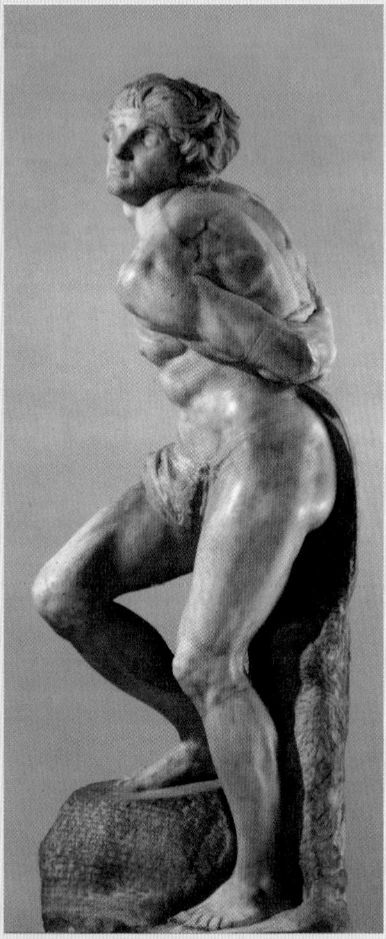

〈반항하는 노예〉 미켈란젤로 부오나로티, 대리석, 높이 215cm, 1513~1516년

미켈란젤로는 〈죽어가는 노예〉와 이 작품을 한 쌍으로 생각했다. 묶인 몸으로 반항하는 노예는 육신의 감옥에 갇힌 우리 영혼의 상징이리라. 이 역시 신플라톤주의적인 생각이다.

미는 내면에

다빈치는 예술의 목적을 외부세계의 과학적 인식에 두었다. 그래서 그는 심지어 "아름답다고 항상 좋은 건 아니다"라고까지 했다. 하지만 미켈란젤로에게서 예술의 목적은 어디까지나 '미의 창조'에 있었다. 말하자면 그는 미와 예술을 밀접히 결합했다. 하지만 그가 보기에 아름다움은 바깥에 있는 게 아니라 예술가의 내면에서 우러나오는 것이었다. 그렇다고 미가 순전히 주관적 현상이란 얘기는 아니다. 예술가의 내면에 있는 미는 어떤 신비적 근원에서 흘러나오는 초개인적이며 객관적인 아름다움이다. 예술의 목표는 미의 창조에 있으므로, 예술은 자연을 충실히 모방하기보다는 내면에 있는 미를 실현해야 한다.

예술은 이렇게 '내면의 형상'에 따른 활동이다. 우리는 이 생각이 어디서 흘러나온 건지 이미 알고 있다. 바로 플로티노스다. 플로티노스처럼 그도 미를 따라 올라가면 초월적 존재에 이를 수 있다고 믿었고, 자신의 예술을 통해 그 구원과 불멸성에 이르기를 갈망했다. 미켈란젤로가 한 쌍으로 생각했던 〈죽어가는 노예〉와 〈반항하는 노예〉엔 육신을 영혼의 감옥으로 생각하는 신플라톤주의적 관념이 잘 드러나 있다.

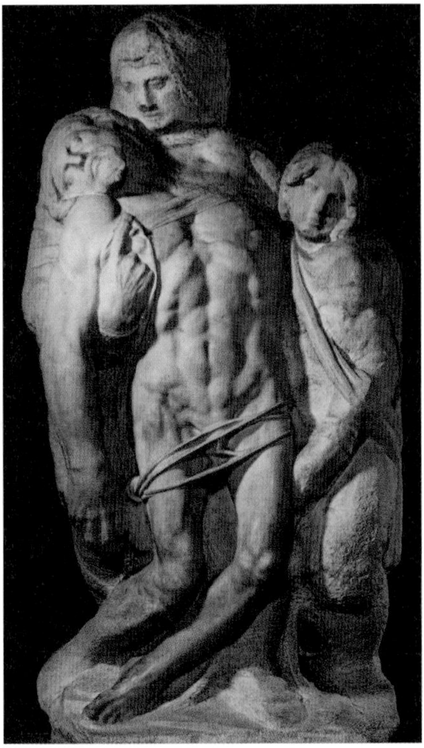

〈**팔레스트리나의 피에타**〉 미켈란젤로 부오나로티, 대리석, 높이 253cm, 1555~1557년

카라라의 채석장에서

언젠가 미켈란젤로는 교황 율리우스 2세로부터 자신의 묘비를 건축해달라는 부탁을 받은 일이 있다. 이 제안에 뛸 듯이 기뻐하면서, 그는 그 길로 묘지 조각에 쓸 석재를 고르러 카라라에 있는 대리석 채석장으로 달려갔다. 거기엔 조각가의 정을 기다리는 훌륭한 대리석

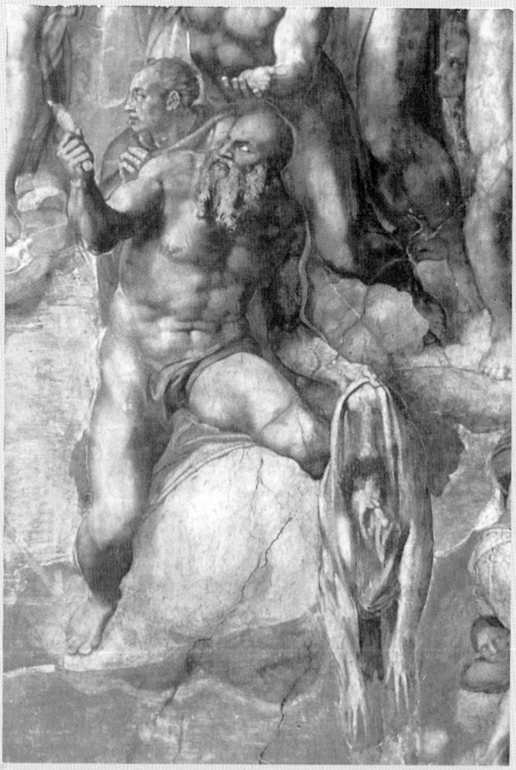

〈최후의 심판〉(부분)
미켈란젤로 부오나로티,
프레스코화, 1535~1541년

미켈란젤로는 바로크로
넘어가는 시대에 살았다.
이 작품엔 벌써 바로크적
특성이 나타나 있다.
그림 어딘가에 미켈란젤로의
자화상이 숨어 있다.
찾아보라.

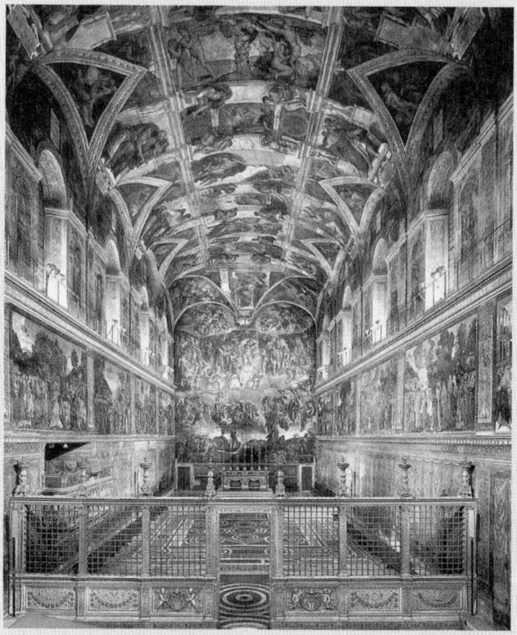

로마 바티칸 궁전의
시스티나 성당 내부

전면에 보이는 프레스코가
〈최후의 심판〉이고,
천장에는 〈천지창조〉
(미켈란젤로)가 그려져 있다.

덩어리들이 여기저기 널려 있었다. 그는 거기서 조각에 쓸 40개의 대리석을 고르느라 장장 8개월을 보냈다고 한다. 그동안 돌덩이들을 바라보며 머릿속으론 얼마나 많은 형상을 그렸을까?

재미있게도 그는 그 돌덩이들 속에 이미 형상이 들어 있다고 생각했다. "나는 다만 잉여인 것을 제거할 뿐이다. 조각상은 거기에 그렇게 있다." 그에게 조각이란 쓸데없는 부분을 제거함으로써 돌 속에 갇혀 있는 그 형상들을 해방하는 작업이었다. 정과 망치로 돌 속에 갇힌 형상을 끄집어내면서, 아마 그는 신께서 자신의 영혼도 그렇게 육체의 감옥에서 구원해주기를 바랐을 거다. 거짓말이 아니다. 〈최후의 심판〉을 보라. 성 바르톨로메오는 피부 껍질을 벗기는 순교를 당했다고 한다. 바르톨로메오의 손에 들려 있는 얼굴 가죽에 미켈란젤로는 자신의 얼굴을 그려넣었다.

뒤러의 실험실

플라톤 웃고 있는 것 같기도 하고, 우울해 보이기도 하고…….

아리스 그 미소의 비밀이 뭔지 아십니까?

플라톤 글쎄…….

아리스 비밀은 눈꼬리와 입가에 있죠. 거기를 살짝 그림자로 덮어버리는 겁니다.

플라톤 왜?

아리스 그럼 그림자에 묻힌 입가와 눈꼬리의 모습을 사람들은 저마다 다르게 상상할 겁니다. 하지만 거기야말로 인간의 표정을 좌우하는 부분이니, 사람들은 거기서 저마다 다른 표정을 보게 되는 거죠.

플라톤 교묘하군. 하지만 정말 놀라운 건 수도원 식당에 걸려 있던 그림이었어. 막 들어섰을 때 사람들이 진짜 앉아 있는 줄 알았다니까.

아리스 〈최후의 만찬〉을 말씀하시는군요.

플라톤 제욱시스의 눈을 속인 파라시오스도 그를 따라가진 못할걸?

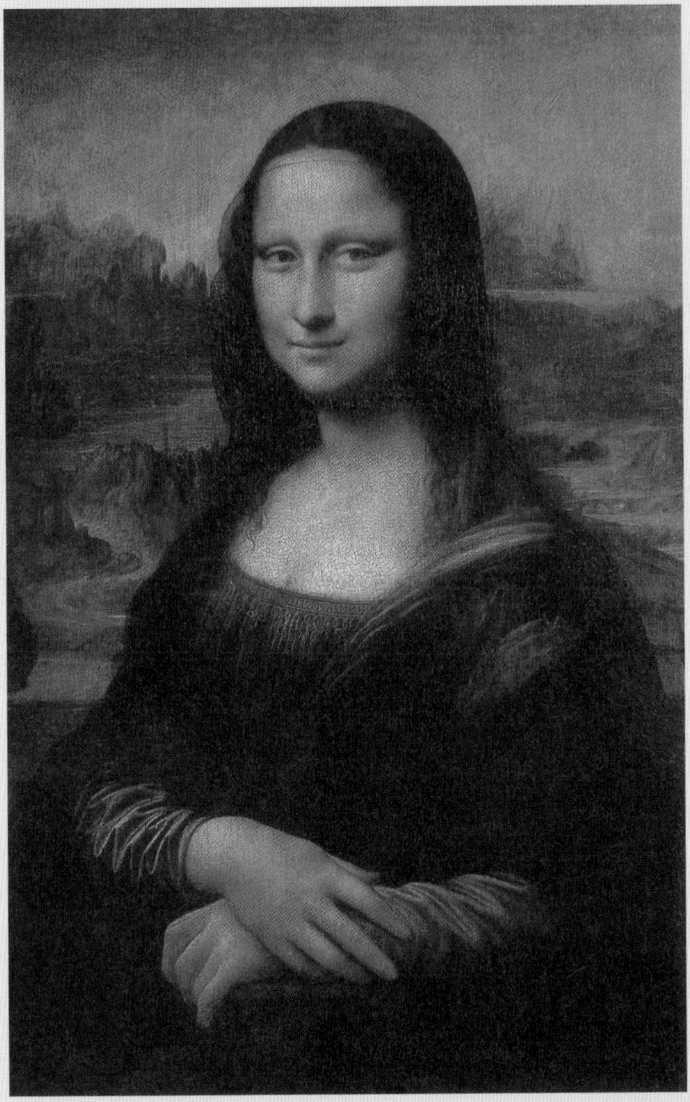

〈모나리자〉 레오나르도 다빈치, 목판에 유채, 77×53cm, 1503~1506년경

평면에 깊이를

아리스 다 '원근법' 때문이죠. 그걸 이용하면 평면에 '깊이'를 줄 수 있죠.

플라톤 어떻게?

아리스 그림을 보시죠. 대상의 크기를 거리와 반비례로 줄여나가는 겁니다. 그럼 평면에 공간이 생기죠. 이걸 원근법적 단축이라고 합니다.

플라톤 정말 그렇군.

아리스 그림 속으로 뻗은 선들을 보시죠. 점점 좁아져 결국 한 점에서 만나잖습니까? 그 점을 소실점이라 하는데, 거기가 바로 보는 사람의 눈의 위치죠. 〈최후의 만찬〉에서 직접 소실점을 찾아보시겠습니까?

플라톤 그럴까? 가만 있자…… 예수의 머리?

아리스 맞습니다. 원근법을 몰랐던 중세 화가들은 중요한 인물은 아무리 멀리 있어도 크게 그렸죠. 주관적 가치 평가 때문에 실제 크기

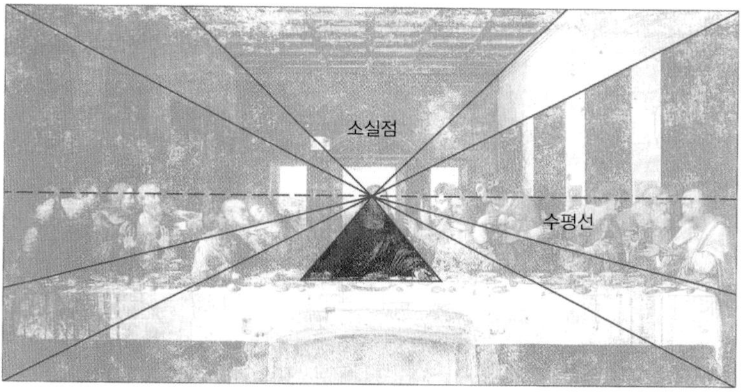

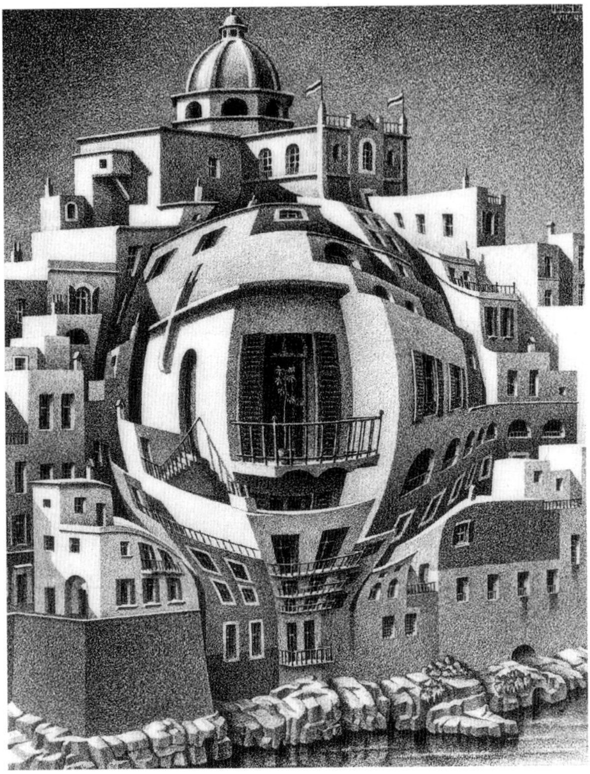

〈발코니〉 모리츠 에셔, 석판화, 30×23cm, 1945년
평면과 곡면에 비친 상. 어느 것이 세계의 객관적 모습인가?

를 왜곡한 셈이죠. 하지만 원근법을 이용하면 주관에 좌우되지 않고 대상을 '객관적'으로 묘사할 수 있답니다.

플라톤 하지만 과연 그게 사물의 객관적인 모습일까? 생각해보게. 가령 둥근 눈을 가진 카멜레온이 그림을 그린다면 어떻겠나? 그 녀석은 아마 유리구슬에 비친 모양으로 그리겠지. 그리고 그거야말로 '객관적' 묘사라고 우길 걸세. 꼭 자네처럼…….

아리스 그럴까요? 그럼 제가 투시원근법의 객관성을 실험으로 증명해 보이죠.

플라톤 실험으로?

아리스 예. 당장 그 실험 현장으로 가볼까요?

뒤러의 실험실

플라톤 저 둥근 바가지는 뭐지?

아리스 '류트'라는 악기인데요, 이제 저 친구들은 사람의 눈을 빌리지

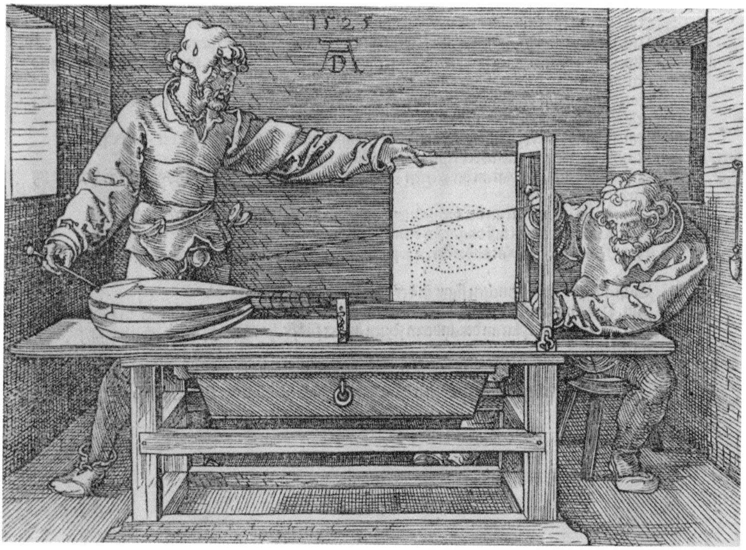

〈원근법의 증명〉 알브레히트 뒤러, 목판화, 1525년

않고 저 악기를 그릴 겁니다.

플라톤 그럴 수도 있나?

아리스 두고 보시죠. 벽에 못이 박혀 있죠? 그 못이 바로 사람 눈에 해당하죠.

플라톤 그럼 그 못에 묶여 있는 실은?

아리스 사람의 시선이죠. 이제 저 실의 다른 쪽 끝을 류트의 윤곽에 갖다대는 겁니다.

플라톤 왜?

아리스 우리 시선이 류트의 윤곽을 더듬어가는 셈이죠. 실의 끝이 류트의 윤곽을 따라 움직일 때마다, 실은 중간에 있는 저 네모난 테두리 안에서 궤적을 그리겠죠?

플라톤 그렇겠지.

아리스 실이 움직인 궤적을 종이 위에 일일이 점으로 표시하는 겁니다. 그럼 점들은 못의 위치에서 본 류트의 모습을 보여주게 되죠.

플라톤 아, 종이 위에 찍힌 점들 말인가?

아리스 예. 류트를 정면에서 바라본 모습이죠?

플라톤 그런데?

아리스 저 네모난 테두리에 생긴 실의 궤적은 아직 우리 눈못에 들어오기 전의 상태입니다. 말하자면 아직 우리 망막에 맺히기 전 류트의 모습이죠. 그런데 저 모습은 화가가 못의 위치에서 투시원근법에 따라 그린 그림과 정확히 일치합니다. 그렇다면 투시원근법의 객관성이 증명된 게 아닐까요?

묘사의 객관성

플라톤 겨우 그거야? 자넨 저게 대상의 '객관적' 모습이라 믿나?

아리스 그럼요.

플라톤 자, 마침 여기 좋은 게 있군. 뒤를 보게나. 같은 화가가 그린 모양이야. 깊이로 빨려들어가는 천장의 선들이 보이나? 그 선들은 결국 소실점에서 만나게 되겠지. 하지만 실제론 어떤가? 방이 세모가 아닌 이상, 그 선들은 사실 평행을 이루고 있을 걸세. 물론 결코 만나는 일도 없을 테고. 안 그런가?

아리스 그렇지요. 유클리드의 공리에 따르면…….

플라톤 그런데 왜 만나지도 않는 선을 마치 만나는 것처럼 그리냐는 얘기야. 그거야말로 '주관적' 묘사의 극치가 아닐까? 말하자면 세상 만물을 자기 눈을 중심으로 정돈한 거란 말일세. 마치 세상 모든 게 자기 눈을 위해 존재한다는 듯이…….

아리스 …….

플라톤 어쩌면 중세인들의 그림이야말로 객관적인지도 몰라. 생각해 보게. 인물이 눈에서 멀어진다고 실제로 그 사람의 키가 줄어드는가?

아리스 아니죠.

플라톤 결국 중세의 장인들이 원근법을 무시할 때, 그들은 사물을 '보이는 대로'가 아니라 '있는 그대로' 묘사하고 있는 셈이지. 이거야말로 '객관적' 묘사가 아닐까?

아리스 …….

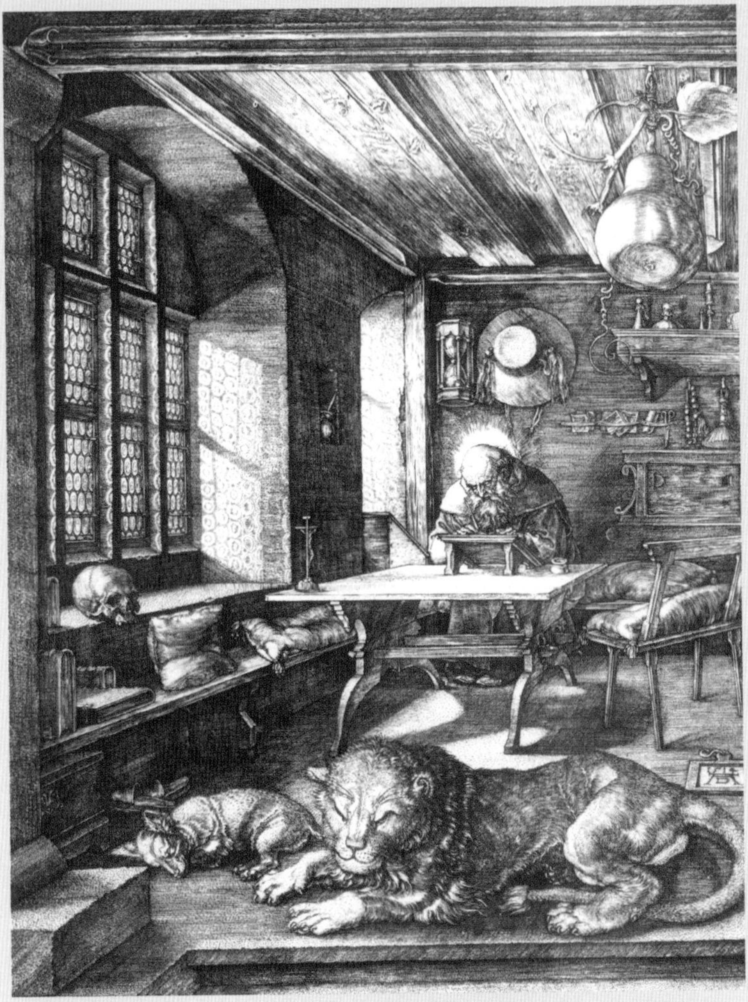

〈서재에 있는 성 제롬(히에로니무스)〉 알브레히트 뒤러, 동판화, 25×19cm, 1514년

히에로니무스는 중세 초의 성인으로, 히브리어 성서를 라틴어로 번역했다. 그는 어느 날 밤 발에 가시가 박혀 고생하던 사자를 보고 그 가시를 빼주었다. 그 뒤 사자는 늘 그를 따라다녔다고 하는데, 그림 속의 사자가 바로 그놈이다. 히에로니무스는 매사에 늘 탐구적이었다고 한다. 그래서 그는 르네상스인들의 이상이 되었다. 이 그림에서 소실점을 찾아보라.

실험실을 나서며

플라톤 이제 그만 나갈까?

아리스 그러죠.

플라톤 다빈치란 녀석은 꼭 자네를 연상시키더군. 그 친구도 자네처럼 쓸데없는 잡학에 관심이 많더군.

아리스 그런가요?

플라톤 근데 그자의 말에 따르면, 영혼이 죽어야 우리 육신이 분자 상태가 되어 영원한 자연의 품으로 돌아갈 수 있다더군.

아리스 데모크리토스 빰치는 유물론이군요.

플라톤 남 얘기가 아니야. 자네도 결국은 저자와 똑같은 천박한 결론을 내려야 할걸세. 자넨 형상이 질료 속에 들어 있다고 했지. 만약 자네 말대로 형상이 질료를 떠나서 존재할 수 없다면, 육신이 죽으면 마땅히 육신의 형상영혼도 존재할 수 없는 게 아닌가.

아리스 그렇게 되나요? 미켈란젤로는 어떤가요?

플라톤 그자는 뭘 좀 알아. 자연을 '모방'하지 않고 '내면적 형상'에 따르려 했으니까.

아리스 하지만 그 사람도 형상이 돌덩이 속에 들어 있다고 했는데요?

플라톤 물론 그렇지. 하지만 그 형상은 돌덩이 속에 머무르고 싶지 않은 모양이야. 〈죽어가는 노예〉를 보게. 육체의 감옥에서 벗어나려고 애쓰는 영혼의 몸부림이 보이지 않나?

에셔의 세계 6

3차원 환영의 파괴

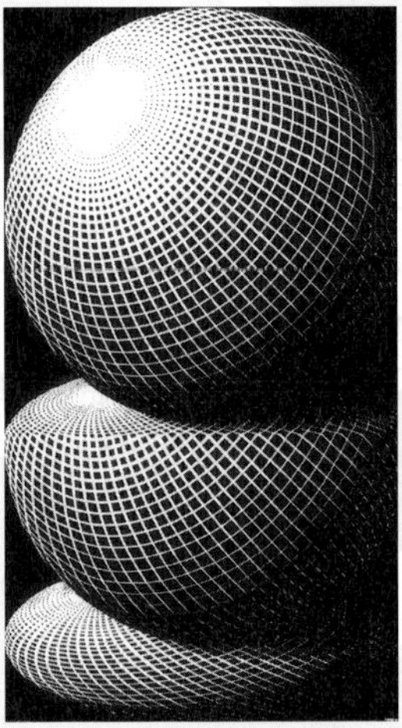

〈**3차원 I**〉 모리츠 에셔, 목판화, 28×17cm

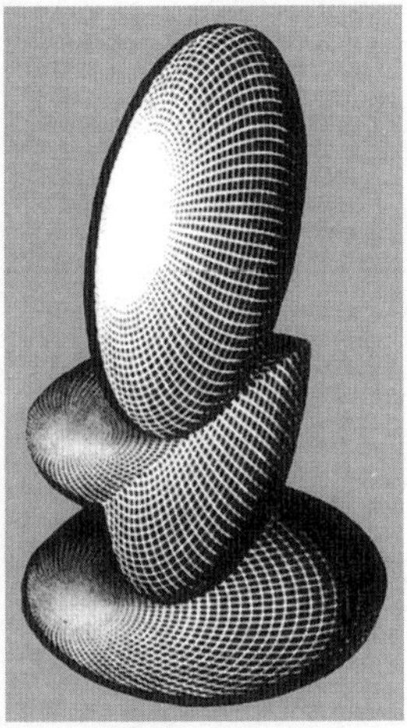

〈3차원 I〉의 의도를 보여주는 사진

원근법의 본질은 2차원의 평면에 3차원의 환영을 창조하는 데 있다. 그게 가능한 건 우리 눈의 망막이 평면으로 되어 있기 때문이리라. 망막에 비친 2차원의 상을 다시 3차원의 상으로 구성하는 데엔 이성적 사유가 필요하다. 그러므로 지각은 단순한 감각 이상의 것이다. 앞의 그림은 원근법이 애써 이룩

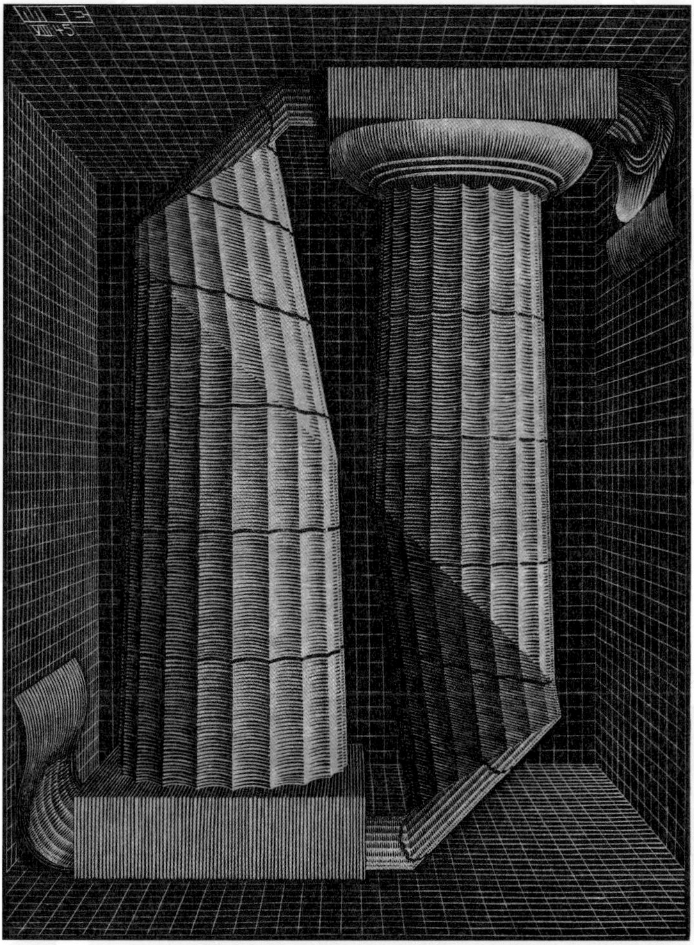

〈**도리스식 기둥**〉 모리츠 에셔, 목판화, 32×24cm, 1945년

한 것, 말하자면 3차원 공간의 환영을 깨고 있다. 저 도리스식 기둥을 에셔는 위아래로 슬쩍 접어놓음으로써, 3차원의 환영이 결국 눈속임에 불과하다는 사실을 폭로하고 있다. 〈3차원 I〉과 그 옆의 사진을 비교해보라.

바로크의 거장

추운 겨울밤. 네로는 안트베르펜의 성당에 몰래 숨어들어 간다. 성당의 그림이 보고 싶었기 때문이다. 이 그림은 공개되지 않고 늘 커튼으로 가려져 있었다. 커튼을 올리자, 창문으로 비추는 달빛에 그림이 장엄한 자태를 드러낸다. 네로는 넋을 잃고 그림을 바라본다. 하지만 추위와 굶주림에 지친 소년은 차디찬 바닥에 힘없이 쓰러지고, 잠시 뒤에 조용히 숨을 거둔다. 죽는 순간에도 그의 머리는 그림을 향하고 있다. 조금이라도 더 보려는 듯이. 다음 날 아침, 텅 빈 성당에서 네로와 파트라슈는 싸늘한 주검으로 발견된다.

만화 영화 〈플란다스의 개〉를 모르는 사람은 아마 없을 거다. 그 슬픈 이야기가 어린 마음에 얼마나 큰 상처를 주었던지……. 네로가 죽어가면서 바라보던 그 그림이 뭔지 아는가? 그건 루벤스Peter Paul Rubens, 1577~1640의 그림이었다. 원작에 따르면, 안트베르펜 대성당엔 루벤스의 작품이 세 점 있었다. 그 가운데 〈성모 승천〉은 공개되어 있었지만,

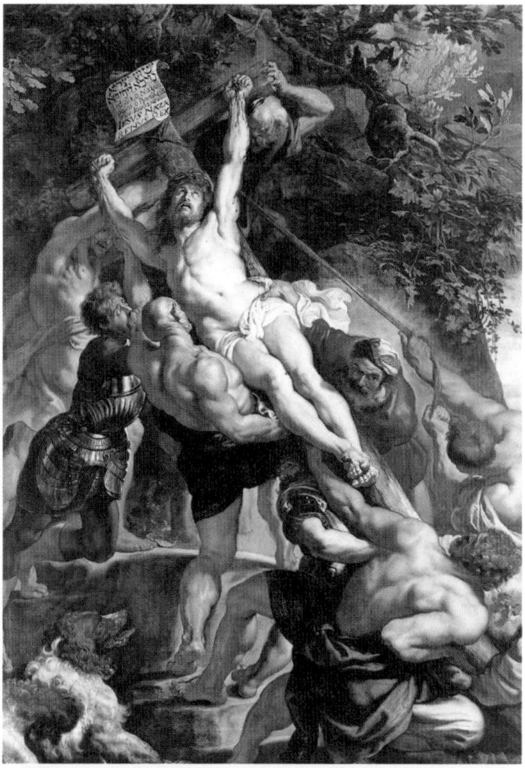

〈십자가를 세움〉
페테르 루벤스, 목판에 유채,
462×341cm, 1610년경

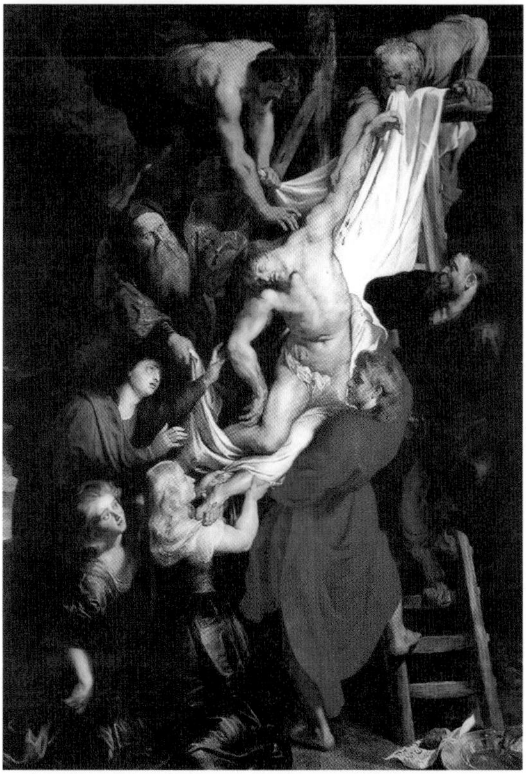

〈십자가에서 내려지는 그리스도〉
페테르 루벤스, 목판에 유채,
420×150cm, 1611~1614년

이게 바로 네로가 성당 바닥에서
죽어가면서 본 그림이다.

〈그리스도의 승천〉과 〈십자가에서 내려지는 그리스도〉는 늘 커튼으로 가려져 있었다 한다. 네로가 그렇게 보고 싶어 했던 그림은 〈십자가에서 내려지는 그리스도〉였다.

푸생과 루벤스

17세기 예술을 바로크 예술이라 부른다. 네로의 마음을 사로잡았던 이 플랑드르플란다스의 거장은 이 새로운 흐름의 대표자였다. 사실 바로크라는 말은 여러 의미로 사용된다. 좁은 의미로는 전통적 고전주의와 대립되는 루벤스풍의 역동적이며 격정적인 그림을 가리키지만, 넓은 의미로는 17세기 회화 전체를 가리킨다. 물론 이 경우에 바로크는 플랑드르의 루벤스, 프랑스의 푸생Nicolas Poussin, 1594~1645, 네덜란드의 렘브란트Rembrandt Harmensz van Rijn, 1606~1669, 에스파냐의 벨라스케스Diego Velázquez, 1599~1660 등 매우 다른 흐름들을 모두 포괄한다. 하지만 여기선 바로크를 고전주의와 대립되는 좁은 의미로만 사용하기로 하자.

루벤스의 그림이 보여주듯이, 바로크 예술은 르네상스나 고전주의와 매우 다르다. 윤곽은 뚜렷하지 않고, 묘사는 격정적이며, 구도는 복잡하고 역동적이다. 독일의 미술사가 뵐플린Heinrich Wölfflin, 1864~1945은 르네상스에서 바로크로의 변화를 시형식視形式, Seh-form의 변화, 즉 사물을 바라보는 눈의 변화로 설명했다. 그는 이걸 다섯 개의 개념 쌍으로 요약했는데, 내가 아는 한 르네상스와 고전주의 예술과 바로크 예술의 대립되는 특징을 이보다 더 훌륭하게 설명하는 이론은 없다.

- 선적인 것에서 회화적인 것으로

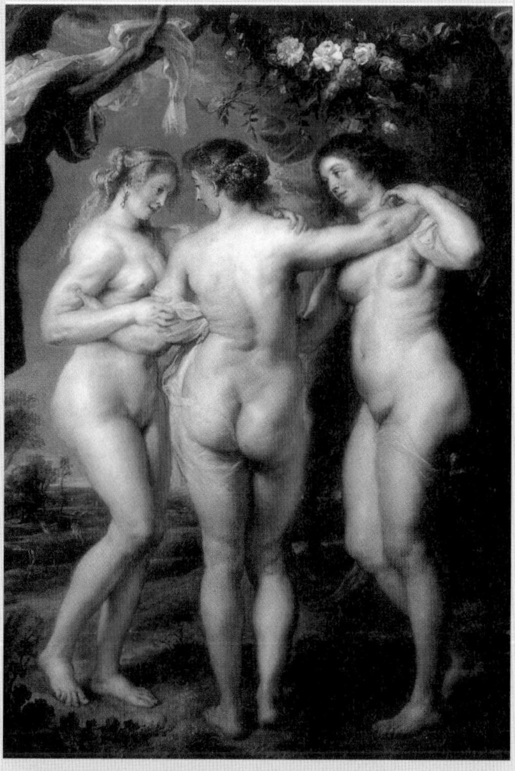

〈삼미신(三美神)〉
페테르 루벤스, 목판에 유채
221×181cm, 1636~1638년

이 작품을 보티첼리의 세 여신과 비교해보라. 루벤스의 여신들은 윤곽이 뚜렷하지 않다(회화적).

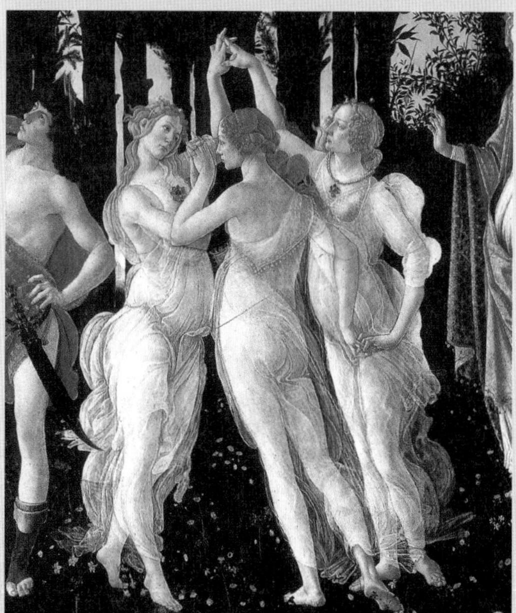

〈봄〉(부분)
산드리 보티첼리
목판에 템페라, 1478년경

삼미신의 윤곽을 보라. 너무도 명확해서 더듬어 만질 수 있는 조각품을 연상케 한다(촉각적).

- 평면에서 깊이로
- 닫힌 형식에서 열린 형식으로
- 다양성에서 단일성으로
- 명료성에서 불명료성으로

시형식의 변화

르네상스의 회화는 '선적線的'이다. 그래서 드로잉을 가장 중요시한다. 거기서 대상들은 뚜렷한 윤곽을 가지고 배경과 분명하게 구별된다. 그러므로 르네상스 회화는 촉각적이라고 할 수 있다. 윤곽은 눈을 감고 손으로 더듬어서 파악할 수 있는 거니까. 반면 바로크 회화는 '회화적', 곧 시각적이다. 중요한 건 더듬어 확인할 수 있는 대상의 고정된 윤곽이 아니라, 눈에 보이는 대로 시시각각 변하는 대상의 외관이다. 그 때문에 윤곽선은 희미해지고 종종 흐르다가 끊기곤 한다.

르네상스의 회화는 '평면적'이다. 말하자면 그림 속의 인물들이 거의 같은 깊이에 평면적으로 배치되어 있다. 하지만 바로크 회화는 겹침을 강조한다. 그건 인물들이 '깊이'에 따라 배열되기 때문이다. 이 때문에 보는 사람은 마치 자신의 눈이 앞뒤로 움직이는 것처럼 느끼게 된다. 사실은 좌우로 조금 움직였을 뿐인데 말이다.

르네상스 회화는 '닫힌 형식'이다. 가령 대상들은 안정된 건축적 구조를 이루며 그림 안에서 완결되어 있다. 반면 바로크 예술은 '열린 형식'이어서 뭔가 그림이 완결되지 못하고 바깥으로 열려 있는 느낌을 준다. 가령 인물의 배치가 삼각형 구도를 이룬다고 하자. 르네상스 회화에선 삼각형이 전부 그림 속에 들어와 있다. 하지만 바로크 회화

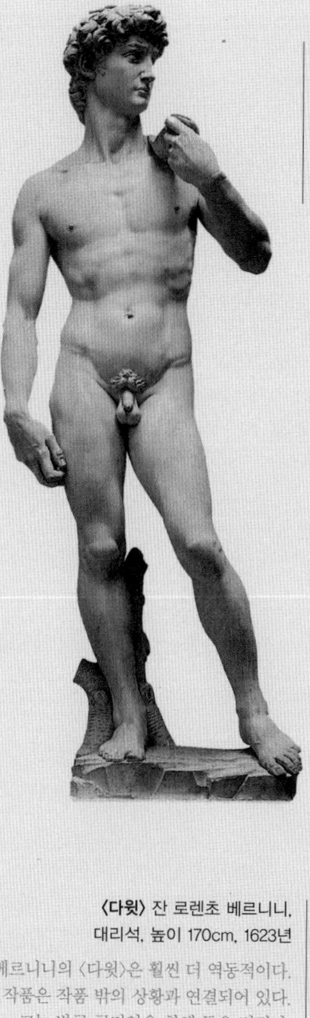

〈다윗〉 미켈란젤로 부오나로티,
대리석, 높이 434cm, 1501~1504년

미켈란젤로의 〈다윗〉은 정적(靜的)이다. 이 작품은 모든 게 완결되어 있는 자기 완결적인 작품이다(닫힌 형식).

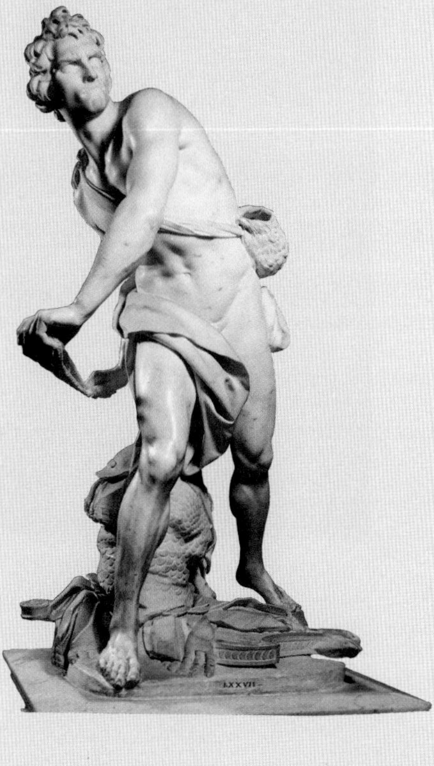

〈다윗〉 잔 로렌초 베르니니,
대리석, 높이 170cm, 1623년

베르니니의 〈다윗〉은 훨씬 더 역동적이다. 이 작품은 작품 밖의 상황과 연결되어 있다. 그는 방금 골리앗을 향해 돌을 던졌다. 이로써 우리는 저 조각상 밖에 골리앗이 있고, 또 그의 이마로 날아가는 돌이 있다고 생각하게 된다. 작품 속의 상황은 작품의 테두리 밖으로 연장되는 듯한 느낌을 준다(열린 형식).

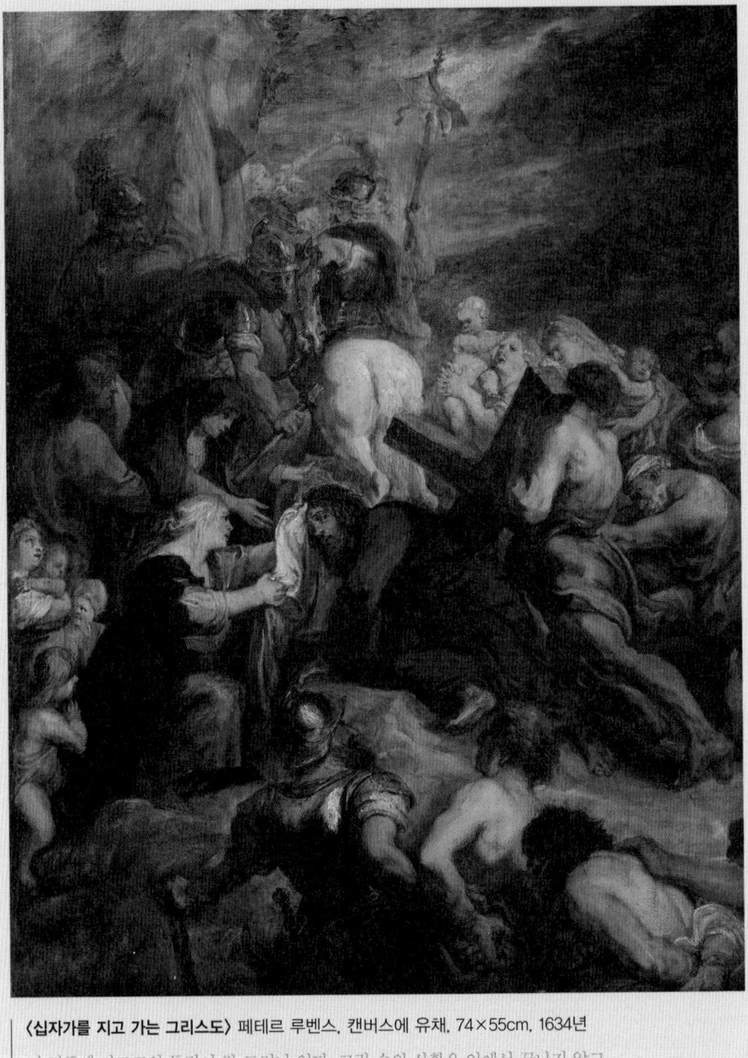

〈십자가를 지고 가는 그리스도〉 페테르 루벤스, 캔버스에 유채, 74×55cm, 1634년

이 작품엔 바로크의 특징이 잘 드러나 있다. 그림 속의 상황은 안에서 끝나지 않고, 인물들은 전후로 배치되어 있다(깊이). 그리고 인물들의 역동적인 동세(動勢)를 보라.

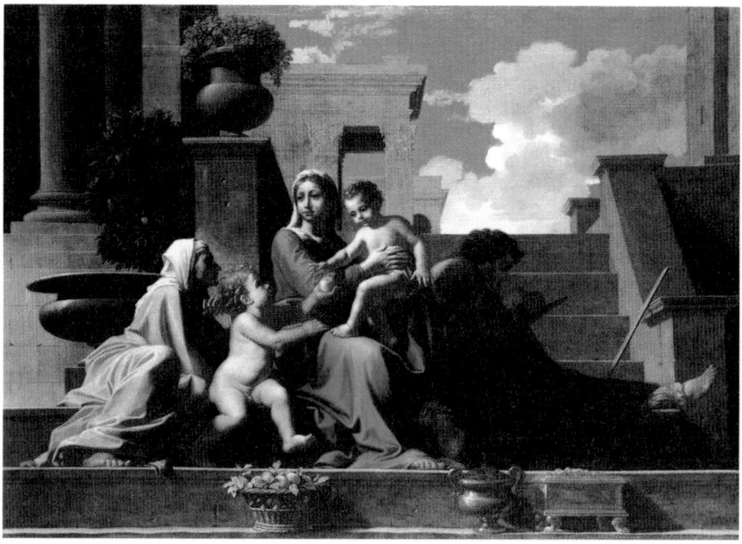

〈계단 위의 성 가족〉 니콜라 푸생, 캔버스에 유채, 69×98cm, 1648년

푸생의 작품은 뚜렷한 윤곽을 갖고 있다. 상황은 저 그림 안에 완결되어 있다. 인물들은 동일한 깊이에 배치되어 있고(평면), 아주 고요하며 정적인 모습을 보여준다.

에선 종종 꼭지점들이 그림 바깥으로 벗어나 있어, 그림이 바깥으로 무한히 연장될 수 있는 것처럼 보인다.

르네상스 회화는 '다양성'으로 특징지어진다. 즉 대상들은 뚜렷한 윤곽선에 의해 배경과 뚜렷이 구별된다. 반면 바로크 회화는 '단일성'이 특징이다. 윤곽이 뚜렷하지 않다 보니, 대상들은 독립성을 갖지 못하고 전체에 녹아들어 있다. 르네상스 회화에선 독립성을 가진 각 부분들의 조화로 통일성이 이루어진다면, 바로크 회화에선 각 부분이 독립성을 잃고 전체 테마에 합류함으로써 이루어진다.

르네상스 회화는 '명료성'을 갖고 있다. 그림의 각 부분들은 뚜렷한 형태를 갖고 있고, 거기에 모호함은 조금도 없다. 하지만 바로크 회화에선 형태들이 '불명료'하다. 형태들은 온전한 모습으로 전개되지 않고, 본질적인 것만 나타내면 그걸로 충분했다. 중요한 것은 전체의 효과이므로 명확한 디테일 묘사는 의미가 없다. 구도, 빛, 색채도 더 이상 형태를 분명히 나타내는 데 사용되지 않고, 그 자체의 삶을 살게 된다고 한다.

푸생이냐, 루벤스냐

이 시기 프랑스에선 푸생이 활약하고 있었다. 푸생과 루벤스는 동시대를 살았지만 전혀 다른 경향을 띠고 있었다. 푸생의 꿈은 고대와 르네상스로 돌아가는 것이었다. 그래서 바로크 취향이 유럽을 휩쓸던 17세기에, 프랑스에선 난데없이 고전주의로 '리바이벌'이 일어난다. 이는 아마 데카르트René Descartes, 1596~1650 철학과도 관계가 있을 거다. 데카르트는 기하학처럼 명확하고 뚜렷한 지식을 추구했는데, 고전주의 예술이야말로 데카르트 철학의 예술적 구현물이니까. 푸생은 자기가 철저하게 '이성'에 따랐다고 믿고 있었다J'ai des raison pour tout.

고전주의 미학은 르네상스 미학과 큰 차이가 없다. 르네상스가 그들의 이상이었으니까. 미는 질서, 비례, 척도로 표현된다. 미를 보는 건 '눈'이지만 미를 평가하는 건 '이성'이다. 예술은 자연의 모방이며, 자연은 예술의 모델이다. 예술은 과학이기에 이성과 엄격한 규칙에 따라야 한다. 예술은 중요한 주제와 그 주제를 분명히 드러내주는 명료한 형식을 취해야 한다. 따라서 예술의 생명은 디자인 또는 드로잉이다.

17세기 유럽엔 이렇게 서로 다른 두 흐름이 있었다. 고전주의 예술이 데카르트적 '이성'의 예술이라면, 바로크는 무엇보다도 '감정'의 예술이었다. 루벤스와 푸생의 그림을 비교해보면, 둘이 얼마나 다른지 금방 알 수 있다. 당시에 비평가들은 둘 중 누가 더 위대하냐를 놓고 격렬한 논쟁을 벌이기도 했다. 푸생의 추종자들에게 바로크 예술은 기괴하고 혼란스런 '취미의 타락'으로 보였다. 반면 루벤스 편에 섰던 사람들에게 고전주의 예술은 구태의연하고 천편일률적으로 보였을 거다. 별 걸 다 가지고 싸운다고 생각할지 모르나, 적어도 이 논쟁을 통해 분명해진 게 있다. 미적 취향취미은 다양할 수 있다는 사실이다.

에스테티카

17세기엔 봉건 세력과 부르주아 세력이 아슬아슬한 힘의 균형을 이루고 있었다. 양자의 대립이 파국으로 흐르는 걸 막으려면, 절대 권력을 가진 자가 가운데서 양자의 대립을 조정할 필요가 있었다. 여기서 절대왕정이 등장한다. '이성'과 '신'의 선한 의지에 양다리 걸치는 데카르트의 철학은 이 이중 권력의 철학적 반영이다.

하지만 시대는 빠르게 변하고 있었다. 봉건 세력은 몰락하고 있었고, 부르주아지는 경제력을 바탕으로 빠르게 성장하고 있었다. 봉건 세력들은 역사의 흐름을 되돌리려 애썼지만, 돈키호테가 아무리 용감해도 풍차는 도는 법이다.

이제 부르주아지는 절대왕정을 타도하고 자신이 권력을 잡기를 꿈꾼다. 이 부르주아 드림이 바로 '계몽주의'다. 그들은 진리의 근원을 인습이나 권위가 아닌 인간의 '이성'에서 찾았고, 이성이 인간에게 무한한 행복을 가져다주리라 굳게 믿었다. 얼마나 굳게 믿었냐 하면, 세

련된 프랑스인들이 자기 나라 왕의 목을 벨 정도였다. 요즘이야 이성의 권위가 땅에 떨어졌지만, 사실 계몽의 이념이 없었다면 오늘 우리는 존재할 수 없다. 합리적 사고방식, 자유주의적 정치의식, 개인주의적 생활태도, 이 모든 게 계몽의 산물이니까.

미학도 실은 계몽주의의 산물이다. 물론 미와 예술에 대한 고찰은 그 이전에도 있었다. 하지만 그게 체계를 갖춘 어엿한 '학문'이 된 건 이 시대의 업적이다. 이 시대에 미학은 두 갈래로 나뉘어 발전한다. 하나는 대륙의 합리론적 흐름이고, 다른 하나는 영국의 경험론적 흐름이다. 어쨌든 18세기에도 고전주의적 관념이 여전히 우세했으나, 전 세기와는 달리 차차 예술은 '감성'의 문제로 여겨지기 시작한다. 왜냐고? 최소한 이 시대는 감정을 중시하는 바로크와 로코코라는 예술을 이미 목격했으니까.

데카르트 정신에서 탄생한 근대 미학

독일의 철학자 바움가르텐Alexander Gottlieb Baumgarten, 1714~1762은 '미학aesthetica'이란 말을 만든 사람으로 유명하다. 그의 가장 큰 업적은 처음으로 인간의 '감성'을 학문 연구의 대상으로 삼았다는 데 있다. 가령 인간의 '지성'은 인식론에서, '의지'는 윤리학에서 연구해왔다. 하지만 이제까지 인간의 감성을 연구하는 학문은 없었다. 그런 학문도 하나쯤 있을 법하지 않은가. 여기서 바움가르텐은 새로운 학문을 생각해내고, 거기에 감각을 뜻하는 그리스어 '에스테시스aesthesis'를 본떠 '에스테티카'란 이름을 붙였다.

우리는 예술이 감성의 문제라 생각하나, 르네상스 시대까지만 하더

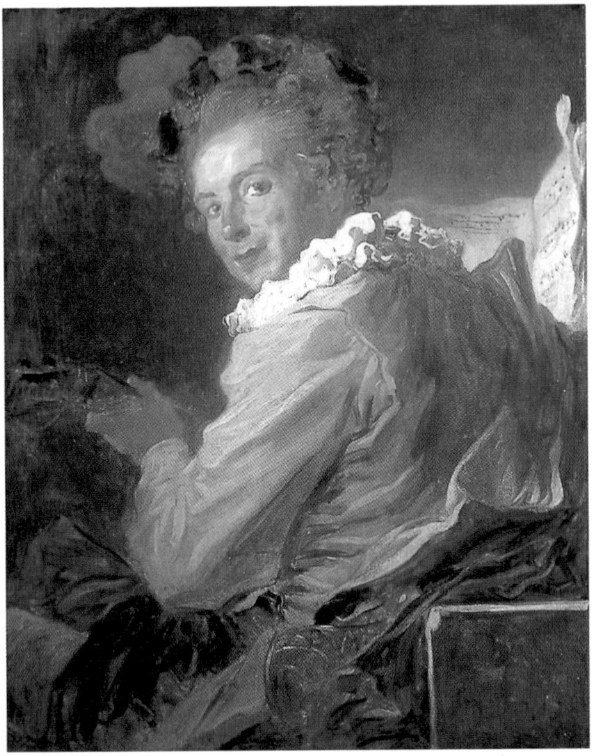

〈음악〉 장 오노레 프라고나르, 캔버스에 유채, 80×65cm, 1769년

라도 예술은 이성적 작업이었다. 가령 다빈치는 예술과 과학 사이에 아무 차이도 발견하지 못했다. 그러나 바움가르텐은 적어도 예술이 감성의 문제란 걸 알고 있었다. 하지만 감성은 오랫동안 정신을 현혹하고 진리를 왜곡한다고 매도되어왔다. 어떻게 하면 감성의 권리를 회복할 수 있을까? 두 가지 길이 있다. 감성을 이성 '아래' 포섭하든지, 아니면 낭만주의자들처럼 아예 이성 '위'에 올려놓든지. 그는 전

자의 길을 택했다. 감성도 일종의 이성으로 봄으로써 감성을 복권시키려 했던 거다. 근대 미학은 이 데카르트 정신에서 탄생했다.

데카르트 같은 합리주의자의 이상은 당연히 기하학처럼 '명확하고 뚜렷한' 지식의 체계를 세우는 거다. 원래 '명확'하다는 건 어떤 개념이 외적으로 다른 개념과 뚜렷이 구별된다는 뜻이며, '뚜렷'하다는 건 그 개념의 내용이 내적으로 명확하다는 뜻이다. 우리는 명확함을 위해선 개념을 분류하고, 뚜렷함을 위해선 개념을 정의한다. 그림에 비유하면, 명확함은 대상의 윤곽이 배경과 뚜렷이 구별되는 걸 말하고, 뚜렷함은 대상을 이루는 부분들의 묘사가 명확한 걸 말한다. 고전주의 회화가 그런 명확하고 뚜렷한 그림의 대표적인 예다.

우리의 머릿속엔 명석한 관념도 있고 모호한 것도 있다. 물론 합리주의자들이 보기에 모호한 관념은 좋지 않은 거다. 고전주의자들의 눈에 윤곽선이 뚜렷하지 않은 바로크 회화가 고약한 취미로 보였듯이 말이다. 명석한 관념엔 다시 두 가지가 있다. 하나는 '명석'하면서도 '판명'한 관념이다. 기하학이나 논리학이 여기에 속한다. 그리고 다른 하나는 '명석'하나 아직은 '혼연'한 관념인데, 미와 예술이 바로 여기에 속한다. 하지만 미와 예술이 왜 명석하고 혼연하다는 걸까?

- **명석(clara)**
  - **판명(distincta): 기하학, 논리학**
  - **혼연(confusa): 미, 예술**
- **모호(obscura)**

명석과 혼연

이렇게 생각해보자. 당신은 어떤 게 아름다운지 금방 알아낸다. 가령 전철에 탄 수많은 '안 아름다운' 아가씨들 가운데서 당신의 예리한 눈은 실수 없이 예쁜 아가씨를 찾아낸다. 이렇게 미의 관념은 '명석'하다. 하지만 막상 '아름다움'이 뭐냐 물으면, 아마 당신은 대답하지 못할 거다. 어떤 게 아름다운지 잘 알면서도, 정작 그게 아름다운 이유를 대기는 어렵다. 그런 의미에서 미의 관념은 '혼연'하다. 미에는 항상 '알 수 없는 그 무엇Je ne sais quoi'이 남기 마련이니까.

여기서 바움가르텐과 17세기 고전주의 미학의 차이가 드러난다. 고전주의자라면 미와 예술까지도 명석하고 판명한 관념 속에 집어넣었을 테니까. 하지만 이 차이를 과장하면 안 된다. 왜냐하면 그는 감성을 일종의 이성으로, 즉 '유사 이성'으로 보기 때문이다. 비록 미와 예술은 어디까지나 감성의 일이지만, 이 감성 자체가 일종의 불완전한 이성이라는 거다.

감성적 인식

그 결과 미와 예술은 일종의 인식이 된다. 그건 감성을 이용한 인식, 말하자면 감성적 인식이다. 감성적 인식의 토대를 이루는 건 상상, 기억, 감정 등이다. 과거에 사람들은 감성을 인간 정신을 현혹하는 것으로 매도했다. 바움가르텐이 감성의 권리를 복권시키려 했을 때, 합리주의자로서 그가 택할 수 있었던 유일한 길은 그걸 '인식'으로 간주하는 것이었다. 그래서 미와 예술이 일종의 하위 인식 능력이 되었다.

물론 이성에 비하면 이 뚜렷하지 못한 인식은 차원이 낮다. 하지만 이 저급한 인식에도 법칙이 있어, 그걸 학문적으로 연구할 수가 있다. 그게 바로 미학이다. 미학은 '감성적 인식의 학'이며 저차低次의 논리학이다. 하지만 이 저급한 인식이 도대체 어디에 필요한 걸까?

외연적 명석함

바움가르텐이 보기에, 이 하위의 인식 능력은 이성을 보완하는 역할을 한다. 이렇게 생각해보자. 이성적·논리적 인식은 추상적 인식이다. 추상이란 글자 그대로 '상象'을 뽑아낸다는 뜻이다. 우리가 '개'라는 개념을 추상할 때, 우리는 현실에 있는 수많은 개가 가진 공통성을 뽑아낸다. 물론 그때 개들이 가진 개성個性은 삭제된다. 그러므로 추상은 곧 사상捨象이기도 하다. 대상이 가진 개별적 성질이 모두 사상되므로, 추상적 인식엔 '생생함'이 없다. 그러니 추상이란 상실이 아니고 무엇이겠는가?

이때 감성적 인식은 명석함을 높여줌으로써 이러한 '상실'을 보완한다. 관념의 명석함을 높이는 데는 두 가지 방법이 있다. 그 관념의 의미내포를 분명히 드러내는 거다. 이를 '내포적 명석함'이라고 한다. 또 하나는 그 개념이 지시하는 대상외연을 제시하는 거다. 사실 인간이 뭔지 구구절절 늘어놓는 것보다 그림 한 장 보여주는 게 훨씬 더 낫지 않은가. 이게 바로 '외연적 명석함'이다. 예술은 이 외연적 명석함을 가지고 이성적·논리적 인식의 추상성을 보완한다.

감성적 인식의 완전성

바움가르텐은 미를 '감성적 인식의 완전성'으로 보았다. 그리고 가장 완전한 형태의 감성적 인식을 시詩에서 찾았다. 왜? 아마도 시인들이 머릿속에 떠오른 희미한 느낌, 연상, 감정을 완전한 형태로 다듬어 독자에게 제시하기 때문일 거다. 어쨌든 그는 고대 수사학의 전통을 따라 시를 감성적 표상, 이 표상들의 연쇄, 분절화한 음성이라는 세 부분으로 구분하는데, 시는 이 모두가 완전할 때 비로소 아름다울 수 있다. 그게 바로 감성적 인식의 완전성이다.

감성적 표상

'감성적 표상'이란 대충 말하면 시가 전달하는 관념이다. 한 편의 시를 읽고 당신의 머릿속에 떠오르는 세계의 생생한 표상들 말이다. 시인들이 머릿속에 떠올리는 표상들 가운데엔 세계에 실제로 존재하는 것도 있고, 존재하진 않지만 존재할 수 있는 것도 있다. 바움가르텐에 따르면 시인은 꼭 '현실세계'만이 아니라 존재할 수 있는 '가능세계'까지도 묘사한다. 말하자면 그는 '허구'의 가능성을 인정한 거다. 하지만 예술은 어느 가능세계에서도 불가능한 것부재적 허구을 묘사해선 안 된다고 한다. 가령 '동그란 삼각형' 같은 거 말이다. 그런 논리법칙을 깨는 명백한 '오류'니까. 세계의 질서를 깨는 이런 불완전한 표상은 시에서 배제해야 한다. 그가 〈벨베데레〉를 보았다면, 과연 뭐라고 했을까?

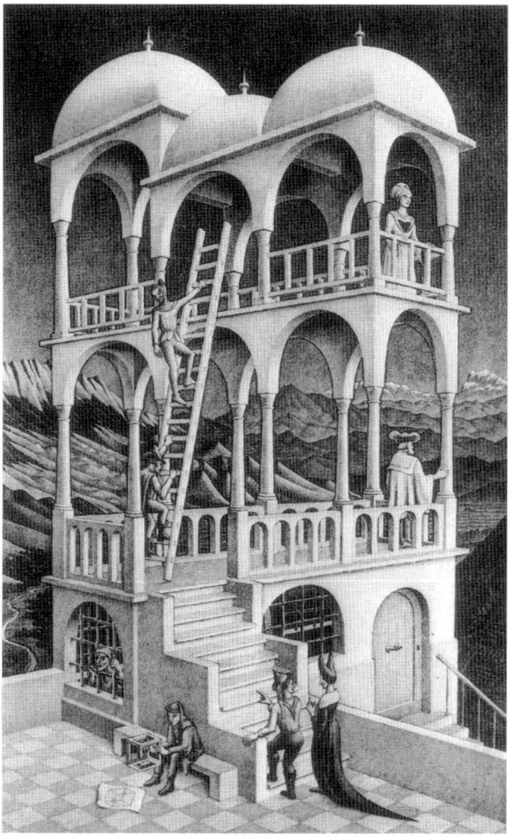

〈벨베데레〉 모리츠 에셔, 석판화, 46×30cm, 1958년
아이큐 테스트! 그림에서 이상한 부분을 찾아보라.

표상들의 연쇄

시는 이렇게 세계의 완전한 질서를 드러내는 표상들로 이루어진다. 똑같은 길이라도 가능한 한 많은 표상을 불러일으키는 게 좋은 시다.

그럴수록 시는 외연적 명석함을 띠니까. 가령 하나의 예를 제시하는 것보다는 여러 예를 제시하는 쪽이 '인간'의 개념을 더 명석하게 보여줄 거다. 하지만 이걸로 충분하지 않다. 한 편의 시를 이루려면, 수많은 부분적 표상이 전체 속에 질서정연하게 결합되어야 한다. 하지만 어떻게?

시가 불러일으키는 많은 표상을 하나로 결합하는 것이 바로 '주제'다. 주제는 시의 목적이다. 라이프니츠Gottfried Wilhelm von Leibniz, 1646~1716의 '충족 이유율'에 따르면, 존재하는 모든 것엔 그것이 존재하는 이유가 있어야 한다. 시의 표상들도 마찬가지다. 그것들이 존재하는 이유는 시의 주제를 위해서다. 시의 모든 표상은 주제와 관련을 맺어야 하며, 주제를 명석하게 드러내야 한다. 주제와 관련 없는 표상들은 시 속에 있어야 할 이유가 없다. 그리고 시의 주제는 단 하나여야 한다. 주제가 여러 개라면 모호해질 테니까.

분절화한 음성

아직 시는 만들어지지 않았다. 시가 되려면 표상들의 연쇄가 시인의 머릿속에서 나와 분절화한 음성, 즉 '말'로 표현되어야 한다. 시가 완전하려면 시의 재료인 말도 완전해야 한다는 거다. 그는 이를 의미론과 음향론으로 나누어 설명한다. 의미론에선 '시의 어휘'라고 할 수 있는 은유, 비유, 알레고리 같은 문제를 다루고, 음향론에선 운율의 문제를 다루고 있다. 이렇게 사유의 조화, 질서의 조화, 기호의 조화가 동시에 이루어질 때, 감성적 인식시은 완전성미에 도달한다.

이제 바움가르텐이 구체적으로 어떤 유형의 예술을 좋아하는지 알 수 있을 거다. 단 하나의 주제를 갖고, 읽는 사람의 머릿속에 생생한 표상을 많이 불러일으키고, 주제가 뚜렷하며, 그 내용에 알맞은 비유와 운율을 갖춘 시다. 사실 이런 조건을 모두 갖춘 예술은 고전주의 예술뿐이다. 그런 의미에서 그의 예술론은 사실 고전주의 미학을 크게 넘어서지 않는다. 비교해보라. 사유의 미, 질서의 미, 기호의 미가 이루어내는 다양성의 통일. 그리고 고전주의 회화에서 볼 수 있는 명료한 부분들이 이루어내는 전체적 조화. 비슷하지 않은가?

인식이냐, 유희냐

바움가르텐은 감성을 인식으로 간주함으로써 감성을 복권시켰다. 어쨌든 내 경험에 따르면, 톨스토이Lev Nikolaevich Tolstoy, 1828~1910의 《전쟁과 평화》가 역사책에서 배울 수 없는 지식을 전달해주는 것만은 사실인 것 같다. 바움가르텐의 가장 큰 업적은 예술이 가진 이 '인식적 기능'을 철학적으로 뒷받침했다는 데 있다. 예술을 '진리'의 전달 매체로 보는 근대 '진리 미학'의 전통은 바로 여기서 비롯되어 헤겔에게서 완성된다. 하지만 예술을 '인식'으로 보는 건 어딘가 문제가 있다. 과연 우리는 뭔가를 인식하려고 시를 읽는가?

여기서 또 하나의 노선이 나온다. 이 노선은 영국의 취미론에서 시작되어 칸트에서 완성된다. 이들에 따르면, 미는 '인식'이 아니라 '쾌감'이며, 예술의 본질은 '진리 내용'이 아니라 '형식'에 있다. 예술은 '이성'의 산물이 아니라 '상상력의 유희'며, 예술가는 고정된 법칙에 따르지 않고 '영감'에 따라 자유로이 창작을 한다. 이런 생각을 '형식 미학'이라 부르기로 하자. 이제 우리는 곧 그 대가大家를 만나게 될 거다.

에셔의 세계 7

불가능한 형태

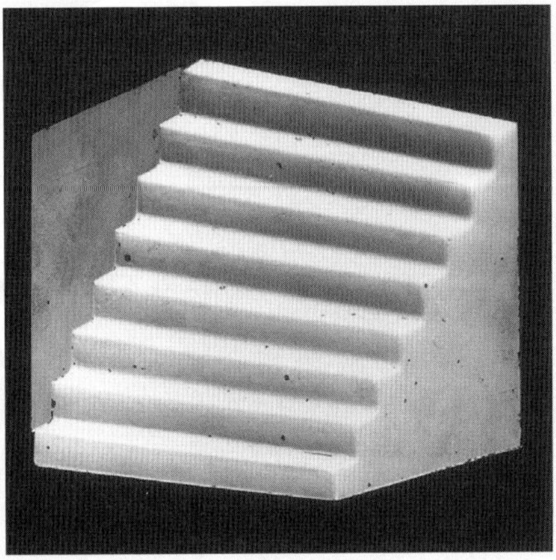

쇼우텐 교수의 계단

아리스토텔레스는 비극이 '있을 법한' 사건을 묘사할 수도 있다고 주장했다. 이로써 그는 플라톤에 맞서 예술적 '허구'를 옹호하려 했다. 바움가르텐도 예술이 가능세계를 묘사할 수 있다고 했다. 하지만 그림 〈볼록과 오목〉을 보라. 저건 어느 가능세계에서도 있을 수 없는 일이다. 저런 일이 가능한 세계가 있다면 그건 단 하나, 예술의 세계뿐이다. 이 불가능한 형태는 에셔가 즐

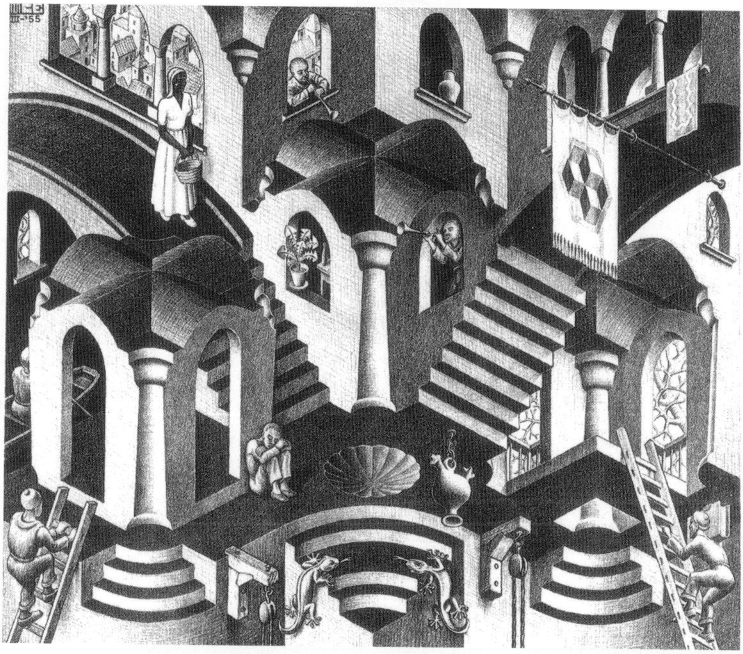

〈볼록과 오목〉 모리츠 에셔, 석판화, 28×34cm, 1955년

겨 그린 주제 가운데 하나인데, 이 그림도 마찬가지다. 어떤 방법으로 저런 그림을 그렸을까? 왼쪽의 장난감 계단을 보라. 에셔가 어느 수학자에게서 선물로 받은 거라고 한다. 저 계단은 이중성을 띠고 있다. 무슨 얘기냐고? 계단 양 옆에 붙어 있는 칸막이를 하나씩 차례로 손으로 가려보라. 먼저 오른쪽, 다음은 왼쪽. 그리고 다시 〈볼록과 오목〉을 보라.

파리스의 심판

아폴로 산꼭대기에 아름답기로 소문난 세 여신이 살았다. 제우스의 부인 헤라, 그의 딸 아테나와 아프로디테다. 어느 날 누가 가장 아름다운지를 놓고 싸움이 붙었다. 평소 여성의 속성을 잘 알고 있던 제우스는 현명하게도 이 논쟁에 말려들기를 꺼렸다. 대신에 그들에게 미적 안목이 높은 트로이의 왕자 파리스를 추천했다. 물론 판결이 내려지기 전까지 치열한 로비가 있었다. 헤라는 재산을, 아테나는 도시를, 그리고 아프로디테는 세상에서 가장 아름다운 여성을 주겠노라 약속했다. 파리스는 아름다운 여성 쪽으로 결정했다. 아프로디테가 미의 여신이 된 데엔 이런 흑막이 있다.

이제 아프로디테가 약속을 지킬 때가 되었는데, 문제가 있었다. 세상에서 가장 아름다운 여성이 유부녀였기 때문이다. 하지만 인간에게 한 약속은 무조건 지켜야 하는 게 신의 불문율이었으므로, 그녀는 파리스가 스파르타의 왕 메넬라오스의 아내인 헬레네를 유혹하여 함께

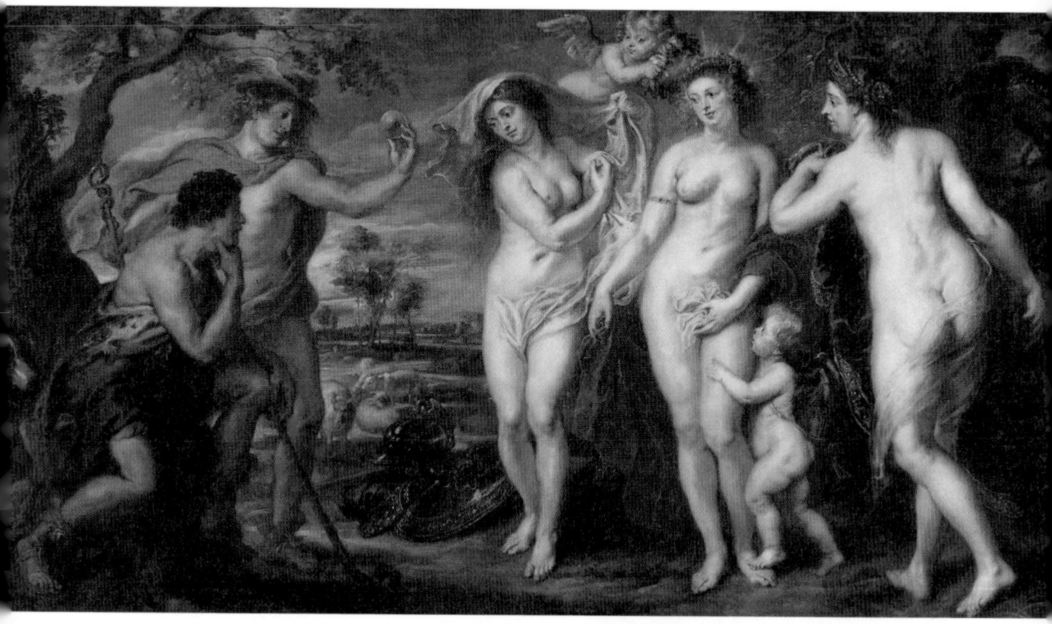

〈파리스의 심판〉 페테르 루벤스, 목판에 유채, 145×194cm, 1636년

앉아 있는 사람이 파리스고, 그 옆에 서 있는 남자는 아마 제우스의 전령 헤르메스일 거다.
날개 달린 모자(원래는 날개 달린 신발)를 쓰고 있으니까. 화면 중앙에는 전쟁과 지혜의 여신
아테나(미네르바)가 있다. 발 밑에 방패가 보이고, 그녀가 벗어 든 망토 밑에 부엉이가 있다.
가운데 있는 여신이 아프로디테(비너스)다. 그의 아들 에로스(큐피드)가 붙어 있으니까.
화면 오른쪽 끝에 있는 여신은 헤라(주노)다. 그녀는 보통 공작을 데리고 다닌다.
이런 식으로 그림을 읽는 데 필요한 학문을 도상학(iconography)이라 한다.

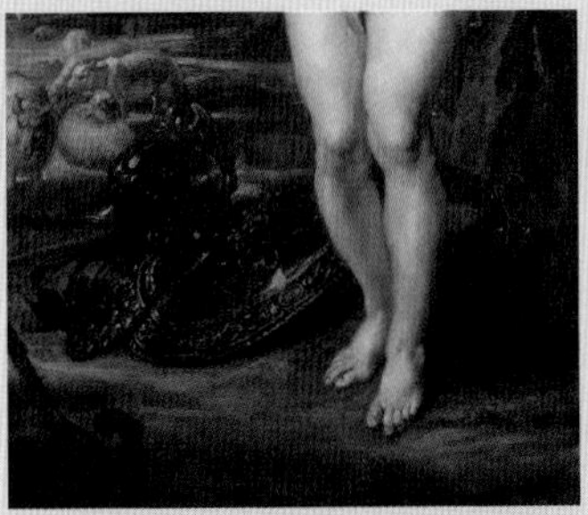

그림 속에 등장하는 인물이 누구를 가리키는지 나타내기 위해 화가들은 '어트리뷰트'를 사용한다. 투구, 방패, 갑옷은 전쟁과 지혜의 여신 아테나(미네르바)의 어트리뷰트다.

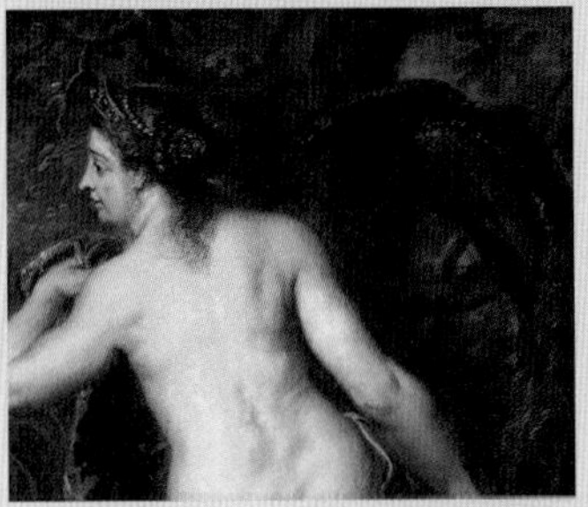

자부심의 상징인 공작을 데리고 다니는 여인은 제우스의 부인 헤라(주노)다.

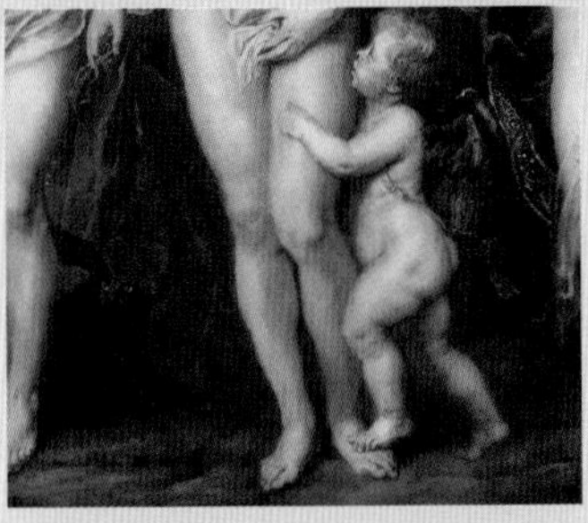

미의 여신 아프로디테(비너스)는 대개 아들인 에로스(큐피드)를 데리고 다닌다.

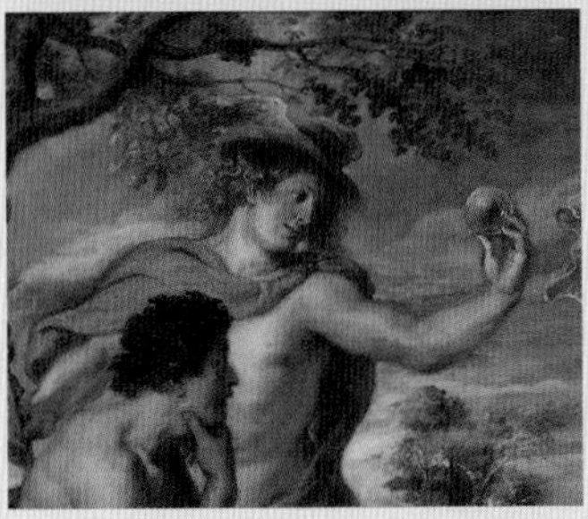

날개 달린 모자(원래는 신발)를 쓰고 있는 이는 제우스와 인간 사이를 오가며 신의 메시지를 전달하는 헤르메스다.

도주하도록 도와준다.

아내를 빼앗긴 메넬라오스와 그의 형 아가멤논은 그리스 연합 함대를 이끌고 트로이로 진격한다. 그 뒤의 얘기는 여러분이 더 잘 알 거다. 에우리피데스는 《트로이의 여인》에서 트로이의 멸망을 생생하게 묘사했다. 번영하던 트로이, 폐허로 변한 트로이, 노예가 된 여인들의 한탄, 헬레네의 뻔뻔스런 변명, 트로이 여인들의 원망…….

미의 자율성

아주 오랫동안 사람들은 이처럼 미를 선善이나 진眞에, 예술을 도덕이나 종교 또는 철학에 종속시켰다. 하지만 우리는 다르다. 우리는 그저 즐거움 때문에 예술을 감상한다. 착한 사람이 되려고 영화관에 가거나, 유식해지려고 음악회에 가지 않는다. 하지만 수천 년 동안 사람들은 '순수 예술', 즉 진리나 도덕적 교훈을 주는 예술이 아니면 타락한 것으로 여겼다.

이런 이상한 생각에서 예술을 해방시킨 사람이 칸트다. 예술이 오늘날처럼 자기 고유의 '자율성'을 갖게 된 건 순전히 칸트 덕분인데, 우리가 예술에 대해 갖고 있는 생각은 대부분 그에게서 물려받은 거다. 가령 예술이 '형식'이며 '상상력'의 소산이며 '천재'의 산물이며…….

돌이켜보자. 소크라테스는 미를 '유용성'이라 생각했다. 그래서 그에겐 화려한 황금 방패보다 튼튼한 강철 방패 쪽이 더 아름다웠다. 플라톤은 '선善'의 이데아야말로 세상에서 가장 아름답다고 생각했다. 그래서 고대인은 미와 선을 아예 하나로 합쳐 삶의 이상으로 삼았다. 그게 바로 '칼로카가티아善美'다. 한편 근대인들은 미를 '인식'이라고 생각했다. 다빈치에게 예술은 과학이었고, 바움가르텐에게는 감성적 인식이었다. 하지만 칸트가 보기에 이건 한참 잘못된 생각이다. 왜?

미적 무관심성

취미 판단미에 대한 판단은 인식이 아니다. 왜냐하면 미는 사물의 객관적 성질이 아니니까. 가령 장미꽃을 보고 내가 "이 꽃은 빨갛다"라고 말하면, 당신은 군말 없이 동의한다. 하지만 "이 꽃은 아름답다"라고 하면, 동의하지 않을지도 모른다. 이건 미가 사물의 객관적 속성이 아님을 보여준다. 어떤 사물을 아름답다고 할 때, 그건 그 사물이 모양이나 색과 함께 '미'라는 성질을 갖고 있다는 뜻이 아니다. 단지 '그게 맘에 든다'는 얘기일 뿐이다. 취미 판단은 한갓 '주관'의 쾌·불쾌에 대한 판단일 뿐, '대상'에 대한 인식이 아니다. 인식이란 어디까지나 사물의 객관적 성질을 파악하는 거니까. 바움가르텐은 이걸 몰랐다.

미는 선善도 아니다. 나처럼 성질은 못됐어도 얼굴 하나는 기가 막히게 잘생긴 사람도 있으니까. 유용성도 아니다. 쓸모 있다고 다 아름다운가? 취미 판단은 이런 불순한 동기에 좌우되면 안 된다. 고상한 도덕적 동기든, 비열한 이기적 동기든 간에 말이다. 칸트는 취미 판단의 이런 특성을 멋있게 '미적 무관심성'이라고 불렀다. 파리스가 이 점에 주의했더라면, 트로이의 운명은 달라졌을지도 모른다.

주관적 보편타당성

미적 판단은 '단칭 판단'이다. '아름답다'는 말은 장미 '일반'이 아니라, 항상 어떤 구체적인 장미에 대해서만 사용할 수 있는 거니까. 가령 우리는 "모든 장미는 꽃이다"라고는 해도, "모든 장미는 아름답다"라고 하지는 않는다. 어떤 도형을 삼각형이라고 판정하는 데엔 기준이 있다. 뿔과 변을 세 개씩 갖고 있으면 된다. 그러므로 삼각형은 개념이다. 하지만 어떤 걸 '미'라고 판정할 기준은 없다. 미는 개념화될 수 없다.

앞에서 어떤 게 아름답냐, 아니냐는 사람 마음에 달려 있다고 했다. 하지만 미가 대상이 아니라 주관에 달려 있다면, 미에 대한 판단은 저마다 달라질 거다. 취향은 저마다 다를 테니까. 그럼 취미 판단은 보편타당성을 가질 수 없을 거다. 그럼 세 여신이 그런 문제로 다툴 필요도 없었을 거다. 하지만 그건 문제다. 취미 판단에 보편타당성이 없다면, 피카소Pabol Picasso, 1881~1973의 작품과 이발소 그림을 구별할 기준도 없어질 테니까.

따라서 취미 판단은 동시에 '보편타당성'을 갖고 있어야 한다. 사실 이 보편타당성 때문에 우리는 마치 미가 대상의 객관적인 속성인 양 얘기하는 거다.

가령 우리는 "저 꽃은 내게 아름답다"라고 하지 않는다. "저 꽃은 내게 장미다"라고 하지 않듯이. 하지만 주관에 달려 있다는 미적 판단이 어떻게 보편타당성을 가질 수 있을까? 길이 있다. 모든 사람이 한마음을 가졌다고 생각하는 거다. 모두 한마음이니 같은 판단을 내릴 수밖에. 취미 판단의 보편성은 결국 '주관적' 보편타당성이다. 말하자면 그건 인간 '주관'의 구조가 똑같은 데서 비롯된 현상이다.

상상력의 자유로운 유희

우리는 감각기관을 통해 여러 가지 감각 자료를 받아들인다. 풍부한 볼륨, 완만한 곡선, 백옥같이 흰색, 이 다양한 감각 자료를 하나로 모으면 머릿속에 어떤 상像이 떠오른다. 이걸 '표상'이라고 하자. 다양한 감각 자료를 모아 이렇게 하나의 표상으로 만들어내는 능력을 '생산적 구상력상상력'이라고 한다. 구상력은 감각 자료를 뜯어맞춰 표상을 만든 뒤 이를 오성으로 가져간다. 오성은 이걸 개념의 상자 속에 집어넣어 판단을 내린다. 바로 이들이 그 유명한 그리스의 '삼미신三美神'이다.

이렇게 상상력과 오성이 딱 맞아떨어져 하나의 개념삼미신 속에 들어갈 때, 인식이 성립한다. 하지만 세 여신은 자기들을 '인식'해서 자기들이 '무엇'인지 알려 달라고 파리스를 찾아온 게 아니다. 취미 판단은 본디 인식이 아니다. 여기서 상상력과 오성은 개념을 만들어낼 필요에 구애받지 않는다. 양자는 서로 조화를 이루며 자유로이 '유희'하는 상태에 들어간다. 개념의 틀에 갇혀버리지 않고.

이렇게 생각해보자. 피타고라스는 천체 운행과 음악과 수학 공식 사이에서 어떤 동일한 구조를 발견했다. 자연계에서 이런 조화를 발견할 때, 우리는 미적 쾌감을 느낀다. 전혀 관계없던 두 사물의 표상이 하나로 딱 맞아떨어짐으로써 상상력과 오성이 조화를 이루기 때문이다. 하지만 이때 천체 운행과 음악과 수학 공식이 합해져 새로운 '개념'을 낳는 것도 아니고, 이 발견이 천문학적 또는 수학적 의의를 갖는 것도 아니다. 우리는 그저 놀이하듯 그 조화를 즐기면 된다.

목적 없는 합목적성의 형식

이렇게 우리 마음속에 '상상력과 오성의 조화롭고 자유로운 유희'를 유발하는 대상은 아름답다. 하지만 사물이 아름다운 건 어떤 목적에 부합하기 때문이 아니다. 가령 한 자루의 칼은 잘 드느냐, 안 드느냐에 관계없이 아름다울 수 있다.

아름다움은 이처럼 사용 '목적'과 관계없이 우리에게 만족감을 준다. 미가 존재하는 목적이 있다면, 단 하나 우리 마음에 상상력과 오성의 조화를 불러일으키기 위해 존재한다는 거다. 칸트는 이를 역설적으로 '목적 없는 합목적성'이라 불렀다. 미에는 목적이 없다. 다만 우리 마음에 들기 위해 존재할 뿐이다.

사물이 아름다운 건 '내용' 때문이 아니다. 가령 〈파리스의 심판〉의 내용에 흥미를 느낀다면, 그건 순수한 미적 관조가 아니다. 아름다움은 형식에, 말하자면 선들이 그려내는 형태에 있다. 나도 루벤스와 동일한 주제로 그림을 그릴 수 있다. 그렇다고 내 그림이 그의 작품만큼 아름답겠는가? 따라서 미는 '형식'에 있는 거다. 미는 '목적 없는 합목적성의 형식', 구체적으로 말하면 자유로운 '드로잉'과 구성이다. 여기서 칸트는 완전히 새로운 미학, '형식 미학'의 선구자가 된다.

공통감

내가 어떤 대상을 아름답다고 생각할 때, 난 다른 사람들도 '반드시' 나와 똑같은 판단을 하리라 기대한다. 하지만 실제로 친구와 얘기할 때 종종 우리는 서로 판단이 어긋나는 걸 경험한다. 취미 판단은 보

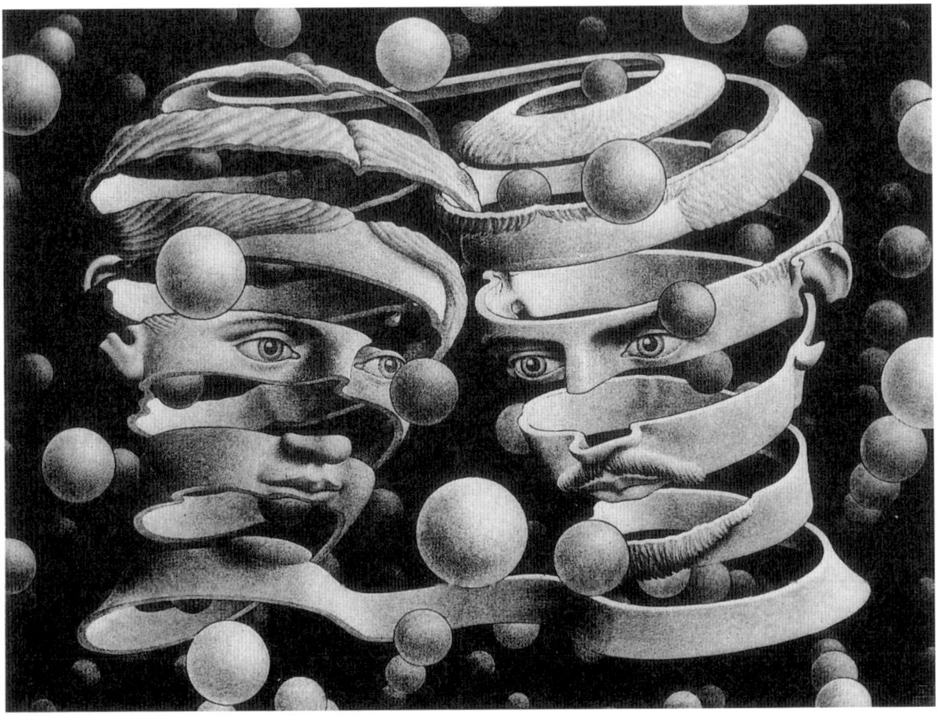

〈연대의 끈〉 모리츠 에셔, 석판화, 25×34cm, 1956년

그림 속의 인물은 에셔와 그의 부인이다. 만약 '공통감'이라는 게 있어 모든 인간의 마음이 이렇게 연결되어 있다면, 미에 대한 판단은 보편타당성을 가질 수 있을 거다.

편타당하다는데, 왜 우리는 서로 다른 판단을 내리는 걸까? 둘 가운데 하나에 문제가 있어서다.

색맹이 색을 구별하지 못하듯, 우리 둘 가운데 하나는 미감에 문제가 있다. 하지만 그게 누군지 어떻게 알까? 사람들에게 물어보는 거다. 다른 사람들도 의견이 갈릴 때는? 그럼 할 수 없다. 취미 판단은 원래 증명이 불가능한 거니까.

미는 개념이 아니므로 어떤 게 아름다운 건지 판정할 보편적 규칙은 없다. 그런데도 우리는 우리에게 만족을 주는 대상이 타인에게도 필연적으로 똑같은 만족을 주리라 믿는다. 왜 그럴까? 우리 모두가 어떤 공통적인 능력, 곧 '공통감'을 가졌기 때문이다. 이 공통감이란 심리 구조의 공통성을 말하는 게 아니다. 우리의 심리 구조는 저마다 조금씩 다르다. 현실에서 미적 판단이 종종 어긋나는 건 이 때문이다. 칸트는 공통감을 '이념'으로 요청한다. 쉽게 말하면 공통감이 '있다'가 아니라, '있어야만 한다'는 얘기다.

자연의 총아

아리스토텔레스는 운율을 만드는 기술은 가르칠 수 있어도, 은유를 만드는 기술은 가르칠 수 없다고 했다. 하지만 은유를 만드는 데에도 분명히 어떤 규칙이 있을 거다. 논리적으로 설명할 순 없어도 말이다. 이 특별한 규칙은 오직 자연의 혜택을 받은 예외적인 사람만이 가질 수 있다.

그 사람이 바로 천재다. 천재는 자연의 총아다. 자연은 천재를 통해 예술에 규칙을 부여한다. 천재는 독창적이어서 이미 존재하는 규칙에 따르지 않는다. 그는 예술에 자신의 규칙을 부여한다. 천재의 규칙은 후세 사람들에게 모범이 되지만, 그걸 논리 법칙처럼 일반화, 개념화할 수는 없다. 그건 일회적인 규칙이라서 배우거나 가르칠 수도 없다. 실제로 천재들도 자신들이 어떻게 작품을 만드는지 설명하지 못한다. 예술은 논리적으로 설명할 수 없는 예외적인 재능천재의 산물이다.

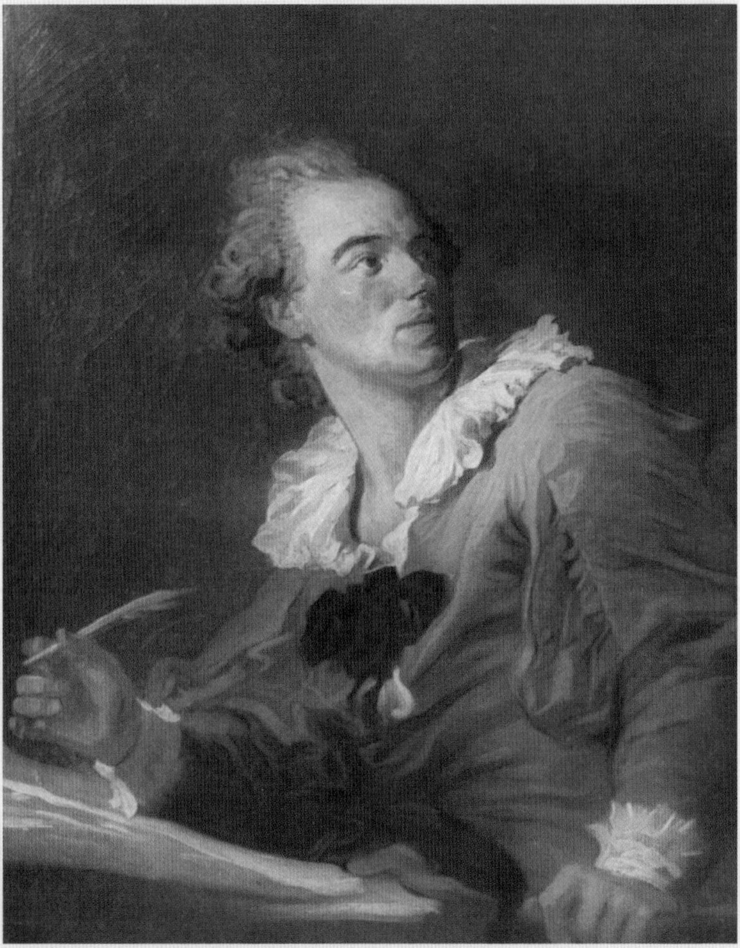

〈영감〉 장 오노레 프라고나르, 캔버스에 유채, 80×64cm, 1769년

취미론은 당시의 로코코 예술과 관련이 있다. 프라고나르는 대표적인 로코코 화가다. 그림 속의 인물은 예술가임을 알 수 있다. 그는 책상을 향해 뭔가를 쓰려다 말고 영감에 사로잡힌 듯 초점 없는 시선을 던지고 있다. 고전주의적 예술가는 장인으로서 예술가였다. 하지만 이 그림 속의 예술가는 그와는 다른 예술가, 말하자면 영감에 따라 작업하는 천재로서의 예술가다.

고전주의와 취미론

고전주의자에게 미는 '완전성'에 있다. 가령 세상엔 수많은 사람이 있다. 큰 사람, 작은 사람, 애꾸, 외팔이 등. 여기서 '인간'이라는 종種에 가장 잘 들어맞는 형태를 찾는 거다. 애꾸는 빼고 외팔이도 빼고, 키가 너무 커도 안 되고 작아도 안 된다. 이런 식으로 완전한 인간상을 추상하여 이걸 이상적인 '인체 비례'로 정한다. 수치로 표현된 이 비례에 얼마나 가까운가가 곧 미의 기준이 된다. 하지만 만약 미가 이런 거라면, 세 여신은 굳이 파리스를 찾아갈 필요가 없었을 거다. '이성'을 가진 사람이면 누구나 판정할 수 있을 테니까.

하지만 이건 사실 미적 판단이라기보다는 논리적 판단에 가깝다. 평균치를 구해 근사값을 고르라는 수학 문제랑 뭐가 다른가? 칸트가 보기에 이건 미를 '개념'으로 착각하는 거다. 미는 개념이 아니므로, 어떤 걸 '미'라고 판정하게 해주는 보편적인 규칙은 없다. 삼각형은 그런 식으로 판정할 수 있어도, 미는 그런 식으로 판정할 수 없다. 미는 '느낌'으로 판정하는 거다. 이렇게 느낌으로 판정하는 능력을 '취미'라 한다. 세 여신이 굳이 파리스를 찾아간 건 그가 바로 이런 특수한 능력을 갖고 있었기 때문이다.

장인이냐, 천재냐

고전주의자들은 그림도 그런 식으로 그렸다. 그들은 이상적인 비례를 정해놓고, 그걸 반드시 지켜야 할 규칙카논으로 삼았다. 여기서 조금이라도 벗어나면 안 된다. 그러니 예술가의 자유가 숨 쉴 자리가 없다. 하지만 칸트가 보기에 예술은 그런 게 아니다. 책상을 만들 땐 물론 치수를 엄격히 지켜야겠지만, 예술 작품은 그런 식으로 만드는 게 아니다. 물론 예술도 일종의 기술이므로 거기에도 지켜야 할 규칙이 있다. 하지만 이 규칙이 예술가의 자유를 억눌러서는 안 된다.

예술은 인위적이 아니라 자연의 산물인 양 자연스러워야 한다. 작가는 작품에 고심한 흔적을 드러내면 안 되고, 자유로이 유희하고 있다는 느낌을 주어야 한다. 물론 고전주의자들이 생각하는 것처럼 이게 배워서 될 일은 아니다. 오직 자연의 천재만이 할 수 있는 거다. 여기서 칸트가 고전주의자와 얼마나 다른지 알 수 있다. 예술을 천재의 소산으로 봄으로써 그는 고전주의 미학과 대립되는 새로운 미학에 길을 열어준다. 바로 '낭만주의 미학'이다. 예술가는 더 이상 규칙을 습득하여 자연을 모방하는 '장인'이 아니다. 그는 스스로 규칙을 만들어내는 '천재'다.

유리알의 유희

앞으로 200년 뒤에 '카스터리엔'이란 이상향이 있었다. 거기 사람들은 유리알 유희라는 놀이를 하며 고상하게 놀았다. 유리알 유희란 놀이 중의 놀이로, 그 기호법과 문법은 고도로 발달한 신비한 언어이며, 수많은 과학과 예술, 특히 수학과 음악에 관련되어 있었다. 이해가 안 되면 피타고라스를 생각하라.

가령 유희는 어떤 별의 천문학상의 위치, 바흐Johonn Sebastian Bach, 1685~1750의 푸가 주제, 라이프니츠 또는 우파니샤드 경전의 한 구절에서 출발할 수 있었다. 그럼 연기자는 의도나 적성에 따라 주요 동기를 더욱 발전시켜 완성하거나, 유사한 표상을 상기하여 표현을 더 풍부하게 할 수 있다. 초심자는 고전 음악과 자연법칙의 공식을 유희 기호로 대비시킬 수 있었고, 숙달된 자나 명인은 유희를 첫 주제에서 무한한 편성까지 마음대로 진전시켰다.

유리알 유희는 이런 식으로 모든 과학의 내용과 성과를 포괄하고

A

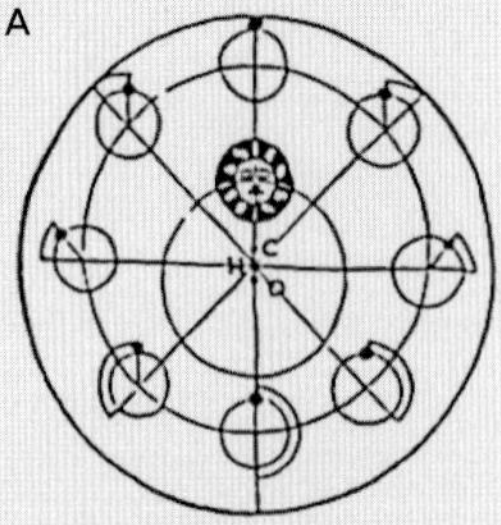

B

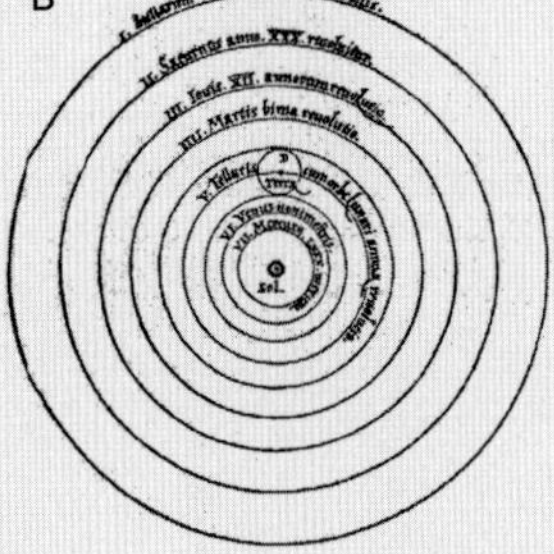

C

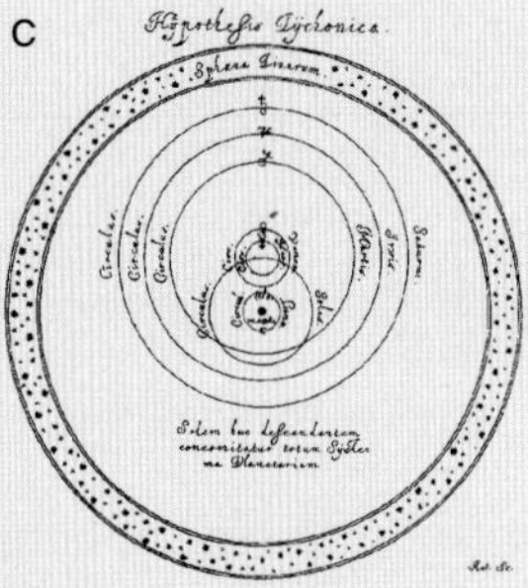

D

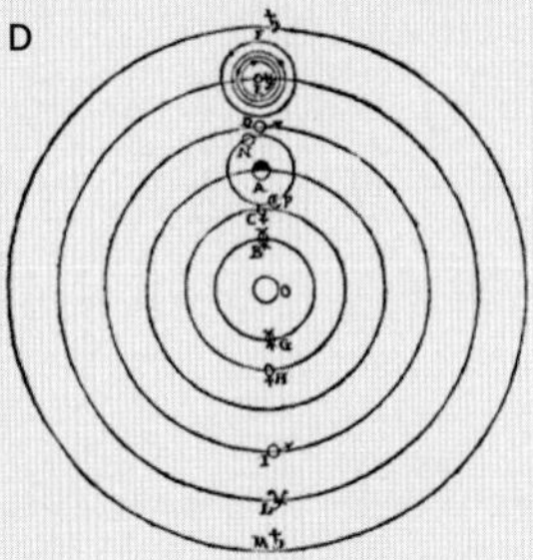

A 프톨레마이오스의 체계(천동설)
B 코페르니쿠스의 체계(지동설)
C 티코 브라헤의 체계
D 코페르니쿠스 체계를 표현한 갈릴레이의 그림

천동설보다는 지동설 쪽 그림이 훨씬 더 깔끔하고 예쁘다.

서로 관련을 맺을 수 있었다. 거기엔 우리 문화의 모든 내용이 담겨 있고, 유희자는 마치 예술의 황금기에 살던 화가가 팔레트의 물감을 다루듯 모든 것을 다뤘다.

창조적 시대에 인류가 거둔 인식이나 고귀한 사상과 예술 작품 등 높은 정신적 가치를 가진 이 모든 재료를, 유리알 유희는 파이프 오르간을 치듯이 연주했다. 원래 파이프 오르간은 상상할 수 없을 만큼 완전한 악기다. 건반과 페달은 정신적 우주 전체를 남김없이 치며, 그 음전音栓은 헤아릴 수 없을 정도다. 그래서 이 악기를 연주하면 정신세계의 모든 내용을 재현할 수 있었다.

상상력의 자유로운 유희

헤세Hermann Hesse, 1877~1962의 《유리알 유희》는 서기 2400년 카스터리엔이라는 이상향에서 그보다 200년 전에 살았던 요제프 크네히트라는 유희 명인을 회상하는 형식으로 씌었다. '유리알 유희'라는 이름은 원래 오선지 대신 철사줄을 걸어놓고, 음표 대신 갖가지 빛깔의 구슬을 꿰어놓은 어느 음악 이론가의 장난에서 비롯되었다. 그는 이걸로 머리에 떠오른 주제를 구성하고, 변조變調하고, 발전시키고, 다른 주제와 대립시켰다고 한다. 음향을 색채의 조화로 바꿔놓은 셈이다. 그 뒤 이 고상한 지적 놀이는 더 이상 구슬과 아무 상관이 없는데도 그냥 유리알 유희라 불리게 되었다 한다.

칸트가 말한 '상상력과 오성의 자유로운 유희'를 생각해보자. 상상력은 감각 자료를 모아 머릿속에 막연한 상像들을 떠올린다. 이 표상들은 어지럽게 머릿속을 떠돌 뿐 아직 혼란스럽다. 그러다 갑자기 이 혼란한 표상들 사이에 어떤 질서가 발견된다. 그 순간 그것들이 질서 정연하게 조화로운 건축물을 이룬다. 이런 경험은 사실 예술에만 있는 게 아니라, 인간 활동의 모든 영역에서 일어난다. 가령 우리는 어떤 학설이나 이론이 옳은가 그른가를 떠나 순전히 미적 관점에서 볼 수 있다. 가령 헤겔의《논리학》을 도해한 건 매우 아름답다.

하지만 헤겔의 경우 상상력과 오성이 자유롭게 유희한 게 아니다. 왜냐하면 그는 세계의 구조를 밝혀야 했고, 만약 세계가 이와 다르게 생겼으면 그 예쁜 그림은 '틀린' 거니까. 과학에서는 이렇게 최종 생산물이 반드시 세계의 구조와 일치해야 한다. 그래야 인식이 성립한다. 하지만 예술에선 그럴 의무가 없다. 예술가에겐 맘대로 '구성'할 자유가 있다. 예술은 인식이 아니므로, 세계에 대해 아무것도 가르쳐주지 않는다. 다만 우리 마음에 상상력과 오성의 조화를 불러일으켜 미적 만족을 줄 뿐이다.

하지만 재수가 좋으면 이게 학적 발견을 낳기도 한다. 코페르니쿠스와 갈릴레이는 연구를 위해 주로 예술적 상상력에 의존했다. 가령 갈릴레이가 지동설을 주장한 건 과학적 근거가 있어서가 아니라, 그림으로 그려놓았을 때 지동설 쪽이 훨씬 더 명확하고 아름다웠기 때문이라고 한다. 이는 미적 상상력이 우연히 세계의 구조와 딱 맞아떨어진 경우다. 멘델레프는 원소 주기율표를 작성하다가, 칸이 하나 비는 걸 발견했다. 이 칸만 메우면 표는 비례를 이룰 텐데. 여기서 그는 장차 이 빈칸에 들어갈 새로운 원소가 발견될 거라고 예견했다. 그리고 이 근거 없는 예언은 결국 적중했다. 아인슈타인도 과학적 발견엔 일종의 예술성이 있다고 말했다.

마법의 루네 문자

유리알 유희는 처음엔 개개의 학문들 사이에서 시작되었지만 점차 모든 학문을 포괄함으로써 보편적 교양이 된다. 학자들은 이제 전문적인 학문의 울타리를 부수고 보편적인 것을 향해 나아가려고 애썼고, 이 새로운 정신적 체험을 파악하고 전달할 수 있는 새로운 보편 언어를 꿈꿨다. 라이프니츠처럼. 이리하여 유리알 유희는 드디어 새로운 언어를 갖게 되는데, 이는 재미있게도 한자와 같은 상형어였다. 이 상형문자 덕분에, 그들은 이제 천문학과 음악의 공식을 연결하고, 수학과 음악을 공통 분모로 나눌 수 있게 되었다.

예를 들어 천문학, 물리학, 철학, 음악 등 여러 학문의 추상적 공식들에서 내용에 관계없이 '형식'만 취한다고 하자. 거기서 어떤 모양을 얻을 수 있다. 가령 비코Giambattista Vico, 1668~1744의 역사 철학에선 나선형 곡선, 헤겔의 역사 철학에선 원환圓環 등. 이제 여러 학문에서 얻은 모양들 사이에서 '유사' 또는 '대조'의 관계를 찾는 거다. 가령 자기한테 돌아오는 헤겔의 절대정신과 다시 원래의 주제로 돌아오는 소나타 사이엔 유사성이 있다. 이런 공통적인 요소가 바로 유리알 유희의 어휘를 이루는데, 아마 도형이나 곡선과 같은 상형어의 모습을 하고 있을 거다. 노발리스Novalis, 1772~1801가 말한 마법의 루네 문자처럼 말이다. 유리알 유희자는 이 어휘들을 신비한 문법에 따라 연주한다. 마치 파이프 오르간을 치듯이…….

이처럼 유리알 유희를 하면 모든 학문과 예술의 경계를 마음대로 넘나들 수 있다. 이쯤 해두고 여기서 몇 가지 간단한 연습을 해보자. 내가 두 가지 사항을 제시하면 거기서 어떤 공통성을 찾는 거다. 먼저 건축과 음악. 고대인들은 원형 극장의 구조를 음계와 교묘히 대응시켰다. 그래서 괴테는 건축을 '응결된 음악'이라 했다. 건축과 영화? 소련의 영화 감독 에이젠슈테인Sergei Mikhailovich Eisenshtein, 1898~1948은 자신

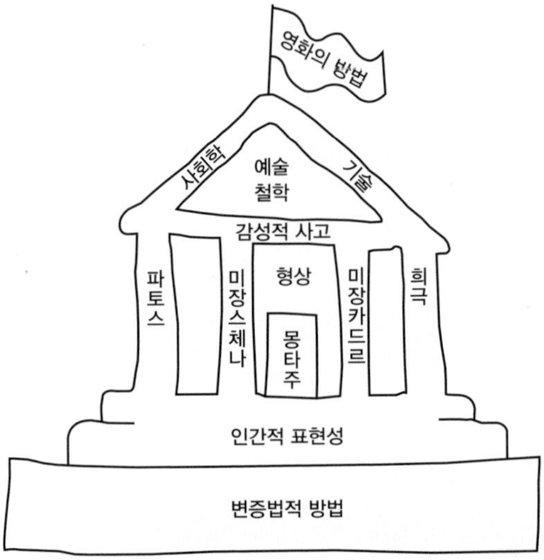

건물화한 영화 이론

에이젠슈타인은 자신의 변증법적 영화이론을 건축물에 비유했다.

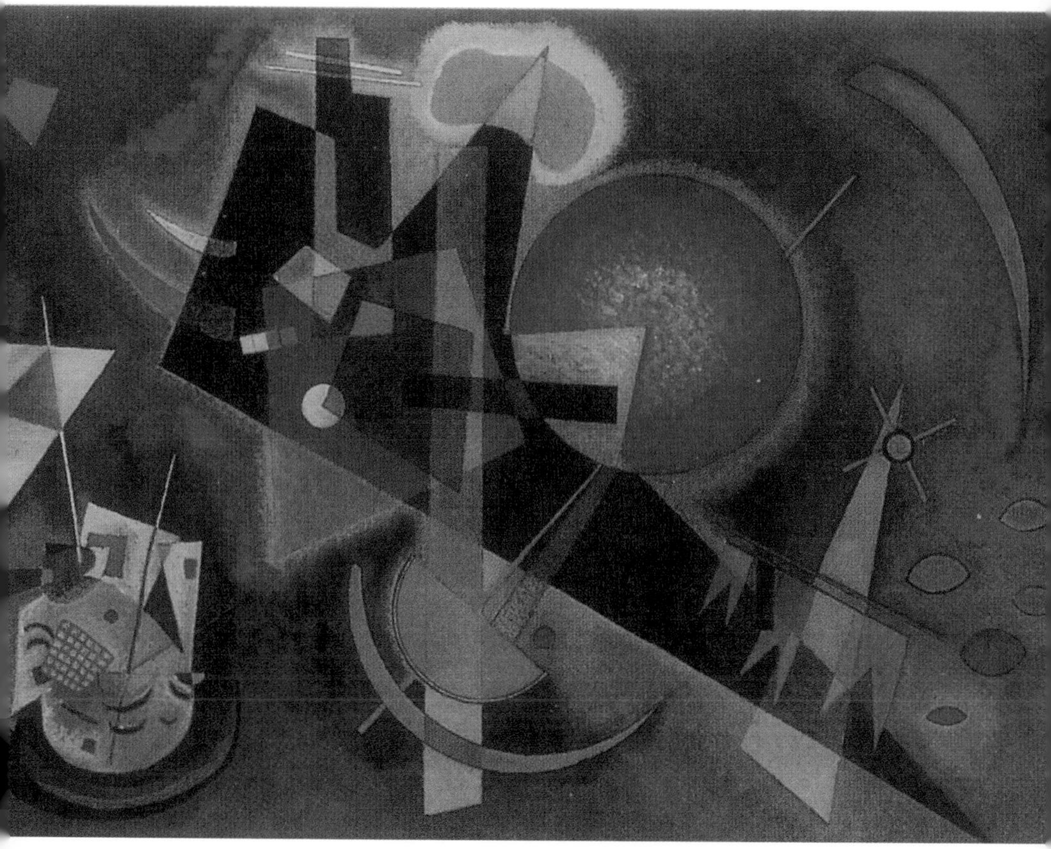

〈푸른색 안에서〉 바실리 칸딘스키, 캔버스에 유채, 80×110cm, 1925년

칸딘스키는 캔버스에다 작곡을 하려 했다. 그는 자신의 작품에 즐겨 교향악적 구성을 사용했다. 여기서 음악을 들을 수 있을까? 《미학 오디세이 2》에선 여기서 음악 듣는 법을 알려주겠다.

의 영화 이론을 건축물의 구조로 설계했다. 음악과 회화? 클레Paul Klee, 1879~1940와 칸딘스키Wassily Kandinsky, 1866~1944는 회화를 음악에 접근시키려 했다. 칸딘스키는 이렇게 말했다.

> 색깔은 피아노의 건반이고, 눈은 줄을 때리는 망치이며, 심성은 여러 개의 선율을 가진 피아노다. 예술가는 심성에 진동을 일으키도록 합목적적으로 건반을 두드려 연주하는 손과 같다.

이건 한갓 비유가 아니다. 실제로 칸딘스키는 붓과 물감을 가지고 캔버스 위에서 교향곡을 작곡하려 했는데, 그는 이걸 '교향악적 구성'이라 불렀다. 마지막으로 시와 회화? 랭보의 유명한 시가 있다.

> A 검정, E 흰색, I 빨강, U 초록, O 파랑, 모음들아 내 언젠가 너희들의 잠재된 탄생을 말하리.

그가 약속을 지킨다면, 그의 시는 '언젠가' 화려한 색채의 향연을 보여줄 거다. 거꾸로 몬드리안Piet Mondrian, 1872~1944의 작품을 보고 시 구절을 떠올릴 수도 있을 거다. 이거면 충분하다. 이 책에서 앞으로 여러분은 여러 번 유리알 유희에 마주치게 될 거다. 그 가운덴 유명한 철학자들의 것도 있고, 물론 내 것도 있다. 한 장의 그림을 보고, 거기서 어떤 철학적 주제를 떠올리는 거다. 여러분이 만약 예술가라면, 거꾸로 어떤 철학적 주제에서 그림의 착상을 떠올릴 수도 있다. 함께 상상력을 펼쳐라. 헤세가 그린 전설적인 루디 마기스터유희의 명인, 요제프 크네히트는 어쩌면 당신의 다른 이름일지도 모르니까. 누가 알겠는가?

극장에서

어느 극장에서. 푸시킨의 〈모차르트와 살리에리〉를 보며.

> 살리에리 안 돼! 난 더 이상 내 운명에 저항할 수 없어. 난 그의 인생을 끝장내도록 선택받았다. 그렇게 하지 않으면 우리 음악의 성직자와 시종 들은 모두 파멸할 것이다. 하찮은 명예를 가진 나뿐 아니라…….

플라톤 보게, 드디어 저 자가 모차르트Wolfgang Amadeus Mozart, 1756~1791를 독살하기로 결심하는 장면이야.

아리스 하지만 모차르트는 실제론 그냥 병으로 죽었다던데요?

플라톤 그래? 그건 중요한 게 아니고, 어쨌든 저 친구 불쌍하지 않나? 저 자는 모차르트를 쫓아가려고 그의 작품을 시체처럼 샅샅이 해부했다더군.

아리스 뭘 좀 찾아냈답디까?

플라톤 잘 안 된 모양이야. 예술 창작이 그렇게 수학 문제 풀듯 할 수 있는 거라면 얼마나 좋겠나. 결국 낙담하여 이렇게 한탄했다더군. 신이여, 내게 음악을 사랑하는 마음은 주셨으면서, 왜 재능은 내리시지 않았습니까…….

아리스 하지만 음악엔 엄격한 규칙이 있잖습니까. 가령 대위법이라든지, 화성법이라든지. 이 규칙들만 습득해서 자유자재로 활용하면, 못 따라갈 것도 없을 텐데…….

플라톤 물론 예술 창작이 자네 말처럼 '테크네'라면, 부지런한 살리에리 Antonio Salieri, 1750~1825 가 모차르트를 따라가지 못할 리 없겠지. 하지만 실제론 어떤가? 〈레퀴엠〉을 쓴 건 살리에리가 아니라 모차르트라네.

테크네냐 광기냐

아리스 물론 예술엔 엄격한 규칙말고도 플러스 알파가 있어야겠죠. 하지만 어디까지나 합리적 규칙이 주된 요소가 아닐까요? 사실 모차르트도 음악의 규칙을 배우느라 남몰래 얼마나 노력했겠습니까.

플라톤 합리적 규칙 플러스 알파? 문제는 그 플러스 알파가 종종 결정적인 역할을 한다는 데 있어. 자네 입으로 그러잖았나, 운율과 리듬을 사용하는 법은 가르쳐도 은유를 만드는 법은 가르칠 수 없다고. 하지만 시에서 은유를 빼면 뭐가 남겠나?

아리스 글쎄요.

플라톤 자네의 《시학》에 나오는 플롯 구성 규칙을 달달 외운다고 과연 푸시킨 Aleksandr Pushkin, 1799~1837 같은 훌륭한 시인이 될 수 있을까?

아리스 저도 그렇게 생각하진 않습니다만…….

플라톤 내 언젠가 얘기했을 거야. 예술은 무엇보다 '광기'의 산물이라고. 옛사람들은 예술이 뮤즈가 내린 영감의 산물이란 걸 잘 알고 있었지. 신들린 상태에서 만들어내는 작품이야말로…….

아리스 그래서 가수들이 종종 대마초와 필로폰을 좋아하는군요.

플라톤 빈정대는 건가? 자네 식으로 하면 몇 가지 기교는 익힐 수 있을 게야. 하지만 합리적인 규칙에 따른 시는 뮤즈가 내린 광기 앞에선 언제나 빛을 잃고 마는 거라네.

아리스 …….

천재의 비밀은 어디에

플라톤 그런 의미에서 칸트라는 친구는 뭘 좀 알아. 그 친구가 말하는 '천재'가 바로 내가 말하는 '뮤즈의 영감'에 해당하니까.

아리스 하지만 그 친구 말에 따르면, 예술은 한갓 '놀이'라던데요. 진리와도 관계없고, '선'을 함양하는 것과도 관계없고…….

플라톤 그 점은 나로서도 상당히 유감이네. 하지만 적어도 그 자는 창작법칙이 논리적으로 설명될 수 없다는 것쯤은 알고 있어. 그런 의미에서 바움가르텐 같은 자네 똘마니들보다는 한 수 위지.

아리스 하지만 그 신비한 능력은 과연 어디서 나오는 거죠? 뮤즈가 내려줬다고요? 아마 요즘 사람들은 다 웃을 겁니다. 여기 원시인이 있다고…….

플라톤 안 믿어? 그럼 칸트처럼 특수한 재능을 '타고났다'고 해두지.

아리스 글쎄요. 천재들이라고 두뇌 구조가 다른 사람과 다를까요?

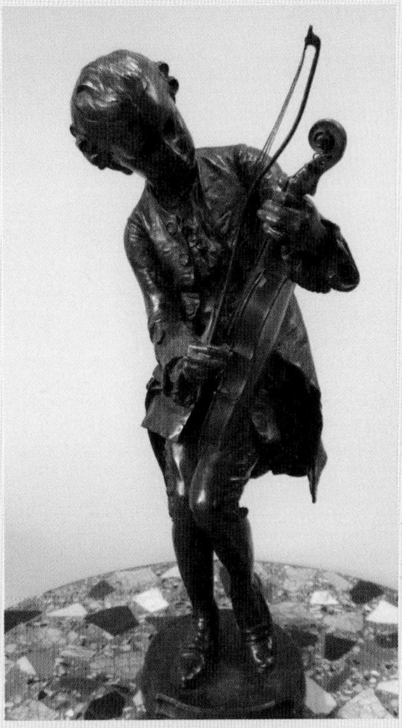

〈유년기의 모차르트〉 에르네스트 바리아스, 청동, 높이 48cm, 1883년

신동이었던 모차르트는 어린 시절 마리아 테레지아의 궁전에 자주 드나들며 그녀를 즐겁게 해주곤 했다. 어느 날 거기서 장난을 치다 넘어진 그를 마리아 테레지아의 딸이 일으켜주었다. 그러자 모차르트는 즉석에서 공주에게 청혼을 했다고 한다. 하지만 훗날 그녀는 이웃 프랑스의 왕비로 시집을 가게 되고, 결국 단두대에서 목이 잘린다. 이 비운의 왕녀가 바로 루이 16세의 비 마리 앙투아네트였다.

플라톤 그야 알 수 없지.

아리스 천부적 재능이란 것도 사실은 타고나는 게 아니라, 끊임없는 노력을 통해 후천적으로 얻어지는 게 아닐까요? 누가 그랬더라, 천재는 '황소 같은 부지런함'이라고.

플라톤 그렇다면 살리에리는 벌써 천재가 되었어야지. 그렇게 노력을 했는데.

아리스 모차르트는 외려 살리에리를 '게으름뱅이'로 생각했다던데요?

플라톤 하지만 모차르트는 태어날 때부터 천재였는데?

정신의 오디세이

자기가 어떻게 생겼는지 알려면 어떻게 해야 할까? 눈동자를 열심히 전후좌우로 굴려보라. 그렇다고 제 눈으로 제 얼굴을 볼 수는 없다. 그러면 어쩐다? 간단하다. 거울을 보는 거다. 거울 속에 자기 모습을 투사하면 자기가 어떻게 생겼는지 알 수 있다. 물론 별로 유쾌한 경험이 아니겠지만. 자, 이제 〈유리구슬을 든 손〉을 보자. 만약 우리가 저 유리구슬을 생전 처음 보았다면, 아마 한동안은 구슬 속에 비친 녀석이 자기인지 모를 거다. 구슬 속에 이상하게 생긴 놈이 들어 있다! 하지만 지력이 발달함에 따라, 점차 우리는 구슬에 들어 있는 게 바로 자신임을 알게 된다. 우리는 구슬에 비친 상의 실재성을 부정한다. 그건 나의 다른 모습일 뿐이다. 여기서 우리는 다시 우리 자신에게 돌아오게 된다. 이 시답잖은 얘기에 세계의 비밀이 들어 있다. 믿거나 말거나.

정신의 오디세이

아주 오랜 옛날 인간도 없고 공룡도 없고 시간도 공간도 없던 시절, '이념'이라는 어떤 커다란 정신적 존재가 살았다. 이건 물론 나의 정신도 당신의 정신도 어느 누구의 정신도 아니다. 그냥 우주 창조의 원리인 '로고스'라 해두자. 신이라고 해도 좋다. 어느 날 이 절대자가 갑자기 자기가 누군지 알고 싶어진다. 어떻게 하지? 물론 자신의 모습을 바깥으로 투사해야 한다. 그래서 그는 자기를 바깥으로 쏟아부어—이걸 '외화外化'라 한다—자기가 아닌 다른 게 된다. 이게 바로 자연이다. 자연은 결국 절대자의 다른 모습인 셈이다.

이념은 자신을 쏟아부어 물리화학적·생물학적 자연을 만들고, 마침내 그 창조의 정점에서 인간을 낳는다. 인간은 특이한 동물이어서 정신을 갖고 있다. 결국 자연 속에서 다시 정신이 탄생하는 셈이다. 인간의 정신은 발전하여 마침내 자연이 이념의 다른 모습이며, 이 모든 게 절대자가 자신을 인식하는 과정임을 깨닫는다. 이때 스스로 자연이 되었던 이념은 원래의 자기로 복귀한다. 이렇게 자신을 인식하려고 스스로 다른 게 되었다가 다시 자기한테 돌아오는 '정신의 오디세이', 이게 바로 우주의 역사다.

논리, 자연, 정신

헤겔은 이 과정을 '논리학', '자연 철학', '정신 철학'이라는 세 부분으로 나누어 고찰한다. '논리학'은 이념이 아직 자신을 바깥으로 쏟아붓기 전의 상태를 다룬다. 자연이 되기 전 이념은 저 동그라미 표와 같

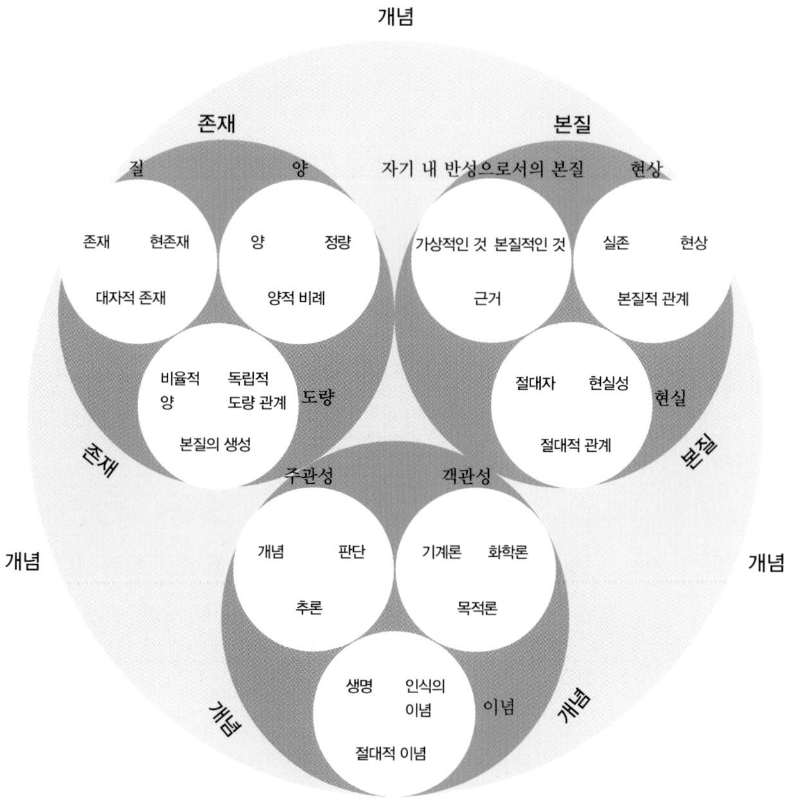

헤겔 논리학 도해

은 모습을 하고 있었다. 그 속에 들어 있는 건 세계 창조의 '설계도'라 보면 된다. 헤겔은 자연 및 판단의 보편적 법칙을 추상해, 설계도 속에 담아놓고 거꾸로 자연이 저기서 나왔다고 보는 거다. 물론 우리는 대개 자연이 먼저 있고, 거기서 추상화를 통해 자연법칙이나 판단 범주가 얻어진다고 생각한다. 만약 우리 생각이 맞다면 헤겔은 물구나

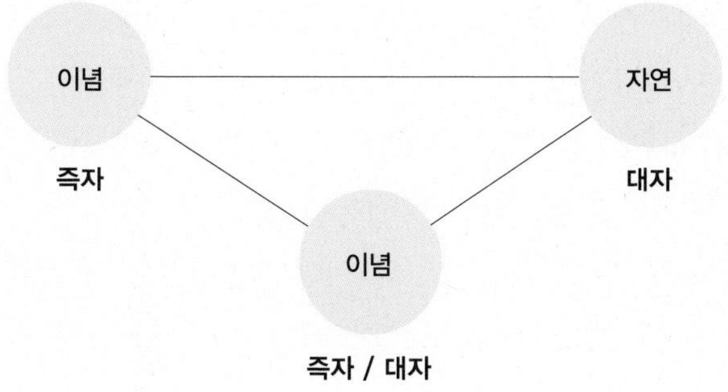

무 서 있는 셈이다.

설계도는 어디까지나 추상적 가능성일 뿐이다. 그건 실현되어야 한다. 집을 짓지 않는 설계도가 무슨 소용 있겠는가? 그래서 이념은 자신을 외화해 '자연'이 된다. 가령 당신 속에 예술적 재능이 있다 하자. 그 뛰어난 재능도 아직은 추상적 가능성일 뿐이다. 가능성을 실현하려면 그걸 밖으로 끄집어내, 그림 속에 옮겨놓아야 한다. 이념도 마찬가지다. 이념도 자신의 가능성을 실현하기 위해 그걸 밖으로 끄집어내, 자기 아닌 타자他者, 즉 자연이 된다. 당신이 거울 속에서 또 다른 당신을 마주보듯, 이념은 자연 속에서 대상이 된 자기 자신과 마주보게 된다. '자연 철학'에선 이념이 바깥으로 빠져나와 시공간을 이루고, 그 속에 역학적·물리적·유기적 자연을 창조하는 과정을 다룬다.

유기체의 정점엔 인간이 서 있다. 인간은 정신을 가진 존재로, 그의 몸속에서 정신과 물질은 통일을 이룬다. 인간의 역사는 정신 발전의 역사이며, 이 역사 속에서 절대자는 오랜 항해를 마치고 마침내 다시 자기한테 돌아간다. '정신 철학'은 이 과정을 다루는데, 여기에도 세 단계가 있다. 먼저 '주관정신'이다. 이건 개인들의 의식이 성장하는 과정을 생각하면 된다. 이어서 개인을 초월한 '객관정신'이 등장한다. 이건 어떤 사회적인 정신 원리, 말하자면 도덕이나 법이나 인륜 따위를 말한다. 그리고 이 양자가 종합을 이루는 곳에서 마침내 '절대정신'이 탄생한다. 여기서 이념은 더 이상 출발하기 전의 추상적 상태가 아니라, 자신의 가능성을 모두 실현한 구체적 존재가 된다.

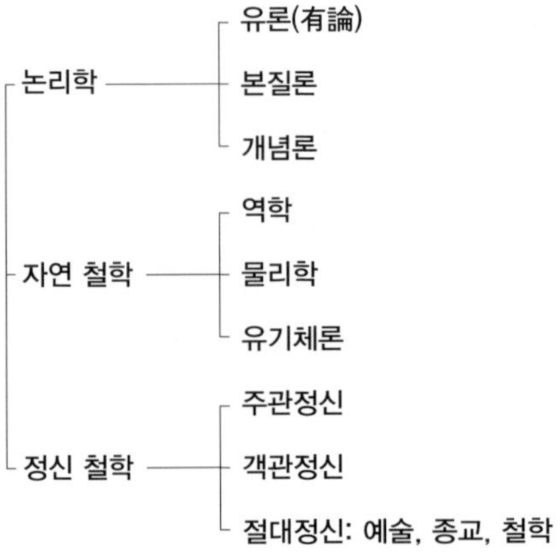

예술, 종교, 철학

절대정신은 다시 예술, 종교, 철학이라는 세 가지 형태로 드러난다. 사실 예술, 종교, 철학은 예부터 인간이 진리를 발견하고 전달하는 주요 수단이었다. 헤겔에 따르면, 이 가운데서 예술은 이념을 '감각'의 형태로 드러내고, 종교는 '표상'의 형태로 드러내며, 철학은 '개념'의 형태로 드러낸다. 마치 몸이 크면 옷을 갈아입는 것처럼, 절대정신도 성장함에 따라 감각과 표상과 개념으로 옷을 갈아입고 등장한다. 예술에서 종교로, 종교에서 다시 철학으로. 이 운동의 마지막 단계인 철학에서 마침내 이념은 기나긴 여행을 마치고 자기한테 돌아가게 되는데, 헤겔은 이 여정이 자기 머릿속에서 끝났다고 믿었다. 자기가 절대지絕對知에 도달했다는 거다. 얼마나 대담한 생각인가.

이념의 감각적 현현

예술은 절대적 진리를 드러내는 매체다. 헤겔은 이렇게 이념이 예술 속에서 감각적 형태로 드러난 게, 곧 '미'라고 보았다. 진정한 미란 곧 예술미다. 물론 예술 밖에도 미는 있다. 가령 자연의 아름다움 말이다. 하지만 헤겔이 보기에 자연은 이념의 그림자일 뿐 아직 주관성에 도달하지 못했기 때문에, 자연의 아름다움은 완전한 게 못 된다. 이런 자연미의 결함에서 예술미의 필연성이 나온다. 예술은 자연미의 결함을 제거해 완전한 아름다움을 만들어낸다. 특히이념에 합치하지 않는 불순물이 섞이지 않은 순수한 형상Gestalt 속에서 이념이 빛날 때, 헤겔은 이를 '이상이념상'이라 했다.

그리스인들은 이상적인 아름다움을 추구했다. 가령 파라시오스는 아프로디테를 그릴 때, 여섯 명의 아름다운 여인을 모델로 삼아, 각 사람에게서 가장 아름다운 부위를 따왔다고 한다. 아무리 아름다워도 현실의 모델에겐 어딘가 불완전한 부분이 있기 때문이다. 그는 이

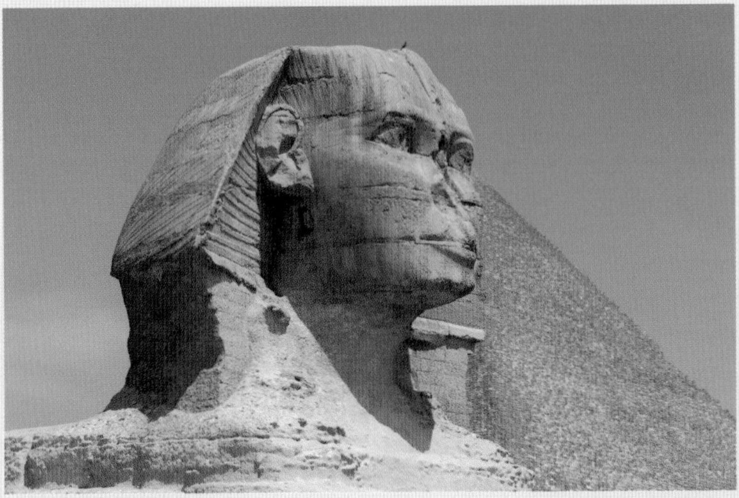

대 스핑크스, 기원전 2500년경

헤겔은 스핑크스를 상징 예술의 상징으로 본다.
그는 또 스핑크스를 물리친 오이디푸스 대왕을 새로운 고전 예술의 대표자로 보았다.

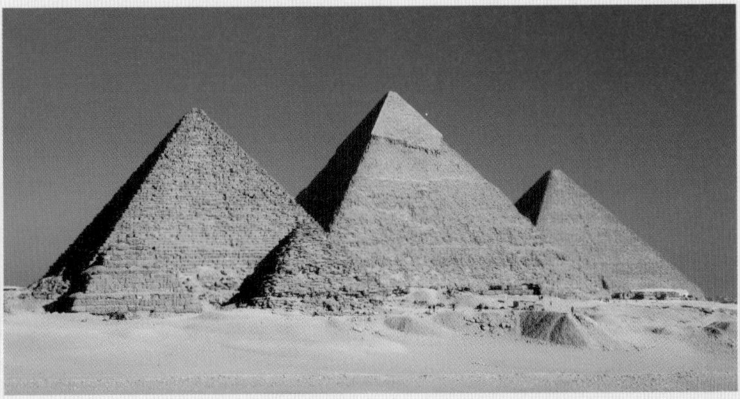

멘카우레(기원전 2470년경), 카프레(기원전 2500년경), 쿠푸(기원전 2530년경) 왕의 피라미드

헤겔이 보기에 이집트는 상징의 왕국이었다. 이집트인들은 영혼이 영원히 산다는 걸
처음 깨달은 민족이었는데, 그들은 이 진리를 피라미드를 통해 상징적으로 표현했다.

런 방식으로 현실의 모델이 가진 결함을 제거하고, 불순물이 섞이지 않은 순수한 형태를 창조할 수 있었다. 이 순수한 아름다움 속에 빛나는 이상적인 아름다움, 이게 바로 헤겔이 말하는 이상이념상이 아닐까?

상징 예술, 고전 예술, 낭만 예술

헤겔은 이념이 감각적 형상과 관련을 맺는 양상에 따라 예술의 발전을 다시 세 가지 단계로 나눈다. 상징 예술, 고전 예술, 낭만 예술이 그것이다. 먼저 상징 예술은 이념이 충분히 성숙하지 않아 물질적 매체에 압도당할 때 발생한다. 고대 동방과 이집트의 조각들이 바로 이 시기에 속한다. 영혼은 아직 육체의 모든 부분에 생명을 두루 불어넣을 정도에 이르지 못했다. 그래서 체격은 근엄함을 띠지만 다리는 자유롭지 못하고, 팔과 머리는 몸체에 붙어 있어 생동감이 없다. 내용과 형식이 통일을 이루지 못해 예술은 뭔가 '숭고'한 느낌을 준다. 충분히 성숙하지 못한 이념은 자신을 분명히 드러내지 못하고 어렴풋하게 암시만 할 뿐이다. 그 때문에 예술은 수수께끼 같은 성격을 띠고 일종의 상징이 되어버린다.

이념이 더 성숙하면 상징 예술은 종말을 고하고 고전 예술이 시작된다. 이제 이념은 충분히 구체적으로 되어, 감각적 형태로 직접 모습을 드러낸다. 여기서 이념은 감각적 매체와 완전한 조화를 이룬다. 이 시기는 구체적으로 말하면 그리스 시대다. 헤겔은 이상적 아름다움이 그리스 조각에서 완전히 실현되었다고 믿었다. 말하자면 그리스 예술에서 예술은 정점에 도달했다는 거다. 여기서 헤겔 미학의 고전주의적 성격이 여실히 드러나는데, 이는 아마 빙켈만의 영향 때문일 거다. 사실 상징 예술에서 고전 예술로의 변화를 설명하는 헤겔의 논리도 빙켈만의 얘기와 똑같다.

정신은 더욱더 성장한다. 그리하여 마침내 물질적 매체를 압도하기 시작한다. 이제 이념은 너무 자라서 형상과 조화로운 통일 속에 머물러 있을 수가 없다. 물질적 매체는 더 이상 이념을 드러내기엔 적합하지 않다. 여기서 이념과 형상의 통일은 다시 한 번 파괴된다. 이념은 감각적 매체 속에 머무르기를 거부하고, '표상'으로 표현되기 시작한다. 예술은 바깥세계에서 서서히 인간 내면의 정신세계로 옮아간다. 이때 기독교적 근대의 낭만적 예술 형식이 탄생한다. 여기서 말하는 낭만 예술은 특정한 예술 사조로서 낭만주의가 아니라, 중세는 물론이고 고전주의, 바로크, 낭만주의 등 고대 그리스 이후의 모든 예술 사조를 가리킨다. 예술의 시대는 저물어가지만, 정신은 한층 더 높은 단계에 이른다.

예술의 체계

동시에 헤겔은 상징 예술, 고전 예술, 낭만 예술이라는 삼분법을 여러 예술을 체계적으로 분류하는 기준으로 사용했다. 이에 따르면 건축은 대표적인 상징 예술이고, 조각은 전형적인 고전 예술이며, 회화와 음악과 시는 낭만 예술의 주요 장르라고 한다. 좀 지나친 단순화이긴 하지만, 이는 어느 정도 역사적 사실과도 부합한다. 실제로 고대 동방 예술은 주로 건축을 중심으로 발전했고, 그리스 예술은 조각을 중심으로 발전했으며, 회화와 음악과 시는 근대에 들어와 뚜렷한 발전을 보여주지 않았던가. 이런 걸 유식한 말로 '논리적인 것과 역사적인 것의 통일'이라 부른다. 표를 보라.

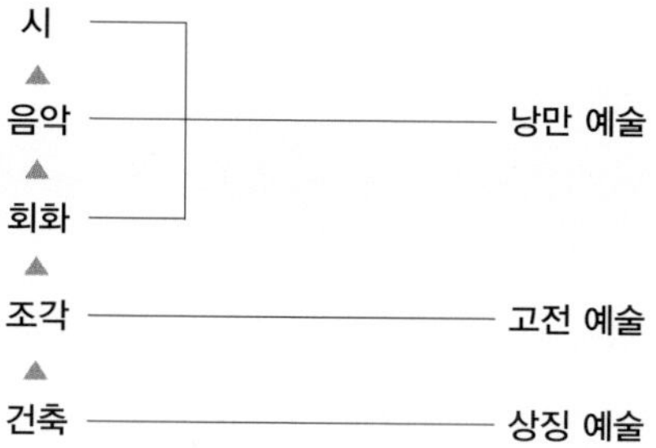

헤겔은 예술을 왜 이런 식으로 분류했을까? 열쇠는 아래에서 위로 올라갈수록 물질적 매체에 대한 의존도가 낮아지고 정신적 내용을 표현하는 능력이 커진다는 데 있다. 가령 상징적 예술 형식인 건축은 물질에 압도당해 있어, 정신적 표현의 여지가 많지 않다. 고전적 예술 형식인 조각의 경우엔 물질적 형태와 정신적 표현이 아름답게 조화를 이룬다. 여기가 바로 예술의 정오正午다. 하지만 낭만적 예술 형식에 이르면, 서서히 물질을 포기하고 정신으로 돌아가려는 경향이 나타난다. 회화는 조각의 3차원에서 1차원을 사상함으로써 바깥세계에서 인간 내면에 접근하고, 음악은 한 걸음 더 나아가 아예 공간성 자체를 사상하고 인간의 내면을 그대로 전달한다. 낭만적 예술의 최종 형태인 시에선 낱말의 '의미'가 표현을 담당한다. 말하자면 이미 '감각'이 아니라 '의미'라는 관념적 '표상'이 예술의 표현 수단이 되는 셈이다.

예술의 종언

헤겔은 이념과 매체가 행복하게 조화를 이루던 그리스 시대 이후, 예술은 내리막길을 걷는다고 생각했다. 낭만 예술에 이르면 이미 내용과 형식의 행복한 조화가 깨지고, 예술은 서서히 저물어간다. 낭만적 예술 다음엔? 예술의 미래는 '종교'에 있다. 가령 그리스의 신들은 조각 속에 자신을 드러냈지만, 기독교의 신은 자신의 형상을 만들지 말라고 명령했다. 기독교의 진리는 더 이상 감각적 매체로 표현할 수 없다는 뜻이리라. 이제 이념은 '감각'이 아니라 '표상'을 통해 드러나야 한다. 이미 시는 관념적 표상을 표현 수단으로 사용하지 않았던가. 하지만 종교는 다시 철학이라는 개념적 사유에 자리를 내줘야 한다. 이때쯤 세계의 역사는 저녁 무렵으로 접어든다. 지혜의 여신, 미네르바의 부엉이철학는 해질녘이 돼야 비로소 날기 시작한다고 한다. 부엉이가 날개를 펴고 힘차게 밤하늘을 날아오르면서, 세계의 역사는 완성에 도달한다. 헤겔의 머릿속에서.

카페 앞에서

플라톤 이념?

아리스 선생님께서 말씀하신 이데아죠. 이 친구도 제 편이군요.

플라톤 왜, 아름다움의 본질이 이념에 있다던데?

아리스 아니죠. 정확히 말해 아름다움은 이념의 감각적 현현顯現, 이데아가 감각적으로 나타난 거Scheinen라고 했죠.

플라톤 그게 그거 아냐?

아리스 다르죠. 아름다운 건 이데아 자체가 아니라 이데아의 '가상Schein'이란 얘기니까요.

플라톤 그렇게 되나?

아리스 게다가 이 친구는 미감도 나랑 비슷합니다. 이 친구의 취향은 확실히 고전 예술 쪽이거든요. 선생님께선 이집트와 아르케익을 좋아하시지만…….

플라톤 그래, 그걸 뭐라고 했더라? 상징 예술……?

아리스 예. 이념이 아직 성숙하지 못한 채로 물질에 덤벼들어 생긴 조야한 예술!

플라톤 별로 듣기 좋지 않군. 근데 이 친구는 왜 나랑 정반대로 생각하는 걸까? 이데아가 먼저 있고 세상이 거기서 나왔다고 보는 건 같은데…….

아리스 빙켈만 때문이 아닐까요?

플라톤 글쎄, 그보다 더 중요한 이유가 있지 않을까?

아리스 글쎄요. 감각세계에 대한 견해 차이 때문일 겁니다.

플라톤 무슨 얘기지?

아리스 선생님은 감각적인 걸 무조건 배척하시잖습니까? 그래서 감각적인 게 섞이지 않은 순수한 기하학적 형태를 좋아하시고요.

플라톤 그런데?

아리스 하지만 이 친구가 볼 때, 선생님의 이데아처럼 감각세계를 거치지 않은 이념은 아무 의미도 없습니다. 이데아가 진정으로 자기 완성에 도달하려면, 감각세계를 거쳐야 한다는 거죠.

플라톤 그런데?

아리스 그 때문에 이 친구의 이데아는 감각적인 걸 자체 내에 포괄하게 됩니다. 이데아가 그렇게 감각적인 것과 통일을 이룬 상태, 그게 바로 아름다움이라는 얘기죠.

플라톤 그 전형이 그리스 예술이고? 그럼 예술은 '절대정신이 감각적으로 나타난 것'이라는 얘기는 무슨 뜻이지?

아리스 예술이 '가상을 통해' 진리를 드러낸다는 거 아닐까요?

플라톤 그럼 자네 얘기랑 비슷한데? 하지만 예술의 종말을 얘기하는 건 좀 과격한 결론 아냐?

아리스 어쩌겠습니까? 만약 예술의 본질이 '진리'를 드러내는 데 있다고 보면, 결국 저 친구와 똑같은 결론을 내려야 합니다. 진리를 드러내는 데엔 철학을 따라갈 수 있는 건 없으니까요.

플라톤 그런가? 이제 그만하고 저기 카페에서 좀 쉬었다 가세.

아리스 서둘러야 하는데……. 우리가 등장할 신scene이 하나 더 남았거든요.

플라톤 지금 몇 신데?

아리스 촬영 시작 30분 전입니다.

플라톤 우리 펑크 낼까?

아리스 어쩌시려고요?

플라톤 급하면 지가 알아서 하겠지. 대본을 고치든가……. 난 콜라, 자넨?

에셔의 세계 8

무 한 성 에 의 접 근

헤겔은 자신이 절대지(絶對知)에 도달했다고 믿었다. 그가 생각하는 것처럼, 과연 우리가 시작에서 종말까지 우주의 전 과정에 대한 '완결된' 지식을 가질 수 있을까? 글쎄, 그건 불가능할 거다. 어떻게 유한한 인간의 두뇌로 무한한 우주의 진행을 담을 수 있단 말인가? 인간의 유한성과 세계의 무한성. 이 대립을 해소하는 게 철학자들의 오랜 꿈이었다. 오늘날 이 꿈이 이루어질 수 있으리라 믿을 사람은 아무도 없을 거다. 하지만 예술에선 그게 가능하다. 어떻게?

칼레이도치클루스를 생각해보라. 사방으로 무한히 뻗어나가면서도 닫혀 있지 않았던가. 평면을 이용할 수도 있다. 앞에서 본 〈천국과 지옥〉을 떠올려 보라. 중심에서 원의 테두리로 다가갈수록 천사와 악마의 크기가 무한히 작아진다. 허나 이 그림은 아직 완전하지 못하다. 한쪽 끝으로만 무한하니까. 오른쪽 그림 〈뱀〉을 보라. 우주를 뱀으로 상징하는 건 여러 문명에 나타나는 보편적인 현상이다. 거기서 고리들을 보라. 원의 중심 쪽으로도, 원의 가장자리 쪽으로도 고리들은 무한히 작아진다. 에셔는 이런 식으로 유한한 평면에 무한한 과정을 담으려 했다. 어떤가, 성공한 거 같은가?

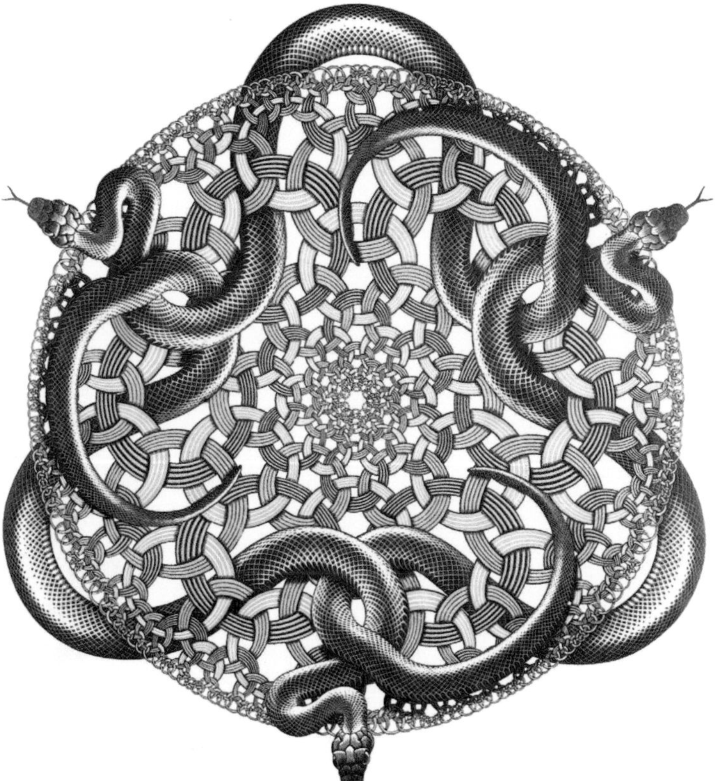

〈뱀〉 모리츠 에셔, 목판화, 50×45cm, 1969년

5

아름다움에 관하여

아름다운 가상

새들은 어디로 날아가는가? 낮으로? 밤으로? 밤과 낮은 서로 배척한다. 밤이 낮일 수 없고, 낮이 밤일 수 없다. 빛은 밤과 낮을 분명히 가른다. 하지만 이 그림에서 밤과 낮이 공존한다. 이렇게 서로 배척하는 두 가지 가능성이 공존하는 걸 철학에선 이율배반이라 한다. 여기서 우리는 미와 관련해 얽힌 두 가지 문제를 다루게 된다. 먼저 미이론에서 객관주의와 주관주의의 대립이다. 쥐라기에도 아름다움이 있었을까? 객관주의자라면 '예스', 주관주의자라면 '노'라고 할 것이다. 이어서 취미 판단의 이율배반에 대해 생각해보자. 미에도 이율배반이 있다. 객관적인 미의 기준은 없다. 그러나 있다. 미에 대해 논쟁할 수 있는가? 없다. 그러나 있다. 어느 게 옳을까? 유클리드와 산책하면서 생각해보자.

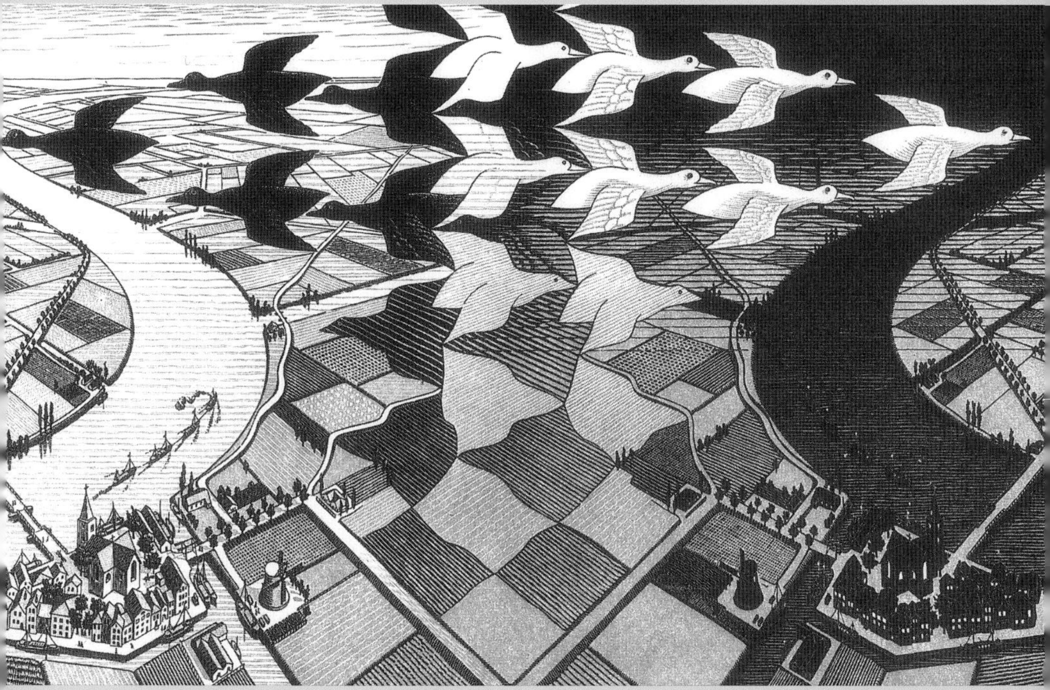

〈낮과 밤〉 모리츠 에셔, 석판화, 39×68cm, 1938년

비너스와 네페르티티

사진을 보라. 미의 여신 비너스와 이집트의 왕비 네페르티티다. 비너스는 그리스인들의 미의 이상이었고, 네페르티티는 이집트인들의 미의 이상이었다. 비너스가 고전적인 미인이라면, 고대 이집트 왕국의 여인은 오히려 아주 현대적인 느낌을 준다. 둘 가운데 누가 더 아름다운가? 만약 당신이 왕이 되어 왕비를 간택한다고 야무진 상상을 해보자. 당신은 어느 쪽을 택하겠는가? 나? 짐은 망극한 성은을 두 여인 모두에게…….

황금분할

고대인들은 미가 대상의 '객관적 속성'이라고 생각했다. 말하자면 모양이나 무게처럼 대상이 미라는 속성을 갖는다는 거다. 가령 황금분할이란 게 있다. 수학적으로 표현하면 대충 0.618 : 0.382의 비례를 말

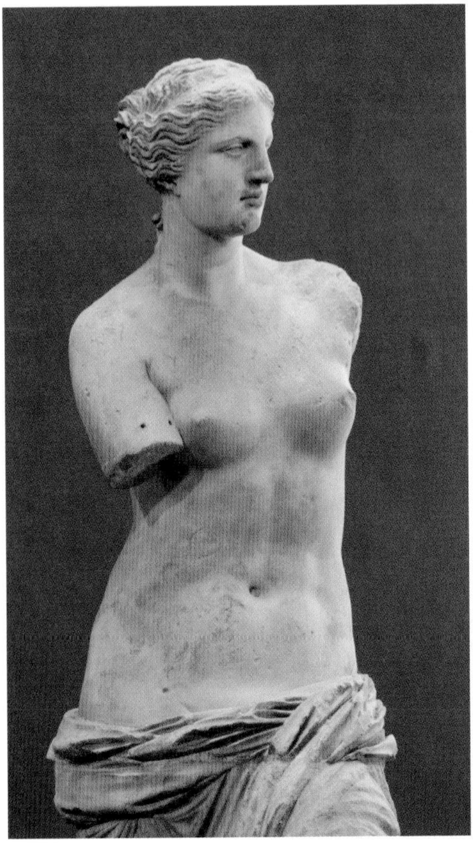

〈밀로의 비너스〉(부분)
대리석, 높이 204cm, 기원전 100년경

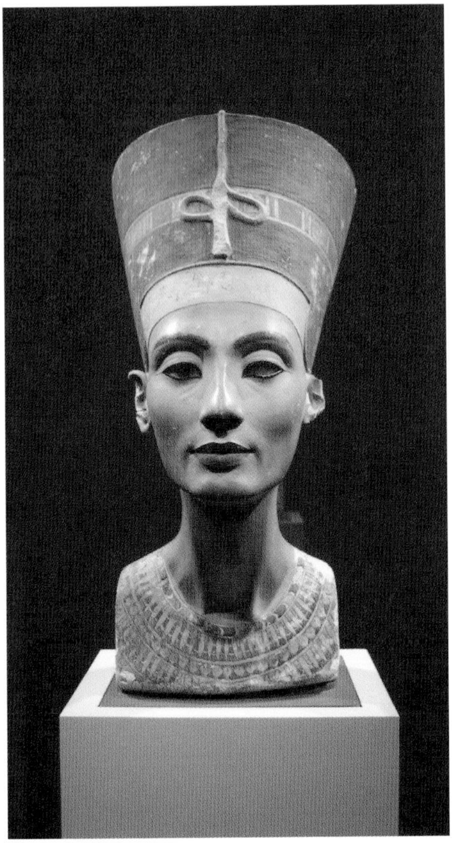

〈네페르티티 왕비〉
석회암, 높이 48cm, 기원전 1340년경

하는데, 그리스 사람들은 이 비례야말로 가장 아름답다고 생각하여, 인체 조각과 신전 건축에 널리 사용했다. 〈벨베데레의 아폴론〉의 인체 비례도를 보라. 배꼽을 중심으로 몸을 나누면, 상체와 하체의 길이가 정확히 이 비례임을 볼 수 있다. 사람들은 어떻게 이 황금분할이란 걸 만들어냈을까? 놀랍게도 이 비례 관계는 앵무조개나 꽃잎 등 여러 자연물에서 널리 발견된다고 한다. 그러니까 이 비례는 원래 자연물 속에 있다가 인간의 머릿속에 들어온 거다. 그렇다면 미란 사물의 객관적 속성이다. 따라서 사물의 무게를 달고 길이를 잴 수 있듯이, 미도 수학적으로 측량할 수 있다. 그래서 폴리클레이토스는 가장 아름다운 인체 비례를 수치로 표시할 수 있었던 거다.

만약 이처럼 아름다움이 수학적으로 측량할 수 있는 객관적 속성이라면, 아름다움을 알아보는 데 별도의 감각이 필요하진 않다. 그저 수학 문제를 풀 수 있을 정도의 머리만 있으면, 어떤 게 아름다운지 아닌지 알 수 있다. 따라서 미를 파악하는 건 하나의 '인식'이다. 르네상스까지만 하더라도 사람들은 미에 대해 이렇게 생각했고, 근대 이후에도 고전주의자들은 여전히 이 믿음을 고수했다. 이 생각은 가장 유구한 역사를 가졌으므로, 이를 '대이론'이라 부르자.

알 수 없는 그 무엇

과연 수학적 비례만으로 미를 창조할 수 있을까? 그리스인들은 그렇지 않다는 걸 알고 있었다. 그리스 건축가들은 의도적으로 엄격한 수학적 비례에서 벗어나 일탈을 즐겼다. 가령 기둥이 탄력 있어 보이게 하려고, 곧게 뻗은 도리스식 기둥의 높이 3분의 1쯤 되는 지점에 일

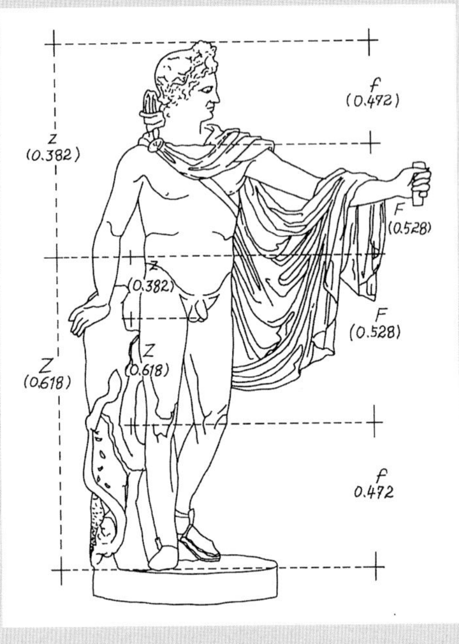

〈벨베데레의 아폴론〉의 인체 비례

소련의 건축가 졸토프스키가 측정했다.

〈인체 비례〉(오른쪽 위) 레오나르도 다빈치, 은필로 그린 위에 펜·잉크·수채, 34×25cm, 1490년

〈인체 비례〉는 비트루비우스의 건축론에서 영감을 받아 그렸다.
황금분할 혹은 황금비율이란 대략 1 : 1.618의 비례를 가리킨다.
우리에게 아름답게 느껴지는 이 비율은 앵무조개의 나선무늬에도 나타난다.
이 때문에 황금비율은 미가 사물의 객관적 속성이라는 주장을 뒷받침하는 증거로 인용되고 있다.

앵무조개의 나선무늬(오른쪽 아래)

1 : 1.618의 황금비로 이루어진 직사각형은 그 안에 정사각형과 다시 황금비로
이루어진 직사각형을 포함하고 있다. 다시 그 직사각형은 정사각형과 황금비를 가진
직사각형으로 이루어진다. 이런 식으로 무한히 작게 그리면서 정사각형의
마주보는 두 지점을 원으로 연결하면 앵무조개의 나선무늬가 얻어진다.

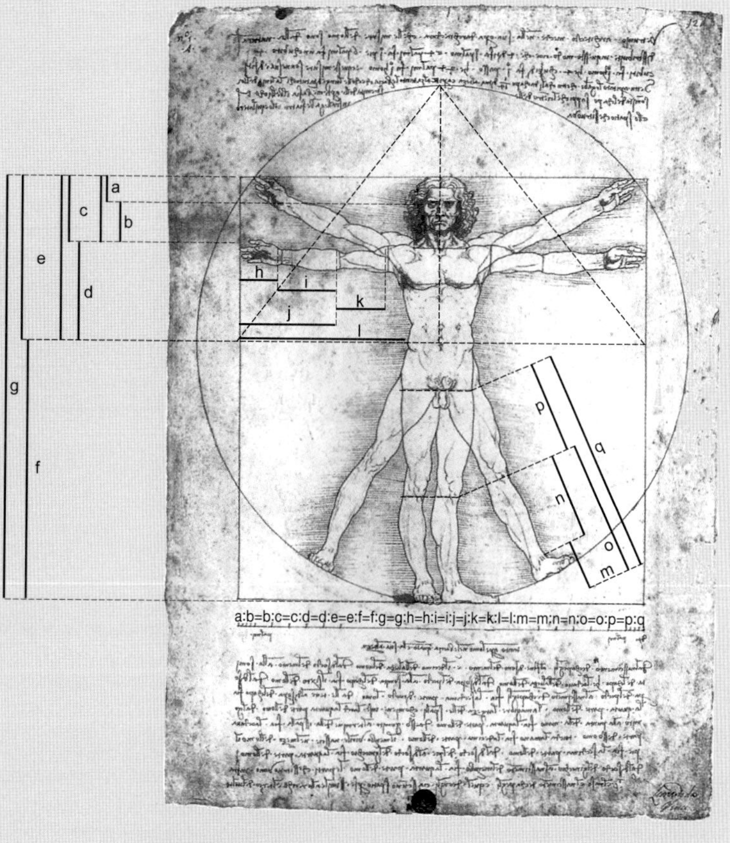
a
b
c
d
e
f
g
h
i
j
k
l
m
n
o
p
q
a:b=b:c=c:d=d:e=e:f=f:g=g:h=h:i=i:j=j:k=k:l=l:m=m:n=n:o=o:p=p:q

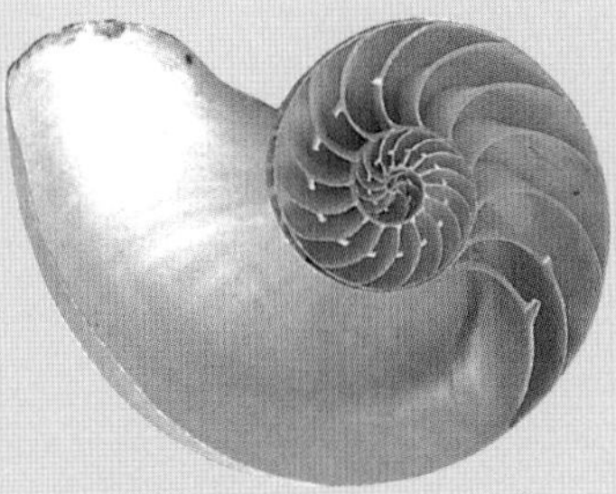

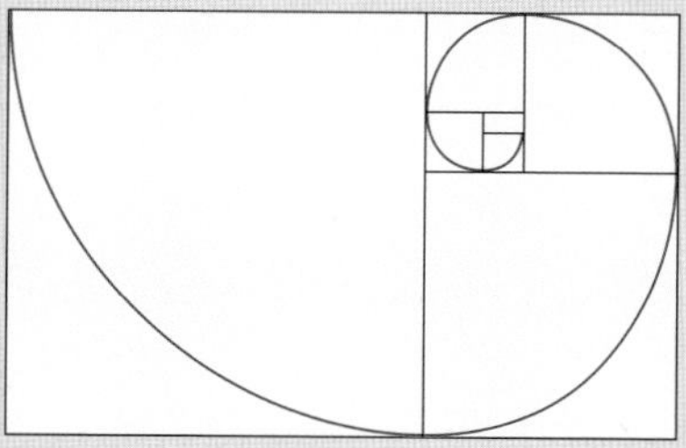

부러 배흘림을 주었다. 만약 기둥을 기하학적으로 정확하게 만들었다면, 기둥은 차가운 느낌을 주었을 거다. 조각가들도 마찬가지였다. 프락시텔레스는 폴리클레이토스의 엄격한 인체 비례에 약간의 일탈을 가함으로써, 비로소 조상彫像에 생기를 불어넣을 수 있었다.

이건 대이론에 문제가 있음을 보여준다. 이렇게 대이론이 한계를 드러내는 곳에서 '취미론'이 등장한다. 대상이 아름다우려면 수학적으로 정확한 비례 플러스 알파가 필요하다. 물론 이 플러스 알파는 말로 설명할 수 없다. 그래서 사람들은 이 플러스 알파를 그냥 '알 수 없는 그 무엇Je ne sais quoi'이라 했다. 말로 설명할 수 없는 이 플러스 알파를 파악하는 데는 '이성' 말고 다른 능력이 필요하다. 그 특별한 능력이 바로 '취미'다.

고전주의자에게 아름다움은 대상의 객관적 성질이었고, 그걸 판단하는 근거도 대상에 있었다. 하지만 푸생과 루벤스파의 논쟁 이후 사람들은 이미 미적 취향이 사람마다 다르다는 걸 의식하고 있었다. 이 의식은 바로크와 로코코를 거치면서 더 분명해졌을 거다. 이제 미는 서서히 주관화하기 시작한다. 취미론은 주관과 객관에 양다리를 걸친다. 가령 미는 '감각을 매개로 주관에 쾌감을 주는 사물의 속성'이라는 식이다. 칸트를 생각해보자. 미는 사물의 객관적 성질, 곧 '합목적성의 형식'이다. 하지만 그걸 판단하는 건 주관이 느끼는 쾌·불쾌의 감정이다. 좀 이상하지 않은가? 미의 존재 근거는 대상에, 판단 근거는 주관에 있다니.

뷜렌도르프의 비너스

여기서 또 한 명의 미녀를 소개하지 않을 수 없다. 〈뷜렌도르프의 비너스〉다. 구석기 원시인들은 이런 여자가 아름답다고 생각했던 모양이다. 2차 성징인 가슴과 엉덩이가 무지하게 큰데, 이건 물론 다산多産과 관계가 있다. 당시엔 유아 생존율도 낮았고 숫자가 곧 생산력이었으므로, 애 잘 낳는 여자야말로 최고의 미인이었을 거다. 이 여인을 보면, 아무래도 아름다움의 비밀을 대상에서 찾을 수는 없을 것 같다. 구석기인들이 이 여인을 최고의 미인으로 뽑았던 바로 그 이유에서, 우리는 이 여인이 아름답지 못하다고 얘기하기 때문이다. 미의 비밀은 어쩌면 우리 마음속에 있는지도 모른다. 마음먹기에 따라선 모든 게 아름다울 수 있으니까. 저 겁나게 뚱뚱한 여인까지도…….

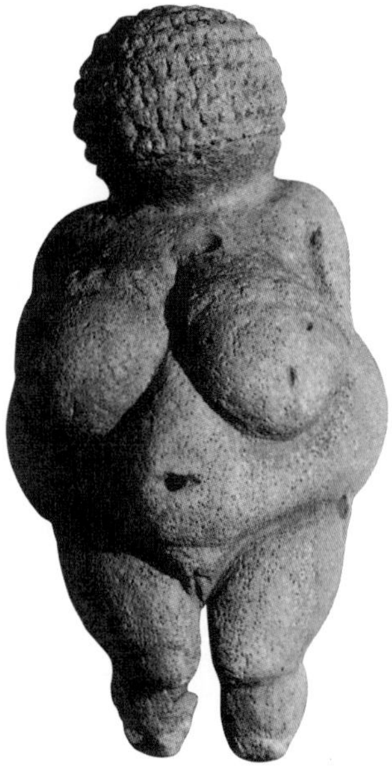

〈뷜렌도르프의 비너스〉
석재, 높이 11cm,
기원전 2만 5000~기원전 2만 년

〈불을 찾아서〉란 영화를 보면, 주인공 원시인이 다른 부족에게 잡혀 움막에 갇힌다. 그 움막엔 정말로 저렇게 생긴 여자들이 득실거렸다.

오리냐 토끼냐

취미론은 애매한 이중 구조를 갖고 있어 자연스럽지 못하다. 그래서

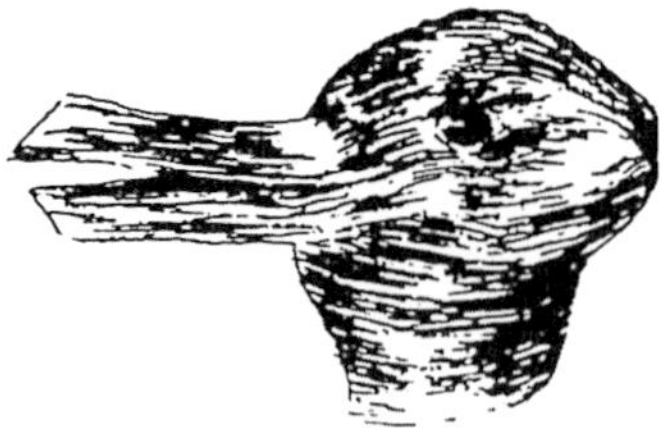

토끼냐, 오리냐

현대에 들어오면 미는 아예 완전히 주관화하기 시작한다. 마음먹기에 따라 모든 게 아름다울 수 있다. 그렇다면 아름다운 대상이 어떤 성질을 가졌는지 따져봤자 아무 소용도 없다. 문제는 주관이 어떤 상태에 있을 때 대상이 아름답게 보이느냐다. 과거에 사람들은 '무엇이 아름다우냐'고 물었지만, 이제 사람들은 '언제 아름다우냐'고 묻는다.

하지만 이 물음에 대한 대답은 사람마다 다르다. 어떤 사람에 따르면, '무관심적 주목'을 할 때라고 한다. 가령 배를 타고 가다가 폭풍우를 만났다 하자. 만약 물고기밥이 될 염려만 없다면, 폭풍우가 몰아치는 장면은 무척 장엄하고 아름다울 거다. '~로서 봄'이라는 이론도 있다. 그림을 보라. 어떻게 보면 토끼로, 어떻게 보면 오리로 보인다. 이처럼 세상 모든 것이 어떻게 보느냐에 따라 평범한 대상일 수도 있고, 미적 대상이 될 수도 있다는 거다. 평소에 무심코 지나친 가로수길이 어느 날 갑자기 미치도록 아름답게 보이는 경험을 한 적 있는가? 그럼 무슨 얘긴지 알 거다.

나르키소스

립스Theodor Lipps, 1851~1914라는 사람이 있다. 그는 '감정이입설'이라는 걸로 유명한데, 이는 현대의 주관주의적 미이론 가운데 가장 대표적인 것이다. 이 이론에 따르면, 아름다움이란 '객관화한 자기 향수'다. 말하자면 우리가 우리 감정을 자연 속에 집어넣은 게 바로 아름다움이라는 거다. 자연의 아름다운 사물은 실은 우리가 그 속에 집어넣은 우리 감정이다. 흙먼지 틈에 핀 한 송이 들꽃 때문에 발길을 멈출 때, 붉게 타오르는 저녁 노을에 사로잡힐 때, 밤하늘에 쏟아지는 별에 매료될 때, 우리는 사실 거울에 비친 제 모습에 넋을 잃고 있는 거다. 물에 비친 제 모습에 도취해 한 송이 수선화가 되었던 나르키소스. 그는 바로 우리의 모습인지도 모른다.

에셔의 세계 9

이율배반

〈낮과 밤〉엔 세 개의 주제가 결합되어 있다. 찾을 수 있으리라 믿는다. 그 가운데 가장 큰 주제는 이율배반이다. 이율배반이란 상반되는 두 가지 가능성이 공존하는 걸 가리키는데, 〈낮과 밤〉과 〈천국과 지옥〉은 이율배반을 주제로 그린 대표작이다. 어떻게 그렸을까? 보통 그림에선 형태와 배경이 확연히 구별되고, 배경이 형태에 종속되기 마련이다. 하지만 이 작품들 속에서 에셔는 교묘한 계산으로 배경이 또한 형태를 이루게 만들었다. 어느 쪽으로도 해석할 수 있는 모호함은 바로 여기서 비롯된다. 물론 이는 평면의 규칙적인 균등 분할을 이용한 것이다. 하지만 오른쪽 그림을 보라. 이런 식으로 이율배반의 상황을 만들어낼 수도 있다.

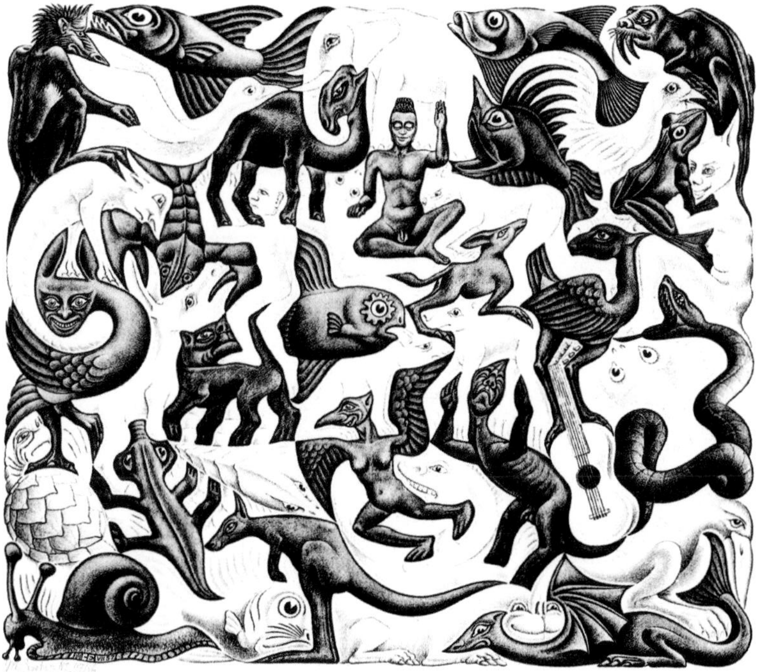

〈평면 채우기 II〉 모리츠 에셔, 석판화, 32×37cm, 1957년

미적 범주들

모든 판단의 바탕에 깔려 있는 가장 보편적인 개념을 '범주'라 한다. 가령 아리스토텔레스는 모든 판단의 바탕에 열 개의 범주가 있다고 했다. 오른쪽의 표를 보라. 칸트는 아리스토텔레스의 범주표가 난지도에서 쓰레기 줍듯 주워 모은 것이라고 비난하면서, 아주 깔끔하게 열두 개의 범주를 제시했다.

헤겔도 마찬가지다. 앞에서 본 동그라미 표에 든 게 바로 헤겔의 범주들이다. 그 범주들이 단지 우리 머릿속에만 들어 있는 판단의 범주인지, 아니면 사물들이 가진 객관적인 성질인지에 대해선 철학자마다 견해가 다르다. 가령 칸트에게 범주는 순전히 '판단 형식'에 불과했지만, 헤겔에겐 판단 형식이자 동시에 사물의 가장 보편적인 성질이기도 했다.

실체: 소크라테스	시간: 정오에
성질: 철학자	위치: 가만히 서서
분량: 5피트 8인치의 키	양상: 허술한 옷차림으로
관계: 플라톤의 스승	능동: 얘기하다가
장소: 아고라에서	수동: 비웃음당함

어느 게 옳을까

그냥 넘어가자. 인생을 깊이 이해하는 사람에겐 이런 문제는 삶의 본질적 부분이 못 된다. 근데 미적 판단에도 범주가 있다. 미적 범주란 미의 형제뻘 되는 것들을 가리킨다. 가령 미, 우미, 숭고, 비극성, 희극성 등이 그것이다. 이걸 통칭해서 '미적인 것'이라 부르기로 하자.

어쨌든 미적인 것을 구성하는 몇 가지 범주들에 대해선 이미 살펴보았다. '원형 극장'에서 우리는 아리스토텔레스의 비극론과 관련하여 '비극성비장미'의 본질을 다루었다. '장미의 이름'에선 잃어버린《시학》제2부와 관련하여 희극성골계미에 대해 살펴보았다.

'장미의 이름'에서 중세는 '웃음이 없는 문화'라고 했다. 여기서 우리는 주요한 미적 범주가 시대마다 달라진다는 걸 알 수 있다. 가령 그리스 예술에선 '미'라는 범주가 우세했다. 반면 중세 예술은 철두철미하게 '숭고'의 예술이었다. 중세에는 희극성을 허락하지 않았고, 저 천상의 '미'와 지상의 '추'를 대비시켰다. 한편 고전주의 예술은 '미'를 추구했지만, 바로크 예술은 '극적인' 묘사를 추구했고, 로코코는 '우미'의 예술이었다. 고전주의자는 예술에 '추'를 그리는 걸 일절 허락하지 않았지만, 낭만주의자는 오히려 허울 좋은 아름다움 속에 감춰진 '추함'을 폭로하는 걸 즐겼다. 미적 범주의 가능성은 이렇게 시대마다, 유파마다 달라진다.

미적 범주와 예술의 관계는

당연히 밀접하다. 미적인 것과 예술의 관계는 교차하는 두 개의 원으로 표시할 수 있다. 동그라미 두 개가 완전히 겹치면 유미주의적 예술관, 말하자면 '예술을 위한 예술'이라는 생각이 나온다. 왜? 이때 예술은 오로지 미적인 기능만 가지니까. 이게 바로 칸트의 생각이기도 하다. 예술은 오로지 미적 효과만을 추구해야지, 그 밖의 어떤 도덕적·철학적 또는 정치적 목적과 관련을 가지면 안 된다는 거다.

반면 동그라미가 서로 완전히 떨어져나가는 경우도 있다. 그때 예술은 미적인 효과 이외의 다른 목적에 종속된다. 가령 톨스토이는 《예술론》에서 하나의 오페라를 준비하기 위해 얼마나 많은 사람이 생고생을 하는지 장황하게 묘사하고 있다. 그 결론은 예술이 미를 추구해서는 안 된다는 거다. 예술이 기껏 '미'를 위해서 수많은 사람의 인생을 집어삼켜서야 되겠느냐는 얘기다. 예술은 그보다는 좀더 높은 목표를 가져야 한다. 그 지고한 목표를 그는 예술이 가진 도덕적 교화 기능에서 찾았다.

물론 이건 두 개의 극단적인 경우다. 가령 김동인의 〈광염 소나타〉는 소위 '예술을 위한 예술'이란 발상의 끝을 잘 보여준다. 옆집에 불을 지르고, 그 춤추는 불빛에 영감을 받아 소나타를 작곡한다! 주위 사람들이야 구름을 덮고 자든 말든……. 반면 톨스토이처럼 예술을 도덕적 목표에 종속시킨다면 얼마나 하품이 나오겠는가. 그 때문에 미적인 것과 예술의 관계는 교차하는 두 개의 원으로 봐야 한다는 얘기다.

미적 범주들을 체계화할 수는 없을까

왜 없겠는가. 여러 사람이 미적 범주를 체계화하려고 했는데, 그 가운데서 가장 대표적인 게 바로 데스와Max Dessoir, 1867~1947의 범주표다. 그는 다음과 같은 동그라미 표를 만들었다. 미적 범주들은 어떤 관계를 맺고 있을까? 이 표를 보면 알 수 있다.

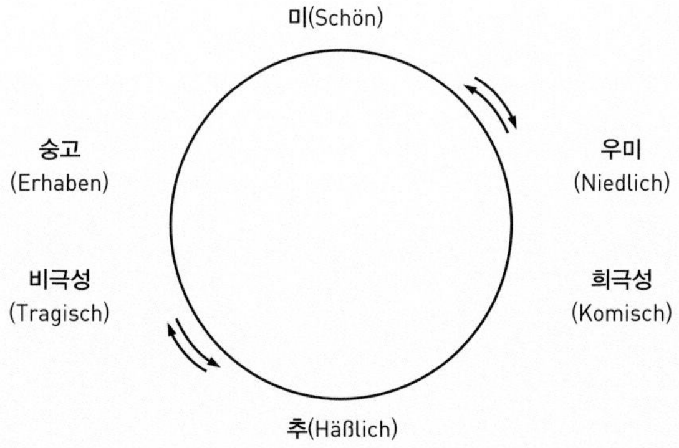

막스 데스와의 범주표

이 표에서 서로 인접한 것들은 비슷한 성질을 갖고, 반대편에 있는 것들은 성질이 서로 대립한다. 그리고 각 범주들은 성질이 비슷한 바로 옆 범주로 이행하기 쉽다. 그렇게 세 번 이행하면 각 범주는 자신의 대립물이 된다.

물론 다시 세 번 이행하면 다시 자기한테 돌아온다. 이처럼 데스와의 동그라미 표 속에서 범주들은 돌고 도는 원환 운동을 한다. 미는 우미로, 우미는 희극성으로, 희극성은 추로, 추는 비극성으로, 비극성은 숭고로, 숭고는 다시 미로!

유클리드와 산책을

나 평행하는 두 직선은 결코 만날 수 없다고 하셨죠?

유클리드 '평행선의 공준' 말인가?

나 예. 하지만 우리가 걷는 이 길을 보시죠. 길의 두 선이 좁아져 마침내 지평선의 한 점에서 만나잖습니까.

유클리드 그거야 그림이니까 그렇지. 원근법이라 하던가?

나 나의 농담입니다만, 현실에서도 평행하는 두 직선이 만나는 수가 있답니다.

유클리드 무슨 소리야?

나 만약 이 길이 무한히 뻗어나간다고 가정해보죠. 지구는 둥그니까, 결국 이 길의 두 직선은 지구의 남극점에서 한 번, 그리고 북극점에서 한 번, 도합 두 번 만나게 되죠.

유클리드 왜 그런 억지 가정을 하나. 곡면을 떠나 허공에다 평행선을 그린다 하세. 그래도 장난을 치겠나?

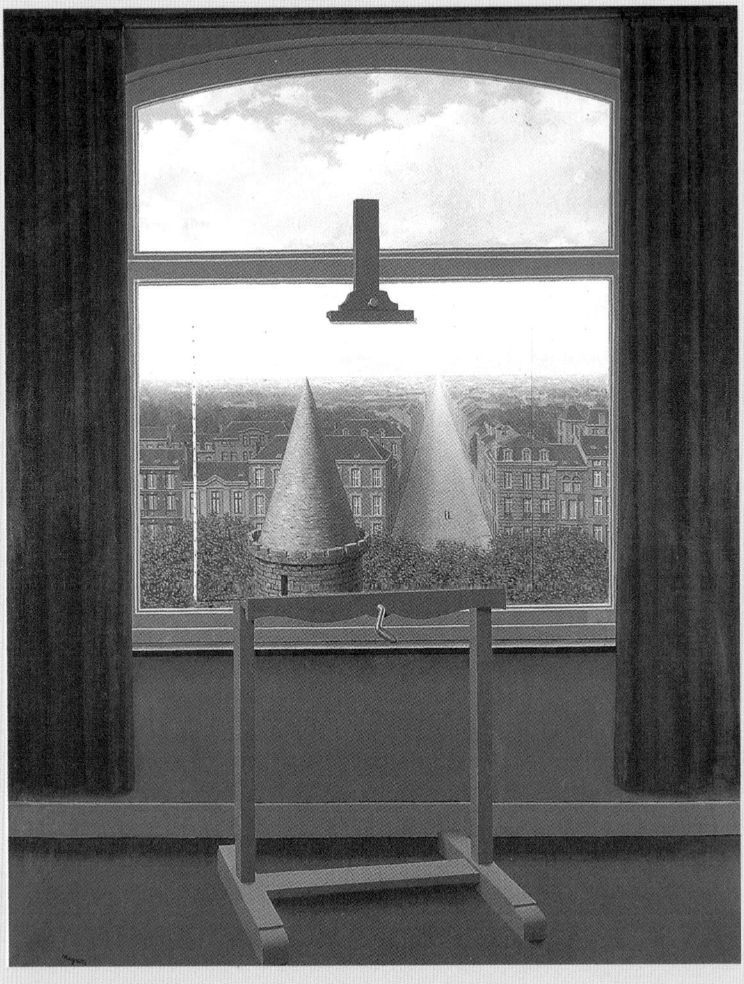

〈유클리드의 산책〉 르네 마그리트, 캔버스에 유채, 161×131cm, 1955년

저 길 가운데 개미처럼 꼼지락거리고 있는 게 바로 나와 유클리드다.
우리는 어디서 산책을 하고 있는가? 캔버스 속, 아니면 밖?

나 이걸 어쩌죠? 현대 물리학에 따르면, 공간 자체가 휘어 있답니다. 그러니까 선생님이야말로 억지 가정을 하시는 셈이죠. 선생님이 말씀하시는 평면은 도대체 어디에 있죠? 지구 위에요? 아니면 우주 공간에요?

유클리드 ……

각A+각B+각C=……170도 또는 180도 또는 190도……

나 삼각형의 내각의 합이 얼마라고 하셨죠?

유클리드 180도 아닌가.

나 그럴까요? 요즘은 기하학도 여러 가지랍니다. 리만Georg Friedrich Bernhard Riemann, 1826~1866이란 사람은 지구 같은 플러스 곡면의 기하학을 만들었고, 로바체프스키Nikolai Ivanovich Lobachevsky, 1792~1856는 말안장 같은 마이너스 곡면의 기하학을 만들었죠.

유클리드 내 기하학이 유일한 거라고 믿었는데, 섭섭하군.

나 만약 리만의 플러스 곡면에 삼각형을 그린다면 어떨까요?

유클리드 곡률의 크기에 따라 내각의 합은 얼마든지 커지겠지.

나 예. 거꾸로 마이너스 곡면에 그리면 얼마든지 작아질 테고요. 결국 내각의 합이 190도든, 170도든, 아니면 무한대든, 틀린 대답이라 할 순 없겠죠?

유클리드 ……

취미에 관한 한 논쟁할 수 없다

나 이렇게 해서 선생님의 기하학은 절대적 진리의 왕좌에서 내려오게 되었죠. 이와 비슷한 일이 예술에서도 벌어졌답니다.

유클리드 예술에서도?

나 삼각형의 내각의 합이 꼭 180도일 필요가 없듯이, 아름다움에도 절대적 기준이 사라졌다는 얘깁니다. 고전주의에는 그 나름의 아름다움이 있고, 바로크엔 또 다른 아름다움이 있는 거니까요.

유클리드 고전주의 쪽이 훨씬 낫지 않나? 분명하고 명확하니까.

나 그거야 선생님 생각이죠. 전 바로크 쪽이 더 좋은데요. 안 분명하고 안 명확하니까요.

유클리드 괴상한 미감이군.

나 선생님이야말로…….

유클리드 자네야말로…….

나 쓸데없는 말다툼이죠. 그래서 로마인들의 말대로 취미에 관한 한 논쟁할 수 없다니까요.

아니, 논쟁할 수 있다

유클리드 피카소의 작품과 저 이발소 그림 가운데 어느 게 더 훌륭한 작품이라고 생각하나?

나 물론 피카소죠.

유클리드 알아듣기 힘든 피카소보다는 엄마 젖을 빠는 돼지 새끼들 쪽이 낫지 않나? 앙증맞은 게. 그림 옆에 멋진 글귀까지 쓰여 있군.

삶이 그대를 속일지라도 결코 슬퍼하거나 노여워하지 말라…….
나 촌스럽기 그지없군요. 그럼 보시는 눈이 영…….
유클리드 자넨 내 미감을 빈정댈 이유가 없어. 자네 입으로 취미에 관해 논쟁할 수 없다고 했잖았나? 자넨 주제넘은 참견을 하고 있다네.
나 그런가요? 죄송하게 됐군요.
유클리드 그렇게 끝날 문제가 아니야. 생각해보게. 만약 객관적 기준이 없다면 굳이 예술이란 게 왜 필요하겠나? 피카소의 작품이나 화장실 벽의 낙서나 그게 그걸 텐데.
나 …….
유클리드 비평가도 필요 없겠지. 그 사람들이 무슨 권리로 남의 입맛에 간섭한단 말인가? 남이야 피카소를 좋아하든, 이발소의 돼지 새끼를 좋아하든, 커피에 설탕을 넣든, 소금을 넣든…….

규준이냐 자유냐

나 하지만 전 대이론의 붕괴가 다행스런 일이었다고 보는데요. 예술에 창작의 자유를 가져다주었으니까요.
유클리드 그 자유가 어떤 작품을 낳았지? 피아노 때려 부수기, 침대에 페인트칠하기, 알몸에 페인트칠하고 몸부림치기. 자넨 이 작품(?)들 가운데 어느 게 진짜 예술이고 사기인지 구별할 기준이 있나?
나 그런 기준이야…… 없죠.
유클리드 아무리 창작의 자유를 누리면 뭐하나. 어느 게 예술이고 어느 게 사긴지 구별조차 안 된다면.
나 …….

공통감

유클리드 이 문제를 해결하려면, 결국 미가 어디에 있느냐 하는 문제로 돌아가야 한다네. 만약 미가 사물 속에 있다면 미의 객관적 기준은 저절로 생기는 셈이고, 반대로 미가 머릿속에 있다면 객관적 기준을 얻겠다는 꿈은 포기해야겠지.

나 아니, 주관주의라고 꼭 미의 객관적 기준을 포기할 필요가 있습니까? 가령 칸트처럼 '공통감'이란 게 있다고 하면…….

유클리드 차라리 저 하늘에 용가리가 산다고 주장하게. 차라리 그 편이 철학적으로 옹호하기가 더 쉽지. 공통감이 있는데, 왜 사람마다 미적 판단이 달라지겠나?

나 그야 어느 한 사람이 착각을 일으켰거나…….

유클리드 착각을 하고 있는 자가 누군지 가려낼 기준이 있나?

나 없죠.

유클리드 거 봐, 하나마나한 소리지.

관계주의

나 미는 혹시 주관과 객관 모두에 달려 있는 게 아닐까요? 박수를 치고 나서, "이 소리가 왼손에서 난 소린고, 오른손에서 난 소린고?" 하고 물었다는 한 고승의 말처럼…….

유클리드 말하자면 주관과 객관이 만나서 생긴 현상이란 얘기군.

나 잘하면 고전주의에서 말하는 미의 '규준'과 현대 예술이 누리는 창작의 '자유'를 동시에 살릴 수 있지 않을까요?

유클리드 고전주의적 '획일성'에 현대 예술의 '미적 무정부 상태'까지 겹치는 정반대 경우도 생각해야지.

나 그런가요?

유클리드 자네와 같은 생각을 '관계주의'라 한다네. 물론 손뼉 소리는 왼손에서 나는 것도 아니고 오른손에서 나는 것도 아냐. 그건 두 손이 만나서 일으키는 현상이지. 하지만 이 세상에 주관도 아니고, 객관도 아닌 게 있겠나? $W^{세계} = S^{주관} + O^{객관}$, 이항하면 $W - S - O = 0 \therefore \sim S \cap \sim O = \{\ \}$ 무슨 소린지 알겠나?

나 …….

미는 어디에

유클리드 이제 가봐야겠네. 평행선 공준에 대해 생각할 게 남았거든.

나 마지막으로 한 가지만요. 그럼 미는 머리 '속'에 있는 건가요, 아니면 '밖'에 있는 건가요?

유클리드 작자인 자네도 모르는 걸 내가 어떻게 알겠나? 가만 있자, 어느 쪽으로 가야 하나. 여기가 어디지?

나 캔버스 속이오.

유클리드 무슨 소리! 우리는 이렇게 큰길 위에 서 있는데.

나 그 큰길이 캔버스 '속'에 있단 말입니다.

유클리드 무슨 소리야, 우리는 이렇게 햇볕을 받으며 '밖'에 있잖나.

에셔의 세계 10

이 상 한 고 리

에셔의 마지막 주제는 '이상한 고리'다. 오른쪽의 그림을 보라. 두 개의 손이 상대방을 그리고 있다. 여기선 A와 B, 두 개의 사물 사이의 끊임없는 순환이 문제가 되고 있지만, 순환의 꼭지점을 세 개나 그 이상으로 늘릴 수도 있다. 뒤의 그림을 보라. 〈그리는 손〉의 원형은 바로 이 '뫼비우스의 띠'다. 저 개미들은 고리를 돌고 돌아 끊임없이 제자리로 돌아올 뿐이다.

이제까지 대이론이 붕괴하면서 미가 주관화하는 과정을 살펴보았다. 이제 미는 우리 머릿속으로 거처를 옮겼다. 인간이 어떤 '특수한' 태도나 지각을 취하면, 세상 모든 게 다 아름답다는 거다. 하지만 이렇게 물었다 하자. 그 특수한 지각의 본질은 무엇인가? 그건 일상적 지각과 어떻게 다른가? 기껏해야 이런 대답이 나올 뿐이다. "그 특수한 지각의 본질은 사물을 미로써 만들어낸다는 데 있다. 즉 그것은 일상적 지각과는 달리, '미적인' 지각이다." 성공한 거 같다. 하지만 여기서 '미적'이라는 말은 아직 정의되지 않았다는 점을 기억해야 한다. 그럼 다음과 같은 난처한 상황이 벌어진다. 미란 무엇인가? 미적 지각의 산물이다. 미적 지각은? 미를 만들어내는 지각이다.

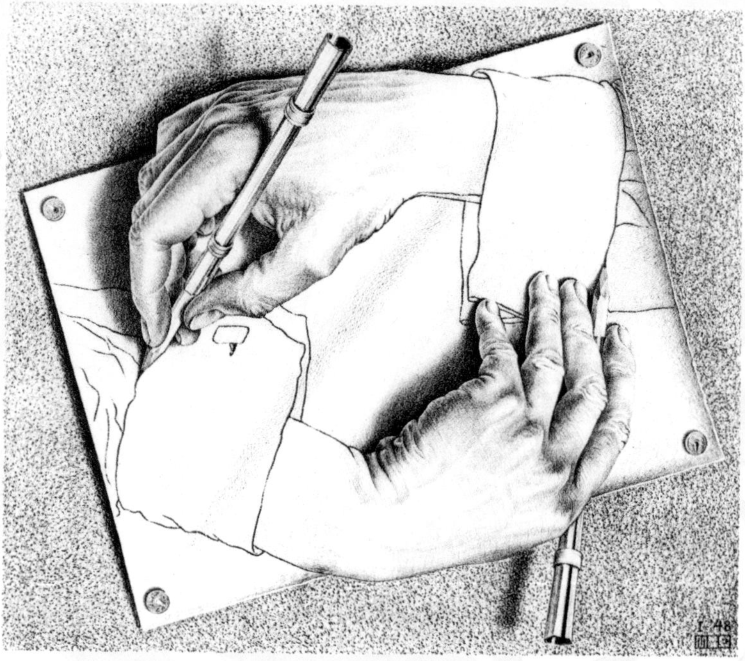

〈그리는 손〉 모리츠 에셔, 석판화, 28×33cm, 1948년

주관주의자가 이 악순환에서 벗어나려면, 그는 결국 미의 비밀을 찾아 대상의 속성으로 돌아와야 한다. 하지만 객관주의에도 문제가 있지 않았던가! 사물이 가진 똑같은 속성이 왜 어떤 사람에겐 아름답게 보이고, 다른 사람에겐 추하게 보인단 말인가? 결국 우리는 다시 주관주의적 견해로 돌아와야 한다. 저 개미들을 보라. 저 녀석들은 그냥 테두리를 돌고 있는 게 아니다. 좀 전엔 분명히 고리의 안쪽을 돌고 있었는데, 돌다 보니 어느새 고리의 바깥쪽에 나와 있잖은가! 하지만 '안'은 '밖'일 수 없고, '밖'은 '안'일 수 없다. 이게 어떻게 된 일일까?

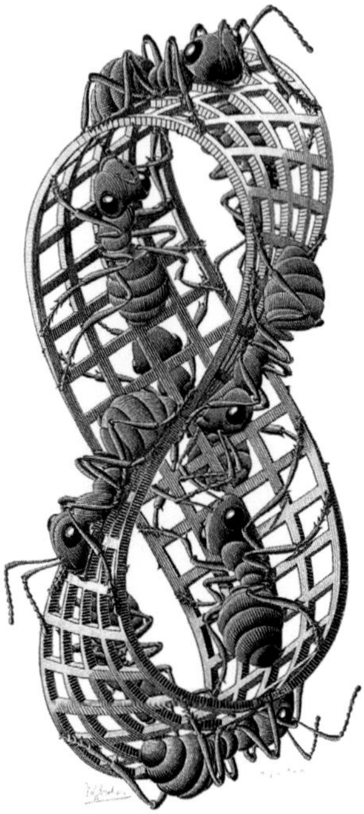

〈뫼비우스의 띠 II(불개미)〉 모리츠 에셔, 목판화, 45×21cm, 1963년

이제 당신은 내가 왜 〈그리는 손〉을 책의 마지막에 넣었는지 알았을 거다. 미학의 과제는 미와 예술의 본질을 밝히는 데 있다. 하지만 미의 본질을 밝히려 하자마자, 우리는 이 두 개의 손과 똑같은 처지에 빠지게 된다. '이상한 고리'는 예술의 세계에도 있고, 나아가 논리학과 철학에도 있다. 어쩌면 그건 인간의 정신 구조 자체와 관련된 건지도 모른다. 이제까지 우리는 에셔의 몇 가지 주제에 대해 살펴보았다. 2권에선 에셔의 작품이 지닌 철학적 의미로 초점을 옮기게 된다. 얘기는 이제부터 시작이다. 과연 우리가 저 '악마의 고리'에서 빠져나올 수 있을까?

참고문헌

글머리에

- 버트런드 러셀, 《서양의 지혜》(이명숙 외 옮김), 서광사, 1990.

1. 가상과 현실

벌거벗은 눈

- 에른스트 곰브리치, 《서양미술사》(최민 옮김), 열화당, 1977.
- 에른스트 곰브리치, 《예술과 환영》(차미례 외 옮김), 열화당, 1989.

유희, 노동, 주술

- 게오르기 플레하노프, 《주소 없는 편지》(유염하·이승민 옮김), 사계절, 1989.
- 모이세이 카간, 《미학 강의 Ⅰ》(진중권 옮김), 새길아카데미, 2012.
- 니콜라이 체르니셰프스키, 《현실에 대한 예술의 미학적 관계》(신윤곤 옮김), 열린책들, 1990.

황금가지

- 제임스 프레이저, 《그림으로 보는 황금가지》(이경덕 옮김), 까치, 2001.

피그말리온

- 토마스 불핀치, 《그리스와 로마의 신화》(이윤기 옮김), 창, 2008.
- 에른스트 카시러, 《인간이란 무엇인가》(최명관 옮김), 서광사, 1989.

2 가상의 탄생

오시리스의 땅

- 미하일 일리인,《인간의 역사》(지경자 옮김), 홍신문화사, 1993.
- 호스트 잰슨,《서양미술사》(이일 옮김), 미진사, 1985.
- Wilhelm Worringer, *Abstraktion Und Einfuhlung*, Bibliolife, 2009.

고귀한 단순함과 고요한 위대함

- 요한 빙켈만,《그리스 미술 모방론》(민주식 옮김), 이론과 실천, 2003.
- 기정희,《빙켈만 미학과 그리스 미술》, 서광사, 2000.

아테네 학당

- 플라톤,《국가》(박종현 옮김), 서광사, 2005.
- 플라톤,《플라톤의 변명·크리톤·향연·파이돈》(박병덕 옮김), 육문사, 2000.

아폴론과 디오니소스

- 프리드리히 니체,《비극의 탄생》(곽복록 옮김), 범우사, 2005.
- 아르투르 쇼펜하우어,《의지와 표상으로서의 세계》(곽복록 옮김), 을유문화사, 2002.

원형 극장에서

- 아리스토텔레스,《시학》(천병희 옮김), 문예출판사, 2002.
- 소포클레스,〈오이디푸스왕〉,《그리스 비극-소포클레스 편》(조우현 옮김), 현암사, 2006.
- 아리스토파네스,〈구름〉,《그리스 비극-아리스토파네스·메난드로스 편》(나영균 옮김), 현암사, 2006.
- 조의화,〈해설-그리이스 비극의 시대적 배경〉,《그리스 비극-1》, 현암사, 2003.
- 조우현,〈해설-그리이스 비극의 본바탕〉,《그리스 비극-1》, 현암사, 2003.
- 이근삼,〈해설-그리이스 비극의 구성과 특징〉,《그리스 비극-1》, 현암사, 2003.
- 차범석,〈해설-그리이스 비극의 재평가〉,《그리스 비극-1》, 현암사, 2003.
- 곽복록,〈해설-그리이스 비극의 변모〉,《그리스 비극-1》, 현암사, 2003.

3 가상을 넘어

아뉴스 데이

- 아우구스티누스, 《신국/고백》(윤성범 옮김), 을유문화사, 1987.

돌로 된 스콜라 철학

- Max Dvořák, *Kunstgeschichte als Geistesgeschichte*, Piper, 1924.
- 아우구스티누스, 《하나님의 도성》(조호연 옮김), 크리스챤 다이제스트, 1998.
- 프랑스와 비용, 《유언시》(송면 옮김), 문학과 지성사, 1980.
- 요한 하위징아, 《중세의 가을》(최홍숙 옮김), 문학과 지성사, 1997.

성당에서

- 플라톤, 《플라톤의 티마이오스》(박종현 외 옮김), 서광사, 2000.
- 플라톤, 《플라톤의 국가·정체》(박종현 옮김), 서광사, 2005.

성자의 유혹

- 안소니 케니, 《토마스 아퀴나스》(강영계·김익현 옮김), 서광사, 1986.
- 아르놀트 하우저, 《문학과 예술의 사회사》(백낙청 역), 창작과 비평사, 1999.

장미의 이름

- 움베르트 에코, 《장미의 이름》(이윤기 옮김), 열린책들, 2009.
- 움베르트에코, 《장미의 이름 작가 노트》(이윤기 옮김), 열린책들, 2009.
- 움베르트에코, 《중세의 미와 예술》(손효주 옮김), 열린책들, 1998.

4 가상의 부활

다빈치와 미켈란젤로

- 안소니 블런트, 《이탈리아 르네상스 미술론》(조향순 옮김), 미진사, 1990.

뒤러의 실험실

- Erwin Panofsky, *Aufsätze zu Grundfragen der Kunstwissenschaf*, Volker Spiess, 1980.

바로크의 거장

- 하인리히 뵐플린, 《미술사의 기초 개념》(박지형 옮김), 시공사, 1994.

에스테티카

- Alexander Baumgarten, *Aesthetica*, F. Meiner, 2007
- 르네 데카르트, 《방법서설/성찰/정념론 외》(김형효 옮김), 삼성출판사, 1998.

파리스의 심판

- 임마누엘 칸트, 《판단력비판》(이석윤 옮김), 박영사, 2005.
- 도널드 크로포드, 《칸트 미학 이론》(김문환 옮김), 서광사, 1995.

유리알의 유희

- 헤르만 헤세, 《유리알 유희》(박환덕 옮김), 범우사, 1999.
- 요한 하위징아, 《호모 루덴스》(김윤수 옮김), 까치글방, 1997.

극장에서

- 미셸 파루티, 《신의 사랑을 받은 악동-모차르트》(권은미 옮김), 시공사, 2012.

정신의 오디세이

- 게오르그 헤겔, 《미학 Ⅰ, Ⅱ, Ⅲ》(두행숙 옮김), 나남, 1996.
- 게오르그 헤겔, 《헤겔시학》(최동호 옮김), 열음사, 1987.
- 토마스 스쫀디, 《헤겔 미학 입문》(여균동 옮김), 종로서적, 1983.

카페 앞에서

- 카르스텐 해리스, 《현대미술(그 철학적 의미)》(오병남 옮김), 서광사, 1988.

5 아름다운 가상

비너스와 네페르티티

- 블라디슬로프 타타르키비치, 《여섯 가지 개념의 역사》(이용대 옮김), 이론과 실천, 1990.

미적 범주들

- Max Dessoir, *Ästhetik und allgemeine kunstwissenschaft*, F. Enke, 1923.
- 버트란드 러셀, 《서양의 지혜》(이명숙 외), 서광사, 1990.

유클리드와 산책을

- Francis Joseph Kovach, *Philosophy of Beauty*, University of Oklahoma Press, 1974.
- 스티븐 바커, 《수리철학》(이종권 옮김), 종로서적, 1985.

찾아보기

ㄱ

그리스 예술 64, 68, 72, 79, 92, 82, 85, 99, 104, 277, 278, 282, 301

〈그리스도의 승천〉 224

근대 미학 99, 233, 235

근대 예술 196

기하학 35, 68, 76, 89, 98, 99, 140, 154, 155, 160, 162, 165, 176, 201, 235, 282, 307, 308

기하학적 양식 34~36, 72, 76

ㄴ

낭만 예술 277~280

낭만주의 196, 234, 278, 302

낭만주의 미학 256

노발리스Novalis 261

논리학 235, 271, 272, 274, 314

《논리학》 260

놀이 38, 196, 257, 259, 267

니체Friedrich Wilhelm Nietzsche 49, 101, 104

ㄷ

다빈치Leonardo da Vinci 196, 199~207, 212, 219, 234, 248, 290

다이달로스 60, 61

단축법 76

대이론 291, 294, 309, 312

대지 46, 47

데모크리토스Demokritos 163, 219

데스와Max Dessoir 303, 304

데우스 엑스 마키나 118, 119

데카르트René Descartes 230~233, 235

도상학 245

동굴 벽화 31, 32, 40, 41

동일성 73

뒤러Albrecht Dürer 21, 23, 196, 211, 215

드보르자크Max Dvořák 142, 143, 155

디오니소스 51, 52, 82, 84, 102~104,

106~108, 120
디오니소스 축제 49, 52, 58
〈디티람보스〉 52

ㄹ
〈라오콘〉 85~87
라이프니츠Gottfried Leibniz 240, 257
라파엘로Sanzio Raffaello 99
랭보Arthur Rimbaud 264
〈레퀴엠〉 266
렘브란트Rembrandt Harmensz van Rijn 224
로고스 122, 167, 271
로마네스크 122, 145~147, 155
로엔슈타인Daniel Lohenstein 307
루벤스Peter Rubens 222, 224, 230, 231, 251, 293
르네상스 37, 155, 157, 196, 199, 201, 204, 224, 226, 229, 230, 233, 307
리만Georg Riemann 307
립스Theodor Lipps 29

ㅁ
마그리트René Magritte 306
마르크스Karl Marx 195
마야의 세계 105, 106
〈말씀〉 122, 140, 167
모방 85, 88, 93, 94, 112, 113, 128, 129, 138, 154, 162, 178, 188, 196, 203, 219, 230
모방자 양식 84, 85
모차르트Wolfgang Mozart 265, 266, 269
몬드리안Piet Mondrian 264
〈무한히 상승하는 카논〉 19
〈뮐렌도르프의 비너스〉 295
미메시스 128
미적 무관심성 248
미켈란젤로Michelangelo Buonaroti 196, 204~208, 219
미학 59, 122, 233

ㅂ
바로크 예술 224, 226, 231, 302
바움가르텐Alexander Baumgarten 196, 233~238, 240, 241, 242, 248, 267
바흐Johann Sebastian Bach 19, 257
벨라스케스Diego Velázquez 244
〈벨베데레〉 238
〈벨베데레의 아폴론〉 84, 291
보링거Wilhelm Worringer 72

보슈Hieronymus Bosch 184
보편타당성 248, 249
뵐플린Heinrich Wölfflin 196, 224
불완전성의 정리 19
브라헤 248
비극 44, 49, 52, 103, 104, 106~108, 112~114, 116~121, 130, 186~189, 242, 301, 303
비용François Villon 150
비잔틴 122, 144, 154
비잔틴 예술 133, 155
비코Giambattista Vico 261
비트겐슈타인Ludwig Wittgenstein 190
빙켈만Johann Winckelmann 76, 79, 81, 84, 85, 87, 104, 278, 282
빛의 상징주의 127, 128, 154

ㅅ

사포Sappho 111
살리에리Antonio Salieri 265, 266, 269
삽화적 플롯 118
상징 예술 277~279, 281
〈성모 승천〉 222
〈성자의 유혹〉 169
소크라테스Socrates 96, 109, 247, 301
소포클레스Sophocles 103, 104, 109
수리오Paul Souriau 129
숭고 81, 277, 301, 303, 304
숭고 양식 81, 79
스콜라 철학 157
시각 174, 175
시각적 추상 70
《시학》 103, 112, 183, 186, 266
《신국》 145
신석기 시대 35, 36, 52
《신통기》 110,
신플라톤주의 133, 135, 173, 205, 207
신화 58, 103
〈십자가에서 내려지는 그리스도〉 224

ㅇ

〈아가멤논〉 113, 247
〈아나비소스의 쿠로스〉 76
아뉴스 데이Agnus dei 139
아르케익 시대 76, 79, 94, 97, 281
아리스토파네스Aristophanes 109
아우구스티누스Augustinus 122, 135, 136~139, 145, 147, 155, 173
아이스킬로스Aeschylos 103, 104
아인슈타인Albert Einstein 160
아치 145, 147
아퀴나스Thomas Aquinas 122, 155, 169,

171, 173~175, 178, 179, 192
아테나 76, 79, 244, 246
〈아테나상〉 79, 88, 93, 129
아폴론 104, 106
아프로디테 94, 244, 275
알레고리 139, 179, 240
〈어린 디오니소스를 안은 헤르메스〉 82
〈어머니를 위한 발라드〉 150
에로스 95, 96, 127
에우리피데스Euripides 104, 119, 247
에코Umberto Eco 186, 189
엑스터시 96, 102, 127, 139, 169
영혼 23, 46, 72, 95, 126~129 133, 135, 138, 188, 219, 277
《예술론》 302
예술미 129, 130, 275
오르페우스 23, 25
오이디푸스 107, 109, 114, 117, 121
오컴William Ockham 190
외화 271, 273
〈요한계시록〉 147
〈요한복음〉 122
우미 81, 84, 301~304
우파니샤드 257
원근법 130, 201, 202, 213~217, 220, 305
원시 예술 28, 38
《유리알 유희》 257, 259, 261, 262, 264
유희 기원설 38
음향론 240
의미론 240
이데아 88~90, 92~97, 126, 128, 135, 178, 247, 281, 282
이상한 고리 19, 24, 312, 314
이성 136, 171, 178, 230, 232~237, 294
이율배반 286, 289, 298
이집트 예술 64, 68, 72, 76
일자 105, 107, 108, 206~208, 135, 139, 154

ㅈ
자연 철학 271, 273, 274
자연미 275
자연주의적 양식 36
《장미의 이름》 187, 190, 195, 301
재인식 112, 119, 174, 189
재현 35, 42, 47, 58, 58, 103, 133, 154, 203, 259
절대왕정 232
절대정신 196, 261, 274, 275, 282
정면성의 원리 68, 71
정신 33, 81, 95, 104, 126~130, 133,

134, 142, 155, 271, 273, 274, 278, 279
정신 철학 271, 274
제우스 79, 84, 111, 129, 244,
제욱시스Zeuxis 74
조각 57, 60, 75, 76, 79, 81, 84, 85, 94, 96, 97, 128, 129, 133, 155, 176, 202, 204, 208, 210, 277, 278, 279, 289
조형 예술 104, 130, 150, 201
존재 25, 106~108, 126, 138, 139, 154, 171, 271, 272
존재론 126, 129, 138
주관정신 274
주술 41~43, 47, 49, 56~59, 68
중세 미학 122, 128, 133, 155, 173
지각 33, 112, 313
진리 59, 60, 93, 94, 105, 106, 110~112, 139, 171, 184, 187, 189, 195, 232, 234, 241, 247, 274, 282, 283, 308
〈집시의 시간〉 52

ㅊ

〈창을 든 사람〉 79
철학 56, 58, 59, 68, 88, 90, 109~112, 122, 135, 155, 157, 173, 230, 232, 233, 247, 261, 262, 264, 271, 273~275, 280, 283
촉각 175, 226
〈최후의 만찬〉 211, 213
추상 33, 34, 35, 67, 68, 70, 93, 97, 155, 237, 272
추상 충동 72
추상 회화 272
취미 판단 248~252, 286
취미론 241, 255, 294, 295

ㅋ

카시러Ernst Cassirer 57
카타르시스 113, 114, 187, 189
카타콤 142, 143
칸딘스키Wassily Kandinsky 262, 264
칸트 13, 174, 196, 241, 247, 248, 251, 253, 255, 256, 259, 267, 293, 300, 302, 310
〈크니도스의 아프로디테〉 82
크로체Benedetto Croce 129

ㅌ

타자 273
터너William Turner 44
톨스토이Nikolaevich Tolstoy 241, 302, 303
《트로이의 여인》 247

ㅍ

파라시오스Parasios 74, 94, 275

파르테논 신전 53, 79

파리스 244, 248, 250, 251, 255

〈파리스의 심판〉 251

파토스 114, 117, 262

페이디아스Pheidias 79, 84, 88, 129, 133

폴리클레이토스Polykleitos 79, 81, 84, 95, 96, 98, 294

표상 105, 238~241, 250, 257, 259, 260, 275, 278~280

푸가 257

푸생Nicolas Poussin 224, 231, 293

푸시킨Aleksandr Pushkin 265, 266

프락시텔레스Praxiteles 81, 82, 84, 95, 98, 292

프레이저James George Frazer 44

프로메테우스 21, 110, 187

플라톤Platon 59, 64, 101, 122, 126, 128, 129, 133, 140

플라톤주의 122, 135

〈플란다스의 개〉 222

플로티노스Plotinos 122, 126~130, 133, 135, 137, 138, 154, 155, 207

피그말리온 56, 56, 60

피카소Pablo Picasso 249, 308

피타고라스Pythagoras 23, 25~27, 90, 92, 136, 139, 250, 257

ㅎ

하우저Arnold Hauser 179

하위징아Johan Huizinga 51

합리론 233

합리주의 235

〈해방〉 162

헤겔Georg Hegel 85, 196, 241, 260, 261, 270, 271, 275, 277~280, 284, 300

헤라 84, 244

헤세Hermann Hesse 259, 264

헤시오도스Hesiodos 110

헬레니즘 85

현대 예술 310, 311

형상 128, 129, 133, 138, 162, 167, 174~176, 179, 184

형식 미학 241, 251

형체 139, 154

《황금가지》 44

황금분할 288, 289

회화 39, 72, 75, 201~204, 224, 226, 278, 279

흄David Hume 68

〈희극론〉 183, 186~190

미학 오디세이 1

초판 1쇄 발행일 1994년 1월 15일
완결개정판 1쇄 발행일 2003년 11월 25일
20주년개정판 1쇄 발행일 2014년 1월 13일
20주년개정판 19쇄 발행일 2024년 5월 13일

지은이 진중권

발행인 김학원
발행처 (주)휴머니스트출판그룹
출판등록 제313-2007-000007호(2007년 1월 5일)
주소 (03991) 서울시 마포구 동교로23길 76(연남동)
전화 02-335-4422 **팩스** 02-334-3427
저자·독자 서비스 humanist@humanistbooks.com
홈페이지 www.humanistbooks.com
유튜브 youtube.com/user/humanistma **포스트** post.naver.com/hmcv
페이스북 facebook.com/hmcv2001 **인스타그램** @humanist_insta

편집주간 황서현 **편집** 정다이 이영란 **디자인** 김태형 유주현 임동렬 최우영
용지 화인페이퍼 **인쇄** 청아디앤피 **제본** 민성사

ISBN 978-89-5862-678-7 04600
978-89-5862-677-0 (세트)